**학교 공간
디자인 산책**

학교 공간 디자인 산책

초판 1쇄 인쇄 2025년 07월 15일
　　 1쇄 발행 2025년 08월 01일

지은이 김지호
총괄기획·대표이사 우세웅

책임편집 김은지
북디자인 김세경

종이 페이퍼프라이스㈜
인쇄 ㈜다온피앤피

펴낸곳 슬로디미디어
출판등록 2017년 6월 13일 제25100-2017-000035호
주소 경기 고양시 덕양구 청초로66, 덕은리버워크 지식산업센터 A동 15층 18호
전화 02)493-7780　**팩스** 0303)3442-7780
홈페이지 slodymedia.modoo.at　**전자우편** wsw2525@gmail.com

ISBN 979-11-6785-271-7 (03300)

글 ⓒ 김지호, 2025

※ 이 책은 저작권법에 의하여 보호받는 저작물이므로 무단 전제와 무단 복제를 금합니다.
※ 이 책을 사용할 경우 반드시 저작권자와 슬로디미디어의 서면 동의를 받아야 합니다.
※ 잘못된 책은 구입하신 서점에서 교환해 드립니다.
※ 본서에 인용된 모든 이미지는 독자에게 해당 내용을 효과적으로 전달하기 위해
　출처를 밝혀 제한적으로 사용하였습니다.
※ 슬로디미디어는 여러분의 소중한 원고를 기다리고 있습니다.
　wsw2525@gmail.com 메일로 개요와 취지, 연락처를 보내주세요.

우리가 몰랐던 교육 공간의
변화와 혁신을
디자인하다

학교 공간 디자인 산책

김지호 지음

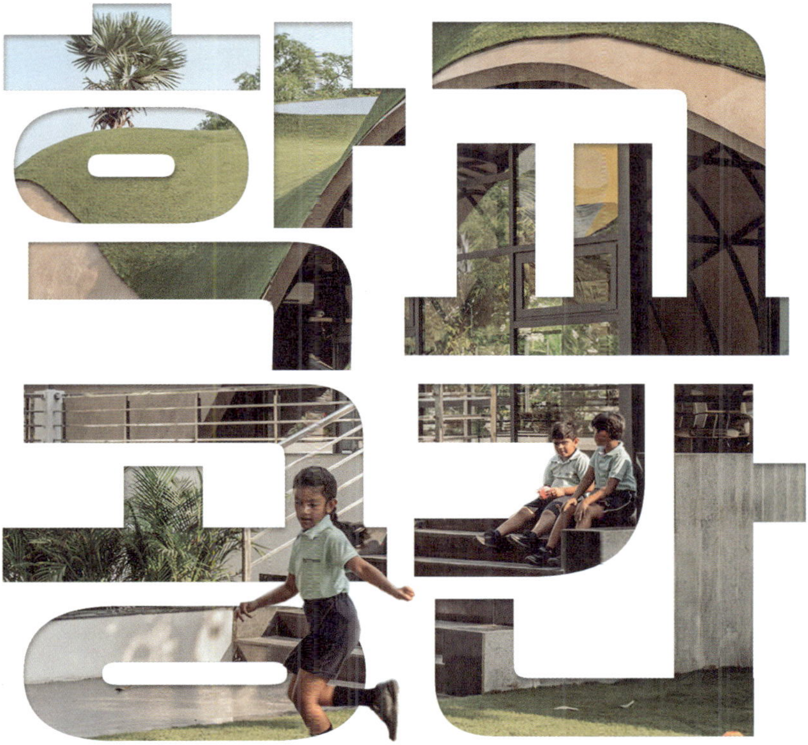

슬로디미디어

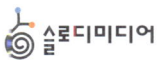

프롤로그

Batter than Home,
집보다 좋은 학교 만들기

우리나라 국민의 교육열은 세계적으로 유명하다. 학령인구의 대학 진학률은 세계 최고 수준이며, 초중고 사교육비는 매년 증가하여 2024년에는 29.2조 원에 달했다. 통계청 자료에 따르면 학생 한 명당 월평균 사교육비는 59만 원(초등학교 50만 4천 원, 중학교 62만 8천 원, 고등학교 77만 2천 원)이고, 한국교육연구협의회 조사에 따르면 우리나라의 사교육비 총지출액은 전 세계 사교육비의 4분의 1 정도로 추정된다. 전 세계 인구의 1%도 안 되는 국가에서 약 25%의 사교육비를 지출한다는 것은 엄청난 교육열이 없으면 불가능할 것이다.

그러나 최근에는 이러한 우리나라 교육에 대해 여러 불만이 나오고 있다. 대표적인 것이 "대학을 나와도 쓸모 있는 인재가 없다"라는 기업들의 불만이다. 왜 세계적인 교육열을 자랑하는 국가에서 세계적인 인재는 키우지 못할까?

그 이유는 '창의력과 다양성의 부재'에 있다. 학교라는 공간을 떠올려보자. 우리나라의 학교는 마치 새장 같다. 건물도 새장을 떠올리게 하고, 아이들도 새장에 갇혀 모이를 받아먹는 새처럼 일방적인 주입식 교육을 받는다. 창의성과 다양성을 기를 수 없는 환경이다. 게다가 부모는 창의력을 자극하는 풍부한 물리적 환경을 만들어주고 싶다는 생각은 하지만 성적 향상에 관심 둘 수밖에 없는 것이 현실이다. 교육 기관을 운영하는 관계자들도 진학률이라는 결과와 그에 따른 수익성을 고려할 수밖에 없다. 그래서인지 학부모와 교육 관계자들에게 교육 환경 개선에 관해 이야기를 꺼내면 대개 시큰둥한 표정을 짓는다.

그런데 한 가지 재밌는 사실은, 아이들이 오랜 시간을 보내는 공간에 관해서는 관심이 없는 부모, 교육 기관의 학교장과 학원장들도 정작 자신의 집이나 사무실 또는 자신을 둘러싼 주변 환경인 거리나 문화공간에 관해서는 관심을 넘어 애정이 넘친다는 사실이다. 특히 집을 꾸미는 데에 많은 시간과 비용을 들인다. 이는 분명, 과거에는 집을 단순히 먹고 자는 공간으로만 인식했던 것과는 달리, 지금은 편안한 휴식 공간이자 일상을 즐기며 나만의 개성을 발현하는 매개체로 생각하기 때문일 것이다. 집이 아늑하고 편안하면, 들어서는 순간 스트레스도 풀리고 마음이 편안해진다.

아이들도 마찬가지다. 삶의 공간이 행복을 결정짓는 요소 중 하나임을 전제로 둔다면, 아이들에게는 제2의 집이라고 할 수 있는 학교와 학원 공간의 환경이 중요하다. 성적을 올리는 데만 관심을 쏟기보다는 아이가 시간을 보내는 학교와 학원의 공간과 수업 환경 개선을 시도해 보았으면 한다. 그것이 아이의 행복을 결정짓는 시작이 될 것이다.

윈스턴 처칠Winston Churchill은 "우리가 건축을 만들지만, 다시 그 건축이 우리를 만든다"라고 말했다. 교육 공간을 대입해 보아도 그 의미는 충분하다. 교육 공간은 단순한 물리적 환경이 아니라, 그 안에서 생활하는 아이들의 사고방식과 행동, 가치관을 형성하는 핵심 요소임을 강조할 수 있기 때문이다.

물론 15년 전까지만 해도 필자 역시 그들과 별반 다르지 않았다. 그러나 2010년, 영유아 공간 전문 디자인 브랜드 '아이스토리'를 설립해 100여 곳

이상의 다양한 프로젝트를 진행해 오며 깨달은 것이 있다. 바로 '어린이는 작은 어른이 아니다'라는 사실이다. 아이들은 성인과는 전혀 다른 방식으로 공간을 경험하고 이해한다. 그들에게 필요한 것은 단순히 축소된 성인 공간이 아니라, 그들의 발달 단계와 행동 특성에 맞게 특별히 설계된 환경이다.

또한, 공간은 그 안에 담긴 가치와 철학을 반영한다. 일방향 구조 강의실은 지식 전달 중심의 교육을, 유연하고 개방된 공간은 자율성과 창의성 중심의 교육을 유도한다. 따라서 미래 인재 양성을 위해서는 교육 내용뿐만 아니라 그 내용이 실현되는 공간에 대한 혁신이 필수다.

이 책은 교육 공간 혁신에 관한 핵심을 심도 있게 다루어 우리나라 교육 공간이 나아갈 길을 제시한다. 우선 1장 '대한민국의 학교'에서는 학교의 탄생과 획일화한 학교 공간에 대한 역사를 알아보고, 학생들의 학업 성취와 인성 발달을 효과적으로 지원할 미래학교의 모습을 제안한다. 2장 '감각이 살아 있는 교육 공간 만들기'에서는 공기, 온도, 빛, 소리와 같은 기본적인 감각 요소부터 복도, 문, 도서관, 화장실에 이르기까지 학교의 물리적 환경이 아이들의 정서와 학습에 미치는 영향을 알아보고, 해외의 공간 혁신 사례를 풍부히 담아 유연성과 다양성을 담은 공간의 창출, 자연과 함께하는 교육 공간의 탄생, 지역과 연계해 발전하는 학교 공간의 재정의에 대해 다룬다. 그리고 3장 '교육 공간의 경계 넘어서기'에서는 교육 공간이 교육 과정 또는 교육 철학과 어떻게 공진화되는지 알아보고, 우리나라 현실에 맞는 교육 공간 설계에 대해 이야기한다.

또한, 이 책은 단순한 교육 공간 개선 안내서가 아니다. 이것은 우리 아이들의 미래를 위한 간절한 제안이자, 더 나은 세상을 향한 작은 혁명의 시작이다. 특히 사교육 관계자들—학원장, 대안학교 운영자, 교육센터 설립자—에게 교육 공간이 단순한 '비용' 항목이 아니라 '투자' 항목으로 인식되길 바란다. 초기에는 비용이 들지만, 장기적으로는 교육 효과 향상뿐 아니라 브랜드 가치 상승으로 이어진다. 실제로 필자가 제안한 교육 공간을 도입한 일부 선도적 사교육 기관들이 이미 그 효과를 입증하고 있다. 교실의 모든 구석구석에서 호기심이 피어나고, 복도를 걸을 때마다 새로운 발견이 있으며, 창문 너머로 들어오는 빛이 지식의 불꽃을 더 밝게 만드는 공간이다. 단기적 수익성을 넘어, 교육 가치의 창출과 성공적인 비즈니스 모델을 도입한 학교와 학원이 늘어난다면 우리 교육이 미래도 달라질 것이다.

'집보다 좋은 학교'는 불가능한 꿈이 아니다. 우리가 함께 상상하고, 설계하고, 만들어갈 수 있는 현실이다. 아이들이 배움의 즐거움을 느끼고, 창의적 사고의 날개를 펼치며, 자신만의 가능성을 발견하는 공간. 그런 공간에서 자란 아이들이 만들어갈 미래는 분명 지금과는 다를 것이다.

이 책이 모든 학부모와 교육 관계자들에게 교육 공간의 중요성을 일깨우고, 우리 아이들에게 더 나은 미래를 선물하는 첫걸음이 되길 간절히 바란다.

김지호

목차

04 · 프롤로그: Batter than Home, 집보다 좋은 학교 만들기

1장
대한민국의 학교

1. **교육 공간으로의 시간 여행**
   13 · 학교 구조의 기원과 의미
   14 · 미셸 푸코의 감시적 기능
   16 · 일본 막사에서 유래한 표준설계도
   17 · 학교의 일상은 어떻게 만들어졌을까?
   19 · 왜 학교는 그대로일까?
   20 · 일제 강점기부터 미래학교까지의 공간 여행

2. **학교가 가르친다**
   26 · 아파트와 학교: 관계성과 공간의 결핍
   29 · 학교는 누가 짓는가?
   31 · 학교 건축의 문제점
   33 · 제3의 공간
   37 · 북유럽의 교육 환경
   39 · 왜 벽 없는 교실이 중요할까?
   40 · 학교 건물이 가르친다

2장
감각이 살아있는 교육 공간 만들기

1. 기분 좋은 학교 만들기
- 44 · 공기와 온도
- 49 · 빛과 소리
- 61 · 놀이와 학습의 경계를 허무는 교육 공간
- 67 · 복도와 둔
- 77 · 문과 문틀
- 83 · 가치를 일깨우는 도서관
- 96 · 혁신이 시작되는 공간, 화장실

2. 틀에서 벗어나기: 유연성과 다양성의 교육 공간
- 103 · 일본 후지 유치원 : 도넛 모양의 열린 세계
- 108 · 인도 블루밍데일 코쿤 유치원 : 춤을 추는 곡선의 공간
- 115 · 서울독일학교 : 경계를 허무는 교육 공간 리노베이션
- 122 · 서울 삼광초등학교 : 사용자 중심의 공간 디자인
- 128 · 틀에서 벗어나기

3. 자연을 배우는 교실
- 139 · 한국도예고등학교 : 옥상 정원 프로젝트
- 142 · 베트남 농장 유치원 : 급속한 산업화 시대의 생태적 대안
- 150 · 일본 레이먼드 유치원 : 빛으로 가득한 아이들의 세상
- 154 · 일본 KN 유치원 : 자연과 어우러진 배움의 공간
- 158 · 자연과 문화가 스며든 교육 공간

4. 미래의 교실을 디자인하다

162 · 학교의 변화, 천천히 그러나 과감하게

163 · 스웨덴 비트라 텔레폰플랜 학교 : 맞춤형 수업을 위한 공간 실험

171 · 알트스쿨의 흥망성쇠 : 실리콘밸리의 IT 교육 실험

5. 지구를 지키는 작은 실천들

176 · 서울 공항고등학교 : 친환경 교육 공간으로의 진화

181 · 프랑스 불로뉴-비앙크루 초등학교:
지역 사회와 친환경을 고려한 학습 공간

182 · 핀란드 알토 대학교:
적극적인 친환경과 지역 연계를 실천하는 공간

6. 아이들에겐 마을이 필요하다

185 · 학교복합화의 필요성

190 · 국내 학교복합시설 활성화 정책

192 · 세계의 학교복합화 모델들

194 · 학교복합화가 가져올 미래

3장
교육 공간의 경계 넘어서기

1. 교육 공간에 관한 글로벌 트렌드와 한국적 변용
- 198 · 핀란드의 성공적 교육과 교육 공간
- 201 · 각국의 교육 혁신 공간
- 203 · 제약을 넘어선 한국적 변용
- 205 · 교육 공간과 커리큘럼의 공진화
- 208 · 교육 공간 설계를 위한 교육 과정 분석

2. 교육 공간 혁신의 현실적 과제: 공교육과 사교육의 간극
- 212 · 사교육 기관의 공간 혁신이 필요한 이유
- 213 · 성공적인 사교육 공간 혁신 사례

3. 전 세계 교실은 어떻게 다른가
- 216 · 한국 : 교실은 몇 개나 나올까요?
- 217 · 핀란드 : 모든 창은 숲을 바라봐야 한다
- 218 · 덴마크 : 교실이 없는 학교를 상상해보세요
- 219 · 일본 : 학교를 마을로, 마을을 학교로
- 220 · 싱가포르 : 미래를 위한 실험실
- 221 · 한국 교육 공간 규제 개선을 위한 제안
- 222 · 규제를 넘어 문화로

- 224 · 참고 문헌

1장

대한민국의 학교

1. 교육 공간으로의 시간 여행

학교 구조의 기원과 의미

우리나라의 학교 공간 구조는 군용 막사와 놀랄 만큼 유사하다. 사병 숙소, 연병장, 사열대, 위병소가 배치된 군용 막사와 교실 동, 운동장, 조회대, 교문이 배치된 학교는 구조적으로 큰 차이가 없다. 이는 학교 건축이 일본식 막사에서 기원했기 때문이다. 막사는 질서와 효율성을 중심으로 설계되며, 학교 건축에 적용했을 때 훈육과 통제를 용이하게 만든다. 또한, 학교 공간은 감옥 구조와도 비슷하다. 특히 일자형 복도 구조는 복도 한쪽 끝에서 반대쪽 끝까지 시각적으로 모든 것을 파악할 수 있어, 한 사람이 다수의 인원을 동시에 통제하는 데 효과적이다.

그러나 이러한 감시 구조는 아이들에게 심리적 압박감을 주며, 학교를 두렵고 불편한 장소로 만든다. 또한 여러 개의 동일한 교실은 개성과 차별성을 키울 수 없는, 전체주의적 사고방식에 굴복하게 한다. 과연 이러한 억압적인 환경에서 창의적이고 주체적인 인재가 자라날 수 있을까? 전문가들은 이러한 삭막한 환경이 학생들에게 수동적인 태도를 부여하여 창의력을 저하한다고 지적한다.

결국, 학교의 규격화된 구조는 근대 교육의 목표인 체계적인 길들이기와 표준화의 결과이자, 근대 국가의 사회 통제에 관한 구체적 표현이다. 실제로 근대화가 진행됨에 따라 정부는 학교 교육을 의두화해 직업을 가질 기회를 마련하고, 낮 동안 아이들을 학교에 머물게 함으로써 부모들이 일할 수 있는 환경을 제공했다. 그리고 이러한 방식은 지금까지도 사회 유지의 중요한 장치로 작용한다. 이에 관해, 프랑스의 철학자 미셸 푸코 Michel Foucault는 "학교는 공간을 구획하고 규율을 강제하여 군대나 감옥처럼 감시자와 피감시자 간의 권력 불균형을 초래하는 구조를 지니고 있다"라고 주장했다. 이러한 권력 구조는 개인에게 특정한 형식에 맞춘 규율을 따르도록 요구하고, 규범에 순응하는 특정한 정체성을 부여하는 역할을 한다.

 필자 또한 감시와 통제 속에서 길들여지는 교육을 받아왔다. 그러나 현재까지도 대한민국은 이러한 문제를 제기하거나 변화를 위한 시도를 하지 않고 있다. 그로 인해 우리는 19세기 교실에서 20세기 교사가 21세기 아이들을 가르치는 비극적인 현실에 직면하고 있다.

 그렇다면 21세기 아이들에게는 어떤 교육이 필요할까? 우선, 학교는 단순히 지식을 주입하는 공간이 아니라, 인재를 양성하는 공간이어야 한다. 그리고 교육은 좋은 성적을 받는 기술이 아니라, 지적, 신체적 능력을 갖춘 존재로서 사회에서 조화롭게 살아가는 법을 가르치는 과정이어야 한다. 앞으로 우리 시대는 학벌과 스펙이 우선시되는 사회가 아니라 문제 해결 능력과 올바른 인성을 갖춘 인재가 존중받는 사회로 나아갈 것이다. 그리고 이러한 교육이 실현되기 위해서는 무엇보다 교육 공간에 대한 인식이 중요하다. 자율적이고 능동적으로 사고하는 인재는 창의성을 발휘할 수 있는 교육 공간, 개성을 발휘할 수 있는 공간에서 자라기 때문이다.

미셸 푸코의 감시적 기능

 미셸 푸코의 저서 『감시와 처벌Discipline and Punish』을 보면 학교의 탄생이 감시와 통제와 깊은 관계가 있음을 알 수 있다.

 중세 시대에는 교육이 스승과 제자 사이에서 비교적 자유롭게 이루어졌다. 그러다 17~18세기에 들어 현재 학교와 같은 형태가 탄생한다. 푸코가 말한 '규율 사회'가 시작된 시기와 일치하며, 이를 푸코는 학교가 감옥이나 병원처럼 사람들의 행동을 통제하는 기관이 되었다고 했다. 시간표에 맞춰 움직이기, 종소리에 반응하기, 줄 맞춘 책상에 앉기, 시험으로 평가하기와 같은 통제적 방식이 이루어진 것이다.

흥미로운 것은 교육 공간에 '파놉티콘Panopticon' 개념이 적용된 것이다. 파놉티콘이란, 중앙에서는 감시자가 피감시자를 모두 볼 수 있지만, 피감시자는 감시자의 존재 여부를 확인하기 어려운 구조를 말한다. 실제 교사는 학생을 모두 볼 수 있지만, 학생은 교사의 감시를 볼 수 없다. 이런 구조는 학생들이 항상 감시당하는 느낌을 받게 하고, 스스로 규칙을 지키는 데에 일조한다. 즉, 학교는 지식을 가르치는 곳이 아니라 '무엇이 옳은지'를 규정하고 그것으로 학생들을 분류하는 기능으로 작용한다. 시험과 성적으로 학생을 평가하는 것 또한 권력이 작용하는 부분이다. 그리고 이는 '정상'과 '비정상'을 구분하는 기준이 되기도 한다. 좋은 학생과 나쁜 학생, 우등생과 열등생을 구분하고, 결국 사회적 위계와 권력관계를 만드는 데 기여한다.

근대 학교의 탄생은 '산업화'와도 관계가 깊다. 공장에서 일할 규율 있는 노동자를 양성하기 위해 학교에서는 시간 엄수, 반복적인 작업, 권위에 대한 복종을 가르쳤다. 종소리에 맞춰 수업이 시작되고 끝나는 것은 공장의

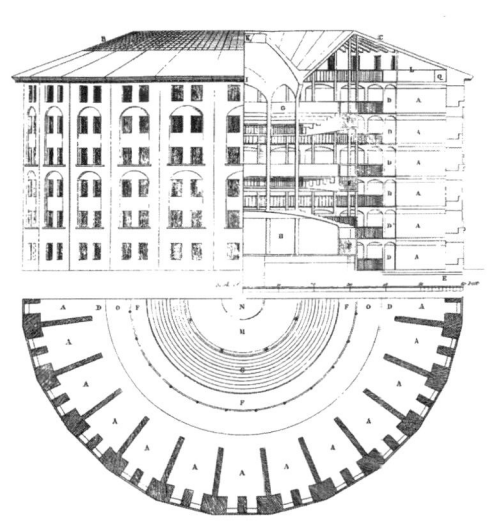

¶ 제러미 벤담의 파놉티콘 청사진 (1791년)

교대 방식과 유사하다. 이런 방식으로 학교는 사회가 필요로 하는 '유용한 몸'을 만들어내는 역할을 했다. 푸코가 가장 주목한 것은 규율이 어떻게 외부적 강제가 아니라 내면화된 자기 통제로 작동하는지였다. 학생들은 교사의 눈길, 성적을 매기는 방식, 상벌 제도를 통해 자기 자신을 감시하고 규율하는 법을 배웠다. 그리고 이는 사회에 나가서도 지속되는 자기 통제 메커니즘이 되었다.

그렇다고 푸코가 학교를 완전히 부정적으로만 본 것은 아니었다. 그는 권력이 있는 곳에는 항상 저항의 가능성이 있다고 보았고, 학교라는 통제된 공간에서 비판적으로 생각하는 법을 배우고 공동체를 만들 수 있다고 보았다. 실제로 학교는 역사적으로 계몽주의와 민주주의의 확산에 중요한 역할을 했다. 대중 교육의 확대는 사람들에게 지식과 비판적 사고능력을 제공했고, 사회 변화의 중요한 동력이 되었다. 푸코의 분석은 이런 긍정적 측면을 부정하지 않으면서도, 교육 제도의 숨겨진 권력 메커니즘을 드러내는 데 초점을 맞춘다.

오늘날 많은 교육학자가 이런 푸코의 철학을 바탕으로 더 자유롭고 창의적인 학교를 만들기 위해 노력하고 있다. 교실 구조를 바꿔 학생들이 주도적으로 학습하게 하거나, 다양한 방식으로 평가하는 등의 시도가 그것이다. 이는 규율과 통제의 공간이었던 학교를 해방과 성장의 공간으로 재구성하려는 노력이다. 또한, 학교의 기원과 기능에 대한 푸코의 분석은 우리가 당연하게 여기던 교육 제도의 모습을 새롭게 바라보게 한다.

일본 막사에서 유래한 표준설계도

우리나라 학교 건축의 기원을 더 자세히 살펴보면, 일제 강점기 때 도입된 표준설계도가 오늘날까지 이어지고 있음을 발견할 수 있다. 1920년대 조선총독부가 발표한 '보통학교 교사(校舍) 표준설계도'는 일본 군대의 병영 건축을 모델로 했다. 이 표준설계도에는 학생들을 쉽게 감시하고 통제할 수 있는 편복도식 a single loaded corridor 구조가 도입해 있다.

이와 관련해 건축 역사학자 김정동은 '조선총독부가 보급한 학교 건축 양식은 일본의 병영 건축 기술자들이 설계한 것으로, 군대식 일상생활과 훈육을 학교에 도입하기 위한 목적'이 있음을 밝히며, 특히 중앙의 권위를 강조하는 중앙 현관, 대칭적 구조, 감시가 용이한 긴 복도는 모두 군사적 질서와 위계질서를 강화하기 위한 장치였다고 하였다. 또한, 일본 건축학자 후지모리 테루노부는 저서 『일본 근대건축 역사 1860~1945』에서 일본의 메이지 시대 학교 건축이 군대 막사의 설계를 직접 차용했으며, 이러한 설계가 식민지 조선에도 그대로 이식되었다고 기록하고 있다.

문제는 해방 이후에도 우리나라 교육 당국이 이 표준설계도를 기본으로 계속 학교를 건축해 나간 점이다. 1950년대와 1960년대 전후 복구와 급속한 교육 팽창 시기에는 비용 절감과 효율성을 이유로 이 설계가 더욱 간소화되어 적용되기도 했다. 우리가 중앙 현관에서 양쪽으로 뻗은 긴 복도와 그 복도를 따라 일렬로 배치된 교실을 갖게 된 이유다.

이와 관련해 건축학자 정기용은 '1960년대부터 90년대까지 전국 어디서나 볼 수 있는 네모반듯한 콘크리트 구조물로서의 학교는 사실상 식민지 시절의 유산'이라고 지적했다. 이처럼 우리가 너무나 익숙해져 당연하게 여기는 학교 건물의 형태는 근대적 감시와 통제, 그리고 규율이라는 식민지 지배 기술의 명백한 산물이다.

학교의 일상은 어떻게 만들어졌을까?

우리의 교육 시스템은 원래 미국과 기독교의 영향을 받아 출발했다. 그러나 일제 강점기를 거치며 20세기 초에 일본식 교육으로 재편되었으며, 그 결과 수업, 청소, 수업 전후 종소리, 교사를 향한 경례, 교복 착용, 소풍, 수학여행, 운동회, 암기 중심 시험, 성적이 따른 등수 매기기와 같은 요소가 학교의 보편적인 일상으로 들어왔다. 이런 학교의 일상은 '국민 만들기'의 일환으로 만들어진 것이다.

학교 건물의 구조 또한 여전히 보수적이고 권위주의적인 양식이다. 바뀐

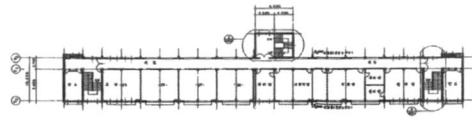

(a) 가형 학교 기준층 평면도

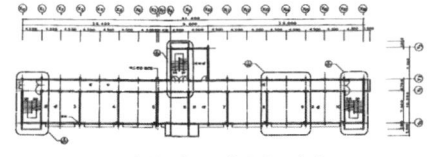

(b) 나형 학교 기준층 평면도

¶ 표준설계도에 의한 학교 교사 기준층 평면도

1970~1980년대 한국 학교 표준설계도에 따른 (a) 가형과 (b) 나형 학교 기준층 평면도. (a)는 중앙 계단실을 중심으로 12.525m 폭의 편복도를 따라 교실들이 일렬로 배치된 직선형 구조이며, 양 끝에 계단실이 위치한다. (b)는 중앙 계단실을 중심으로 교실들이 대칭적으로 배치되어 총 길이 81.5m, 폭 9m 규모로 설계되었다. 두 유형 모두 복도를 중심으로 교실들이 배열되는 '복도중심형' 학교 건축의 전형적인 사례로, 획일화된 공간 구성과 기능적 효율성을 우선시했던 당시 학교 건축의 특징을 보여준다. 교장실, 교무실, 행정실 등 관리 공간과 특별교실이 함께 배치되어 있어 당시 교육 과정 운영을 위한 공간 구성 방식을 확인할 수 있다.

M-60, 70

M-73

M-74

M-75

¶ 표준설계도에 따른 학교 교사 타입별 입면도

게 있다면 급식실이 생긴 점, 외부에 있던 화장실이 건물 내부로 들어온 점, 냉난방기와 대형 모니터 같은 현대적 시설들이 설치되었다는 점 등이다. 그러나 여전히 학교는 감시와 통제의 효율성을 극대화한 방식이 표준이다.

반면, 주거 공간인 집, 빌딩, 상가, 공공시설 등에는 놀랄 만큼 다양한 변화가 있었다. 단독주택, 빌라, 아파트, 주상복합 등 다양한 형태의 주거 유형이 생겨나고, 공원, 도서관, 박물관, 공연장, 주민센터, 복지관 등과 같은 새로운 공공 편의 시설이 대폭 증가했다. 편리한 생활과 다양한 복지를 누릴 수 있는 공간이 많아진 것이다.

그렇다면 각종 청사와 공공시설들은 날로 아름답고 화려하게 발전하는데 왜 학교만은 시간이 멈춘 듯 그대로일까? 21세기를 디자인의 시대, 창조의 시대라고 하면서 왜 학교 환경과 교육 과정은 이토록 초라하기까지 한 걸까? 심미성을 발달시켜야 할 중요한 시기에 감성을 길러주기는커녕, 발달의 가능성마저 빼앗고 있는 건 아닌지 생각해 볼 문제다.

왜 학교는 그대로일까?

학교는 누구나 경험하는 공간이지만, 그저 스쳐 지나가는 공간이기도 하다. 학생들은 초등학교에서 중학교로, 중학교에서 고등학교로 계속해서 진학한다. 선생님들도 4년 혹은 6년 주기로 학교를 새로 배정받아 옮겨가곤 한다. 따라서 학교는 내 것이 될 수 없는 공간이자, 졸업하면 되돌아가지 않는 공간이다. 그래서일까? 사람들은 자신이 사는 집은 애착을 갖고 가꾸는 데 반해 학교의 환경에는 관심 두지 않는다. 학교의 환경에 대해 깊이 고민하지 않고 문제시하지 않는 이유일 것이다.

하지만 우리가 간과하고 있는 것이 있다. 바로 학교가 아이들이 하루 중 가장 많은 시간을 보내는 공간이라는 사실이다. 초등학생은 약 5~6시간, 중고등학생은 약 10시간을 학교에서 보낸다는 점에서, 학교에서 보내는 시간은 가정에서의 활동 시간보다 더 길다.

그렇다면 어떻게 해야 이 삭막한 학교 환경을 따뜻하고 행복한 교육 공간으로 변화시킬 수 있을까? 이에 대해, 교육 선진국들은 이미 학교의 건축과 환경이 학생들의 학업 성취도, 사회성, 창의성에 미치는 영향에 주목해 왔다. 그리고 영국은 적절한 채광과 환기, 색채 사용, 공간 구성이 학생들이 학업 성취도를 최대 25% 향상한다는 사실을 밝혀냈고, 핀란드는 학교 건축을 '세 번째 교사'로 여기며 교실 환경부터 복도, 식당에 이르기까지의 모든 공간에 교육적 의미를 담은 디자인으로 설계했다.

우리도 바뀌어야 한다. '공간이 사람을 만든다'라는 말처럼, 학교 공간이 아이들의 성장과 발달에 큰 영향을 끼친다는 것을 알고, 아이들의 재능과 가능성을 발견하는 공간으로 만들어주어야 한다. 학교를 좋은 추억이 깃든 장소로, 머물고 싶은 장소로 만든 것이 진정한 교육이 시작이다.

일제 강점기부터 미래학교까지의 공간 여행

우리나라 학교 건물의 모습을 떠올려보자. 긴 복도를 사이에 두고 왼쪽 오른쪽으로 줄지어 서 있는 네모난 교실들, 그리고 운동장을 마주 보고 있는 'ㄷ'자 혹은 'ㅁ'자 모양의 건물 배치. 이 익숙한 풍경은 어떻게 시작되었을까? 놀랍게도 이 구조는 100년도 더 된 일제 강점기에 도입된 형태다. 좋은 교육 공간을 고민하기 전에, 우리가 당연하게 여겨온 이 공간의 역사적 뿌리부터 살펴볼 필요가 있다.

일제강점기(1910~1945년):
통제를 위한 학교 공간

우리나라 교육에 대한 일본의 개입은 1905년 을사늑약 이후 본격화되었고, 학교 건축은 1908년 공포된 '보통학교령'이 분수령이 되어 표준화했다. 일본이 감시와 통제에 최적화된 자국의 학교 건축 양식을 그대로 조선에 도입한 것이다. 그중 긴 중앙 복도를 중심으로 양쪽에 똑같은 교실을 배치하는, 이른바 편복도형 구조는 한눈에 학생들의 움직임을 파악할 수 있는 군대식 통제가 극대화된 설계이다. 교실 내부의 일렬횡대 책상 배치 역시 교사 중심의 일방향 수업과 감시에 용이한 구조다.

경성제일고등보통학교현 경기고와 경기사범학교현 서울교대가 당시 지어진 학교로, 고풍스러운 외관과 달리 내부는 철저한 통제와 규율을 위한 형태다. 흥미로운 점은 이 시기 지어진 학교 건물이 지금까지도 우리 교육 공간의 원형으로 기능하고 있다는 사실이다. 당시 지어진 학교 건물 중 일부는 지금도 사용되고 있는데, 서울의 경복초등학교, 대구의 계성학교가 대표적이다. 옛 건물의 아름다움과 역사성을 보존하는 것은 의미 있는 일이지만, 100년 전 교육 패러다임에 맞춰 설계된 공간에서 미래 교육이 이루어지고 있다는 점은 아이러니하다.

산업화 시대(1950~1980년):
표준설계도의 등장과 획일화된 학교 공간

1950~1960년대는 한국전쟁으로 파괴된 시설을 복구하는 것이 시급한 과제였고, 교육 시설도 예외는 아니었다. 하지만 교육 공간의 실질적인 변화는 1969년, 당시 문교부가 '표준설계도'를 도입하면서부터다. 표준설계도는 전국 어디서나 동일한 형태의 학교 건물을 빠르게 지을 수 있게 했고, 효율성과 경제성을 중시한 설계였기에 결과적으로 학교 공간의 획일화를 가져왔다. 우리에게 너무나 익숙한 4층 높이의 콘크리트 건물, 녹색 칠판, 교단을 향해 일렬로 놓인 책상이 이 시기의 산물이다. 이후 1970~1980년대의 급속한 경제 성장과 도시화는 학교의 수요를 폭발적으로 증가시켰다. 신도시가 생길 때마다 똑같은 모양의 학교가 우후죽순 들어섰다. 시간과 비용을 절약하기 위한 표준설계도는 분명 당시 상황에서 합리적인 선택이었지만, 교육 환경의 다양성과 창의성을 저해하는 요인이 되었다.

재미있는 일화로, 당시 지어진 학교들이 너무 똑같아서 다른 학교에 간 학생들이 자기 교실을 찾지 못한 해프닝이 벌어지기도 했다. '모든 학교가 똑같이 생겼으니, 학생들도 똑같은 생각을 하게 될 것'이라는 우려가 나온 것도 이 시기였다.

문민정부 시대(1993~1998년):
5.31 교육개혁과 열린 교육 공간의 시도

1995년은 김영삼 정부의 추진으로 5.31 교육개혁이 이루어진 중요한 때다. 교육의 자율성과 다양성을 강조한 '열린교육'이라는 새로운 교육 패러다임이 도입되었고, 교육 공간도 이에 맞춰 변화해야 한다는 인식이 생겨났다. 구체적으로 기존의 폐쇄적이고 경직된 교실 구조에서 탈피해 유연하고 개방된 '열린 교실(벽을 허물거나 교실 간 이동이 가능하게 설계된 교실)' 형태가 제안되었다. 그러나 교육 제도 관련해서는 성공적이었을지 모르나, 교육 공간 관련해서는 많은 오해와 저항이 있었다. 교실 간 벽을 허무는 것만으로 열린교육이 실현될 것이라 기대했다가 소음 문제와 집중력 저하 문제 등에 직면한 것이다.

한 원로 교사는 당시를 이렇게 회상한다. "벽이 없어지니 소리가 너무 크게 들려서 수업이 어려웠어요. 결국, 칸막이를 다시 세우거나 커튼을 달았죠. 공간만 바꾼다고 교육이 바뀌는 게 아니라는 걸 뼈저리게 느꼈습니다"

이 시기의 실패는 중요한 교훈을 남겼다. 교육 공간 혁신은 물리적 변화와 함께 교육 철학과 방법론, 교사의 인식 변화가 함께 이루어져야 한다는 것이다.

정보화 시대(2000년대):
교과 교실제의 도입과 공간 다양화

2000년대에는 '교과 교실제'라는 새로운 개념이 도입되었다. 학생들이 교실에 머물고 교사가 이동하는 전통적 방식에서 벗어나, 교과별로 특화한 교실을 만들고 학생들이 이동하는 방식이었다. 이는 미국 등 서구권에서 오래전부터 시행해 온 방식으로, 각 교과의 특성에 맞는 학습 환경을 제공할 수 있다는 장점이 있었다.

실제로 2009년부터 본격적으로 시범 운영된 교과 교실제는 교육 공간에 다양성을 불어넣는 계기가 되었다. 과학실은 실험대가 있는 공간으로, 음악실은 계단식 좌석과 악기가 갖춰진 공간으로, 미술실은 창작 활동에 적합한 공간으로 특화되었다.

주목할 만한 건 이 시기부터 '공용 공간'에 대한 관심이 높아졌다는 점이다. 교실로 이동하는 시간이 생기면서 학생들이 머무는 복도, 계단, 휴식 공간 등이 중요한 교육 환경으로 인식되기 시작한 것이다. 일부 혁신적인 학교 중에는 복도를 넓히고 소파나 테이블을 배치해 '학습 공유 공간'으로 활용하기도 했다. 그러나 결과적으로, 교과 교실제는 물리적 여건, 교사의 업무 부담 증가, 이동 시간 관리 부담 등의 현실적 제약으로 확산하지는 못했다. 현재도 대다수 학교는 여전히 교실 중심의 운영 방식을 고수하고 있다.

디지털 시대(2010년대):
디지털 전환과 학생 중심 공간으로의 다변화

2010년대에 들어서는 디지털 기술이 발전하고 학생 중심 교육이라는 패러다임이 생기며 교육 공간의 혁신이 일기 시작했다. 특히 2014년 시작된 '학교 공간 혁신 사업'은 기존 학교 공간을 학생 중심으로 재해석하는 중요한 전환점이 되었다.

이 사업의 핵심은 학생과 교사가 함께 공간을 디자인하는 '참여 설계'에 있었다. 전문가가 일방적으로 공간을 설계하는 방식에서 벗어나, 실사용자인 학생과 교사의 요구와 아이디어를 반영하는 방식이었다. 대표적인 성공 사례는 무학여고의 '꿈담교실'이다. 이동식 가구, 다양한 크기의 모듈형 테이블, 소파와 쿠션이 있는 휴식 공간 등을 조화롭게 배치해 다양한 학습 활동을 지원하는 공간으로 재구성한 것이다. 과정에는 학생들이 직접 디자인 워크숍에 참여해 자신들이 원하는 공간에 대한 아이디어 제시가 있었다.

한 졸업생은 이렇게 말했다. "꿈담교실에서 보낸 시간이 고등학교 생활

중 가장 기억에 남아요. 그곳에서는 뭔가 다른 사람이 된 것 같은 느낌이 었어요. 더 자유롭고, 더 창의적이고, 더 주도적인 사람이요"

2010년대 후반에는 메이커 교육, 소프트웨어 교육 등 새로운 교육 트렌드를 지원하기 위한 공간도 등장했다. '메이커 스페이스', '소프트웨어 랩', '미디어 센터' 등 다양한 이름의 특화 공간이 학교 안에 만들어졌다. 이런 공간들은 기존의 교과 중심 학습을 넘어, 프로젝트 기반의 융합 학습을 가능하게 했다.

**미래를 향한 도약:
그린스마트 미래학교 사업**

2020년 코로나19 팬데믹은 교육 공간에 대한 근본적인 질문을 던졌다. 온라인 학습이 일상화되면서 교실 공간의 의미와 역할에 대한 재정의가 필요해짐과 동시에 노후화한 학교 건물의 안전 문제와 친환경 에너지 사용의 중요성이 부각된 것이다. 이러한 배경에서 2021년에 시작된 '그린스마트 미래학교' 사업은 우리나라 교육 공간의 대대적인 변화를 예고하고 있다. 구체적으로 2025년까지 약 2,835개 학교를 디지털, 친환경, 공간 혁신의 관점에서 재구성하는 이 사업은 18.5조 원이라는 대규모 예산이 투입될 예정이다.

미래학교의 공간적 특징은 '다양성'과 '유연성'이다. 개별학습, 소그룹 활동, 전체 학습 등 다양한 학습 활동을 지원할 수 있는 가변형 공간, 디지털 기기와 오프라인 활동이 자연스럽게 융합되는 공간, 학생들의 쉼과 놀이, 소통이 가능한 공간 등을 포괄적으로 구현하고자 한다.

경기도 화성의 한 초등학교는 미래학교의 모습을 선제적으로 보여주고 있다. 학년별로 하나의 대형 공간을 조성해 다양한 활동이 동시에 이루어지도록 하고, 고정형 칠판과 교탁을 없애고 이동식 화이트보드 등 다양한 형태의 학습 가구를 유연하게 배치한 것이다. 그리고 교실에서 바로 야외 학습장으로 연결되도록 한 설계는 경계를 허문 설계라는 점에서 미래학교의 모습을 가장 잘 보여주는 요소로 꼽힌다.

　이렇게 100년이 넘는 우리나라 교육 공간의 역사를 돌아보면 몇 가지 중요한 교훈을 얻을 수 있다.
　첫째, 교육 공간은 단순한 물리적 환경이 아니라 당대의 교육관과 사회적 가치를 반영하는 거울이다. 일제 강점기의 통제 중심 공간, 산업화 시대의 효율성 중심 표준설계, 민주화 이후의 열린 공간 시도, 디지털 시대의 유연하고 다양한 공간에 관한 요구 등은 모두 시대적 맥락 속에서 이해되어야 한다.
　둘째, 공간 혁신은 교육 내용과 방법의 혁신과 함께 이루어져야 한다. 5.31 교육개혁 때 열린 교실의 한계가 보여주듯, 물리적 환경만 바꾸는 것은 의미 있는 변화로 이어지지 않는다. 교사의 인식과 역량, 교육 과정의 유연성, 학교 문화 등이 함께 변화해야 한다.
　셋째, 교육 공간 혁신은 긴 호흡으로 접근해야 한다. 학교 건물의 수명은 적어도 30~50년이다. 당장의 필요와 트렌드만 좇는 공간은 금세 시대에 뒤처지고 말 것이다. 미래의 변화 가능성을 열어두는 유연하고 지속 가능한 설계가 필요하다.
　그리고 우리나라 교육 공간 진화에 있어 여전히 간과되고 있는 영역이 하나 있다. 바로 사교육 공간이다. 그간 공교육 영역은 산업화 시대의 효율성 논리에서 벗어나고자 하는 다양한 시도가 있었으나, 사교육 공간은 그렇지 못했다.

　현재 우리는 교육 공간 진화의 새로운 국면에 서 있다. 코로나19 팬데믹 이후의 하이브리드 학습 환경, 인공지능과 메타버스로 대표되는 기술 혁신, 기후 위기에 대응하는 지속 가능한 건축 등 다양한 도전과 기회가 공존한다. 100년 전 일제가 남긴 공간적 유산을 넘어, 진정한 의미의 한국형 교육 공간을 창조해 나가는 여정을 지금 시작해야 한다.

2. 학교가 가르친다

아파트와 학교: 관계성과 공간의 결핍

집은 독립된 개체가 아니라 다양한 관계의 집합체다. 단독주택이라고 해도 단독으로 존재하는 것이 아니라 마을 또는 자연이라는 주변 환경과의 관계 속에 존재한다. 이러한 관계성에 주목할 때 집이 갖는 속성과 그곳에 사는 사람들의 삶을 깊이 이해할 수 있다.

오늘날 한국인들의 대표적인 주거지인 아파트는 그 자체가 하나의 마을을 이룬다. 단지에 달빛마을, 산들마을 같은 낭만적인 이름이 붙는 것을 보면 마을을 이루고 살고자 하는 욕구가 사람들 무의식 속에 잠재해 있음을 알 수 있다. 하지만 집이 수백, 수천 채가 모여 있어도 마을다운 마을이 되지 못하는 까닭은 그곳에 뿌리내리는 사람이 없기 때문이다. 마을을 표방해 짓기는 했지만, 실제로 뿌리내리는 사람도 없고 이웃과 공동체를 이루지도 않는다. 즉, 현대의 아파트는 연대가 부재한 공간이고 효율성과 기능성만 추구한 공간이다. 실제로 아파트 단지도 반상회라는 걸 하지만 주된 관심사는 '어떻게 해야 아파트값을 올릴 수 있는가'일 뿐이다. 올릴 수만 있다면 단지 이름을 바꾸는 것도 불사하며, 투자 수익을 더 올릴 수만 있다면 이사도 마다하지 않는다. 가구당 이사 횟수는 세계 최고 수준이다.

또, 단지화는 공용 공간을 사유화한다. 누구나 지나다닐 수 있던 길이 단지 주민들만을 위한 공간으로 바뀌고 담장까지 둘러쳐 지역민들을 가로막는다. 아파트 단지에는 복도와 보도만 있지 집과 집을 이어주는 길이 없다. 인도와 보도마저도 대개는 아파트 주민만을 위한 닫힌 공간이다. 그렇다고 성(城)처럼 보이지도 않는다. 중세 유럽의 성은 그 안의 집과 집이 서로 자유롭게 왕래했지만, 우리나라의 아파트는 집과 길이 아예 분리되어 있다. 성이 공동체라면 아파트는 독립된 공간이다. 작은 성들이 모인 거대한 성이 바로 '한국식 아파트 단지'인 것이다.

마을은 집과 집을 잇는 물리적 길도 있어야 하지만, 사람과 사람을 잇는, 눈에 보이지 않는 길이 더 중요하다. 그리고 그 길은 대개 아이들이 만든다. 아이라는 매개체를 통해 커뮤니티가 만들어지면서 마을에 생기가 도는 것이다. 원래 마을은 육아공동체였다. 오늘날의 '마을 만들기' 프로젝트들도 육아와 교육을 통해 이루어지고 있다. 어린이집을 매개로 새로운 마을이 만들어지기도 하고, 학교를 중심으로 기존 마을을 되살리기도 한다. 그런 점에서 도시 재생은 오래된 건물을 새 건물로 바꾸는 게 아니라 거기에 사는 사람들이 좋은 이웃 관계를 맺고 살 수 있는 환경을 만드는 것이 핵심이다.

그렇다면 학교 공간은 어떨까? 사실 학교도 철저히 통제와 효율을 위해 설계된 곳이라 연대감을 키우고 개성을 발휘할 수 없는 공간이다. 학교를 떠올려보자. 집은 그나마 문을 걸어 잠글 수 있는 방이라도 있지. 학교는 쉴 공간이 마땅치 않을뿐더러 원천적으로 혼자 있는 것을 막는다. 계단이라도 있으면 그나마 쉬는 시간에 수다를 떨고 쉬는 공간이 되지만, 통제와 효율을 우선시하는 일자형 복도에는 숨을 공간도, 홀로 사색할 수 있는 공간도 존재하지 않는다. 게다가 학급당 학생 수가 70여 명에 이르던 시절에는 선생님의 눈을 피해 친구들 속에라도 숨을 수 있었다. 하지만 정원이 절반 이하로 줄어든 요즘 교실에서는 교사의 눈을 피할 도리가 없다. 효용성만 있는 공간은 숨이 막힌다.

또 요즘 학생들에게는 빈 시간이 없다. 하교 후에는 빡빡한 학원 스케줄이 대기하고 있다. 이런 환경에서는 상상력도, 주체성도 생겨나기 어렵다. 시간을 주도적으로 계획하지 못하면, 삶을 꾸려나갈 힘도 기를 수 없다.

표준화의 시대가 저물고 다양성의 시대가 열리고 있다. 이에 2000년대에 들어서는 신축 교사의 경우 새로운 공간설계가 시도되었으며, 기존 학교도 동아리실을 신설하거나 운동장 한편에 텃밭이나 작은 숲을 조성하는 다양한 시도가 있었다. 또 얼마 전부터는 정부 주도로 '그린스마트 미래학교' 사업이 시행되면서 지어진 지 40년 이상 된 학교를 개축 또는 리모델링하는 대규모 국책사업이 추진되었다.

문제는 미래학교 구상에 대한 합의가 충분치 않다는 점이다. 학생들에게 태블릿 PC를 나눠주고, 교과서를 전자책으로 바꾸고, 분필 가루 날리는 칠판 대신 전자칠판을 쓴다고 해서 교육의 질이 높아질까? 첨단 시설이 완비된 교실에서 첨단 기자재를 사용해 스마트한 수업을 한다 해도 아이들이 성장하지 못하면 공연물일 뿐이다.

학생들에게 진정으로 필요한 건 창밖을 멍하니 바라볼 수 있는 시간, 친구들과 함께 무언가에 몰입할 수 있는 시간이다. 즉, 공간의 혁신도 필요하지만 시급한 건 아이들에게 시간을 돌려주는 것이다. 그리고 교육의 질은 시설이 아니라 사람에게 달려 있다. 아이들에게 가장 좋은 공간은 첨단 시설을 갖춘 공간이 아닌, 마음 맞는 친구가 있는 공간 그리고 좋은 교사가 있는 공간이다. 그러면 아이들은 힘든 학교생활도 견뎌내고, 스스로 학교에 오고 싶어 할 것이다.

미래의 학교는 상호작용이 더 활발히 이루어지는 곳일 것으로 생각한다. 지금과는 다른 방법이겠지만, 상호작용의 총량은 분명 급격히 늘어날 것이다. 지역과 계층으로 분리되어 있던 교육 과정과 일률적인 공간 또한 소통의 원리로 변화할 것이다. 또한, 소통은 교사와 학생뿐 아니라 지역사회와도 일어날 것이다. 산업혁명이 근대 학교 시스템을 만들어냈듯이, 정보 혁명과 기후 위기, 코로나19 팬데믹의 경험도 새로운 교육 시스템을 만들고 있다.

생각해보자. 불과 10년 전만 해도 우리는 너도나도 더 넓은 평수의 아파트에 사는 것을 행복으로 여겼다. 반세기 넘게 우리나라 대표 건축물로 광범위하게 지어진 아파트는 재테크의 상징으로 대한민국 거의 모든 사람의 삶을 지배한 욕망의 근원이었다. 1층부터 꼭대기까지 모든 세대가 같은 규격과 같은 모양을 갖추고 있는 그곳은 텔레비전이 놓인 위치나 식탁이 놓인 위치까지도 하나같이 똑같았다. 모두가 똑같은 생활 공간에서 똑같은 삶의 방식으로 소유와 욕망을 삶의 중심 수단으로 삼고 산 것이다.

그런데 언제부터인지 사람들은 답답한 아파트 숲속에서 벗어나 마당 있는 집에서 아이들과 흙을 놓으며 생활할 수 있는 공간을 꿈꾸기 시작했다. 물질적 풍요 속에서도 행복을 찾지 못한 사람들이 새로운 삶의 양식을 공간의 재구성으로부터 찾기 시작한 것이다. 집을 소유가 아닌 거주의 개념으로, 재산 증식 수단이 아닌 주체적 삶을 살게 하는 공간으로 보는 것이다. 그런데 한가지 이해하기 힘든 점은 이처럼 사회 전 분야에 걸쳐 공간이나 디자인을 중시하는 경향이 커지고 있음에도 불구하고, 학교 건물만큼은 여전히 제자리걸음이라는 사실이다.

학교 건물이야말로 그 어떤 건물보다도 아름다우면서 편안하고 안락해야 하는 거 아닐까? 아이들은 학교에서 보고 배운 것을 기반으로 사회에서 영향력을 발휘하게 된다. 그렇다면 우리의 아이들은 지금 학교라는 공간에서 과연 어떤 것을 느끼고 무엇을 경험할 수 있을까? 이제 아이들이 학교에서 생활하는 것만으로도 자율성과 창의성 상상력 서로에 대한 배려를 기를 수 있게 학교를 디자인해야 한다.

학교는 누가 짓는가?

우리나라 학교가 본격적으로 건축되기 시작한 건 1960년대로 거슬러 올라간다. 당시는 한국전쟁 직후 베이비 붐으로 인해 학생 수가 급증해 단기간에 많은 학교를 짓지 않으면 안 되는 시절이었고, 이에 따라 교육부와 각 시도 교육청은 빠른 학교 보급을 위해 표준설계도를 만들어 전국적으로 보급하기 시작한 시기였다. 그리고 결과적으로 우리는 가로 9m, 세로 10m의 크기에 한쪽 벽에 창문 2개가 설치되는 표준화한 교실을 갖게 되었다. 이것을 하나의 모듈로 해 가로로 붙이고 세로로 쌓으며 지금과 같은 학교 형태가 만들어진 것이다.

    문제는 저렴한 재료, 효율적인 시공, 빠른 건설 등 효율성과 경제성 측면에선 합리적인 선택이었을지 몰라도, 지역별, 학교별 개성은 무시된 채 교육적으로는 심각한 문제를 안게 된 점이다. 일제강점기 시절의 건축 양식에서도 크게 벗어나지 못했다.

    그렇다면 과연 학교는 누가 설계하는 것일까? 또 설계자는 어떻게 선정되는 것일까? 우선 학교는 해당 지역의 계획, 설계, 발주, 시공을 통해 건설된다. 그러나 지역별, 학교별 특색을 강조해 짓기보다는 여전히 '학교는 평등하게'라는 방침으로 형평성과 경제적 효율성에만 맞춰 지어지고 있는 실정이다. 학교 외관의 색깔만 봐도 알 수 있다. 페인트 가격이 색마다 차이 나는 것도 아닌데, 대부분 학교는 흰색 또는 옅은 황토색 계열의 단조로운 색을 입는다. 얼마든지 다른 색을 쓸 수 있는데도 말이다. 물론, 학교에서도 나름대로 색채와 디자인에 관한 연구를 해왔다. 그러나 이를 반영할 수 있는 시스템은 부재하며, 여전히 표준설계 방식에서 벗어나지 못하고 있다. 너무나 오래 표준설계 방식이 학교의 디자인에 영향을 미치게 된 탓이다. 저렴한 재료로, 효율적으로 시공할 수 있어서 굳이 바꿀 필요성을 느끼지 못하고, 행정적 편의와 비용 절감이라는 명목 아래 아이들의 교육 환경은 부차적인 문제로 취급되어 온 면도 있다.

    그리고 우리는 지금 그 대가를 치르고 있다. 학교 건물이 30년도 채 되지 않아 빠르게 노후하고 열악한 상태가 된 것이다. '빠르고 저렴하게'를 외치며 값싼 재료를 사용한 일이 거액의 재건축 비용으로 되돌아온 것이다. 더 심각한 것은 학생들의 건강 문제다. 석면이 들어간 천장뿐만 아니라 교실의 바닥이나 마감재 등에서도 납, 포름알데히드HCHO와 같은 인체에 유해한 물질들이 방출돼 교실 오염도가 매우 심각한 상태에 이르렀다. 이는 알레르기, 비염, 천식, 아토피 피부염 같은 환경성 질환의 원인이 된다.

    요즘에는 열린교육으로 교육 방침이 바뀌며 오픈스쿨을 표방한 시범화 학교 사업의 시행으로 표준설계의 의무 사용은 폐지되었다. 하지만 지금

지어지는 학교도 몇 가지 종류의 마감자재 이외에는 크게 개선되지 않은 것으로 보인다. 학생 수가 감소해 교실의 크기가 가로 8m, 세로 8m로 줄어들었을 뿐, 옆으로 위로 쌓는 방식도 그대로다. 패러다임의 전환 없이 피상적인 변화만 이루어지고 있는 셈이다.

세계적인 건축가 알바 알토Alvar Aalto는 학교를 아이들의 '첫 번째 집'이라고 했고, 핀란드의 교육학자 키모 투오미넨Kimmo Tuominen은 '학교 건물 자체가 교사'라고 했다. 학교를 단순한 건물이 아니라, 아이들이 인생에 지대한 영향을 끼치는 환경이자 교육 일부로 본 것이다. 또한, 학교는 해당 지역의 얼굴이 되는 장소다. 한번 지어지면 사라질 때까지 인간과 오래도록 관계를 맺는 사회문화적 산물이기도 하고, 지역 커뮤니티 공간으로서 중요한 역할을 맡고 있다. 마을이나 도시의 정체성을 보여주는 중추적인 역할을 하는 공간으로 볼 수도 있다.

그러므로 이제는 '누가 학교를 짓고, 누가 어떤 방식으로 설계하는지'에 관심 가져야 할 때다. 그리고 '아이들이 가장 많은 시간을 보내고, 인생에 결정적인 영향을 미치는 학교라는 공간이 왜 이토록 무관심 속에 방치되어 있는지'를, '우리는 집을 지을 때 그토록 세심히 신경 쓰면서 왜 아이들의 제2의 집인 학교에는 무관심한지'를 물어야 할 때다.

학교 건축의 문제점

우리나라 학교 건축의 문제점은 세 가지로 요약할 수 있다. 바로 '학교 공간을 계획하고 설계하는 과정이 체계적이지 않은 점', '설계 기간이 매우 짧아 학생들의 눈높이에 맞춘 설계가 어려운 점', '다양한 입장의 관계자가 함께 참여할 수 있는 시스템이 구축되지 않은 점'이다. 이런 문제를 해결할 방법은 학교 건축에 새로운 프로세스를 확립하고, 다양한 분야의 사람들이 참여할 수 있도록 하는 것이다.

우선 학교가 설계 시공되는 과정부터 살펴보자. 일반적으로 학교 설계자 선정은 수의 계약, 공개입찰, 현상 공모 등으로 진행되며, 공개입찰은 또다시 일반 입찰과 제한 입찰로 나뉜다. 설계비가 2,000만 원 이하면 수의 계약 방식이 가능하고, 2,000만 원 이상이면 공개입찰 방식으로 진행된다. 물론 수의 계약도 누가, 언제, 어느 학교를, 얼마나 진행하는지에 대한 정보가 투명하게 공개된다.

학교 설계는 자격을 갖춘 모든 건축사가 참가할 수 있지만, 공사 규모가 큰 경우에는 작업 실적이 많거나, 학교 설계에 대한 일정 수준 이상의 경력을 갖춘 업체만이 참가하도록 자격을 제한하는 제한경쟁 입찰을 하는 경우가 많다. 설계자를 공개로 모집하는 현상 공모는 2012년 기준 1개 학교, 2020년 기준 5개의 학교만 진행되었을 정도로 거의 없다고 해도 과언이 아니다.

즉, 이미 설계자 선정 단계에서부터 창의적인 디자인과 혁신적이 공간 구성을 기대하기가 어렵다. 현상 공모처럼 다양한 아이디어를 경쟁시켜 최선의 대안을 선택하는 방식이 아니라, 가격 경쟁과 실적 중심의 선정 방식은 비슷한 학교 건물만을 양산할 수밖에 없다.

다음은 시공이다. 국공립학교는 대부분 수의 계약, 공개입찰, BTL(Build-Transfer-Lease, 민간이 공공시설을 짓고 정부가 이를 임대해서 쓰는 민간 투자 사업 방식) 방식으로 시공된다. 시공도 설계와 마찬가지로 2,000만 원 이하면 수의 계약할 수 있고, 2,000만 원 이상이면 공개입찰을 해야 한다. 문제는 가격 입찰에 따른 적격자를 선정하다 보니 설계자의 역량이나 시공의 품질을 보장하기가 사실상 어렵다는 것이다. 게다가 학교 건축은 공급자의 뜻과 예산상의 문제가 중점적으로 고려되기에 실사용자인 학생들의 편의는 고려하지 못하는 경우가 생긴다.

생각해보라. 가장 낮은 가격을 제시한 업체가 선정된다면, 그 업체는 분명 어떻게든 비용을 절감하기 위해 자재의 질을 낮추거나, 디자인의 완성도를 떨어뜨릴 것이다. 이런 과정에는 학생의 필요가 제거되고, 최소한의 기능만 갖춘 획일화된 공간이 만들어질 수밖에 없다. 사실 경쟁 입찰 방식의 가장 큰 문제점은 입찰자의 역량을 평가하는 기준이 모호하다는 것이다. 기준이 딱히 정해져 있는 것이 아니다 보니 낮은 비용을 제시하는 곳이 유리하다. 결국, 제한된 예산의 경제성 논리가 또 다른 획일적인 학교를 만들고 있다고 볼 수 있다.

필자가 보기에 이러한 문제의 근본 원인은 교육 공간에 대한 우리 사회의 인식 부족에 있다. 비용과 효율성만을 따지는 관료적 사고방식은 학교를 '가르치고 배우는 장소'가 아닌 '관리와 통제의 장소'로 전락시킨다. 물론, 가격에 기준을 둔 입찰 방식은 비리를 근절한다는 점에서 공정성과 투명성을 지키는 방식인 건 분명하다. 그러나 능력 있는 설계자나 시공사를 선택하거나 공간의 질을 담보하기에는 분명 거리가 있다. 요즘 들어 입찰 응모만을 전문적으로 대신해주는 브로커들이 등장한 것을 보면 더더욱 그러하다.

국민의 세금으로 지어지는 공공시설은 특정 소수만을 위해 존재하는 공간이 아니다. 공공이라는 이름을 단 건축은 책임질 주인이 없다는 뜻이 아니라, 시민의 일상을 함께하는 문화 자산이자 문화 콘텐츠가 되어야 한다는 뜻이다. 학교도 마찬가지다. 건축을 통해 공익을 실현하기 위해선 설계 단계에서부터 지나칠 정도로 세심한 검토가 이루어져야 할 것이다. 게다가 학교 건축은 별다른 견제기구 없이 설계, 시공, 허가, 감독까지 교육청이 맡으므로 여타의 건축물보다 더 발전이 더디다는 점을 잊지 말아야 한다.

제3의 공간

초등학교 때의 기억을 되살려보자. 학교 공간 중 수업 시간 내내 앉아 있던 교실 외에 어느 공간에서 보낸 기억이 가장 또렷한가? 또 집과 교실 외에 가장 많은 시간을 보낸 곳, 집이나 교실만큼은 아니지만, 틈날 때마다 기꺼이 가게 되는 곳은 어디인가?

계획 없이 편안히 쉬기도 하고 영감을 얻기도 하고, 좋아하는 사람을 만나 대화하는 곳. 이런 공간을 우리는 '제3의 공간'이라고 부른다. 모두 제3의 공간이라 불리는 공간 한두 곳 정도는 떠올릴 수 있을 것이다.

제3의 공간이란 개념은 사회학자인 레이 올든버그Ray Oldenburg의 저서 『제3의 장소』에 처음 등장한 개념으로, '집, 회사 외 공간 중 사람들이 스스럼없이 자주 모일 수 있는 공간'으로 정의되어 있다.

제3의 공간이 가진 주요 특성은 '공간의 목적이 뚜렷하지 않은 중성적인 성격의Neutral ground, 대화가 중심이 되는Conversation, 개개인을 존중하는 Appreciation of human personali-ty and individuality, 누구나 쉽게 접근할 수 있는 Easily accessible, 즐겁고 편안한 분위기의Playful mood, 휴식과 재충전이 가능한Refresh' 공간으로 언급되어 있다. 요약하면 제3의 공간은 집과 직장을 벗어나 누구나 격의 없이 모여 즐거운 대화를 나누고 편안히 휴식할 수 있는 공간을 의미한다. 그렇다면 2025년, 제3의 공간은 어디인가?

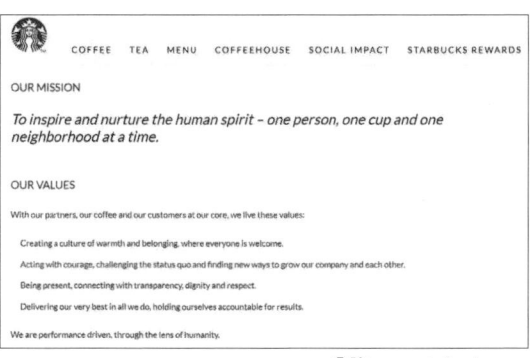

출처: www.starbucks.com

쉽게 떠올릴 수 있는 곳은 스타벅스다. 스타벅스는 브랜드 미션으로 '최고의 커피를 제공하는 것을 넘어, 커피 한 잔과 함께하는 스타벅스에서의 경험을 통해 사람들이 새로운 영감을 만나고 성장하는 것'을 지향한다고 밝혔다. 그래서인지 스타벅스에 가면 다양한 사람들이 각자의 방식으로 시간을 보내는 것을 볼 수 있다. 요즘에는 동네 서점도 책을 판매하는 상점의 역할뿐 아니라 작가의 북 토크를 열거나, 북 토크를 통해 취향과 관심사가 비슷한 사람을 만나 대화하는 장소로 사용되기도 한다.

그간 우리는 이러한 공간의 중요성을 간과해왔다. 학교라는 공간을 이야기할 때도 교실의 배치나 구조, 크기 등을 말하며 가르치고 배우는 공간에만 초점을 맞추어 왔을뿐, 아이들이 '쉬고 재충전하는 공간'에는 관심 두지 않았다. 급식실, 화장실, 운동장 정도가 교실 외의 공간으로 언급되었을 뿐이며, 사실 이러한 공간들조차도 명확한 목적이 있는 기능적 공간이지 아이들이 자유롭게 머물며 자신만의 시간을 가질 수 있는 제3의 공간은 아니다.

미래학자 다니엘 핑크Daniel Pink는 『새로운 미래가 온다』에서 미래에 필요한 역량에 관해, '새로운 시대는 다양한 형태의 사고와 삶에 대한 접근을 통해 활기를 얻는다. 패턴과 기회를 감지하고, 예술적 미와 감정의 아름다움을 창조해내며, 훌륭한 이야기를 창출해내고, 언뜻 관계가 없어 보이는 아이디어를 결합해 뭔가 새로운 것을 창조해내는 능력, 다른 사람과 공감하고 미묘한 인간관계를 잘 다루며 자신과 다른 사람의 즐거움을 잘 유도해내고 목적과 의미를 발견해 이를 추구하는 능력과 관련이 있다'라고 언급했다.

그렇다면 어떻게 해야 아이들의 미래 역량을 키워줄 수 있을까? 그것은 바로 제2의 공간인 학교의 시스템과 환경을 혁신하는 것과 동시에, 넘나들며 배우고 다양한 활동을 할 수 있는 제3의 공간을 제공하는 데 있다. 그곳에서 아이들은 다가올 변화에 적응하는 능력, 그 변화에 맞게 필요한 것들을 생각해내는 탐구력, 호기심을 갖고 그다음을 그려볼 수 있는 상상력, 앞으로 필요한 것을 만들어내는 창조력 등을 무럭무럭 키워나갈 것이다.

아이를 위한 제3의 공간은 다음의 조건을 충족하면 될 것이다.

- 계획된 경험이 아니라 아이들 스스로 선택할 수 있는 경험의 재료가 다양한 공간
- 무엇이든 마음껏 시도하고 실패하며 재도전의 기회가 있는 공간
- 반드시 달성해야 하는 한 가지 목표가 아니라 스스로 다양한 목표를 설정하고 넘나들며 배우는 즐거운 공간

· 아이마다 주체로서 존중받고 서로 영향을 주고받을 수 있는 공간
· 아이들을 가르치지 않고 아이들의 속도를 따라가며 도와주는 어른들이 있는 공간

다양하고 검증된 콘텐츠를 갖추고 있으면서 아주 적은 비용을 내거나 내지 않고 다양한 경험을 할 수 있는 제3의 공간이 있다. 바로 박물관, 과학관, 미술관, 도서관과 같은 공공기관이다.

이런 공간은 경제력, 주거지 등과 관계없이 모든 아이가 누릴 수 있다. 친구들과 개방된 공간에서 즐기는 경험은 어린 시절의 감각이나 감성에도 많은 영향을 미친다. 학교 밖에 새로운 것들을 체험하고 다양한 능력을 발휘할 수 있는 공간이 만들어진다면 아이들은 그 속에서 맘껏 뛰놀며 자율성을 키우고 자신의 가능성을 발견할 수 있을 것이다.

그런 의미에서 아이의 공간은 어른의 공간과 달라야 한다. 어른은 단순하고 절제된, 탁 트인 공간에서 심리적 안정감을 얻고 집중하는 반면, 아이들은 약간 후미지고 구석진, 자기만의 공간처럼 느낄 수 있는 곳을 좋아한다. 학교와 집 안 곳곳에 이런 비밀스러운 공간이 많을수록 아이는 안정감을 느끼고 상상력을 기른다.

그렇다면 학교 설계자들은 학생들의 이러한 심리적 특징과 생활을 얼마나 반영하고 있을까? 아마 설계자 대부분이 교실, 특별활동실, 화장실, 복도, 현관 등을 우선순위에 두고 설계한 뒤 남은 공간을 휴식 공간으로 배정할 것이다. 그래서 실제로는 휴식 공간이라고는 하나 형식적이거나 최소한의 공간일 것이다. 그마저도 여유가 없으면 아예 설계 내용에 넣지 않기도 한다. 왜 아이들은 어른들이 스타벅스에 비싼 돈을 들여 커피를 사 마시며 느끼는 공간의 여유를 경험할 수 없을까? 왜 아이들은 종일 어둡고 차가운 회색빛 콘크리트 속에 갇혀 있을 것을 강요받아야 할까?

아이들을 위한 공간은 학교를 설계할 때부터 계획되어 있어야 한다. 건축 후에는 현실적으로 건물을 리모델링하거나 새로운 공간을 만드는 게 불가능하다. 아이들은 삶, 우정, 사랑 등 추상적인 문제를 고민하며 진로

와 적성을 발견하면서 자유로이 성장해야 한다. 아이들에게 학교가 획일적이고 일방적인 교육의 공간이 아니라 쌍방향의 소통과 교류의 장으로 거듭나고 즐거운 학창 시절이 될 수 있는 공간을 마련해 주어야 할 것이다.

북유럽의 교육 환경

국제학업성취도평가에서 상위권을 우지하는 국가가 있다. 바로 북유럽 국가들이다. 그리고 이들의 교육 경쟁력은 학교 공간에서 출발한다고 해도 과언이 아니다. 이곳의 아이들은 학교를 집보다 더 편안하게 생각하고 좋아한다. 학교를 배움의 장소이자 놀이 장소로 생각한다. 아이들을 행복하게 하는 공간 디자인은 어떻게 가능한 것일까?

필자가 핀란드와 덴마크, 스웨덴의 학교를 방문했을 때 가장 놀라웠던 점은 학교의 내부 공간과 디자인 배치였다. 우리나라의 학교처럼 긴 복도를 중심으로 교실이 일렬로 배치된 형태가 아니라, 마치 아이들의 '제2의 집'처럼 설계된 공간들이 눈에 띄었다. 복도의 구석구석에는 아이들이 몇 명씩 모여 대화하거나 책을 읽을 수 있는 작은 소파와 테이블이 놓여 있었고, 교실 내부도 일자형 책상 배열이 아닌 팀별 활동이 가능한 원형이나 모둠형 배치가 대부분이었다.

많은 북유럽 학교가 가정과 사회가 융합되는 교육 환경을 적극적으로 실천한다. 교육을 민주주의, 행복, 복지의 상징으로, 그리고 학교를 경쟁하는 곳이 아닌 협동을 배우는 장으로 생각하여 좋은 시민을 길러내는 데 목적을 두기 때문이다. 그래서 북유럽 국가들은 학교의 건축과 디자인에 관심과 투자를 아끼지 않는다.

핀란드의 한 교장은 필자에게 이렇게 말했다. "우리는 학교를 지을 때 아이들에게 가장 먼저 물어봅니다. '너희가 가장 있고 싶은 공간은 어떤 곳이니?'라고 말이죠. 그리고 아이들의 대답은 건축가들에게 직접 전달되고, 실제 설계에 반영됩니다. 학교의 주인은 아이들이니까요."

북유럽 학교에서 가장 눈에 띄는 공간 중 하나는 '중앙 광장'이다. 이 공간은 마을의 중심 광장처럼 학교의 심장부 역할을 했다. 아이들은 이곳에서 자유롭게 대화하고, 작은 공연을 열기도 했으며, 때로는 전교생이 모이는 집회 장소로 사용했다. 이런 공간은 아이들에게 학교가 단순히 공부하는 곳이 아니라 삶을 경험하고 문화를 누리는 장소라는 인식을 심어주고, '더불어 사는 삶'을 실천하게 한다.

이들의 교육은 엄격한 통제보다는 정서적 교감과 소통을 중시하여 아이들의 자율성과 창의성을 높인다. 또한 획일적인 교육이 아닌 아이 개개인의 타고난 소질과 능력을 발견하는 데 힘쓰며, 경쟁보다는 협동을 통한 발전을 가르친다. 우리나라에서는 필수가 되어 버린 선행학습도 시키지 않는다. 차라리 그 시간에 산책하고 텃밭을 가꾸며 자연 속에서 배움을 체득하도록 한다. 도서관도 사뭇 다르다. 우리나라의 도서관이 조용하게 책을 읽는 곳이라면, 북유럽 학교의 도서관은 '미디어테크'라고 불리며 다양한 미디어를 접하고, 정보를 찾고, 토론할 수 있는 복합 문화공간의 성격을 띤다.

서울의 한 초등학교 교장은 북유럽 연수를 다녀온 후 "같은 학교지만 교육 철학과 목표가 완전히 다름을 느꼈습니다. 우리는 효율성과 관리를 위해 학교를 만들었고, 그들은 행복과 성장을 위해 학교를 만들었습니다"라고 했다. 우리의 교육이 가야 할 길을 시사한 말이라고 생각한다.

많은 선진국이 1970년대 '열린교육 운동'을 통해 성냥갑처럼 답답한 학교를 문화공간으로 바꾸어 나가기 시작했다. 복도와 교실을 구분하는 벽을 없애거나 한쪽 벽면 이상을 오픈해 공간의 유연성을 살렸으며, 다양한 형태의 수업 방식이 가능하도록 바꾸었다.

그중 덴마크의 '외레스타드 고등학교Ørestad Gymnasium'는 기존의 학교 건물을 완전히 탈피한 설계로 유명하다. 계단식 원형 구조로 설계된 이 학교는 중앙의 열린 공간을 중심으로 다양한 학습 공간을 유기적으로 연결한다. 교실은 학습 목적에 따라 자유롭게 변형할 수 있는 공간으로 이루어진다. 그리고 여기에는 처음부터 교사, 학부모, 지역민의 적극적인 참여가 있었다. '학교는 사회, 사회는 학교'라는 모토로 학교 건물 개혁을 단행한 것이다.

그렇다면 우리는 이러한 사례에서 무엇을 배워야 할까? 단순히 시설과 디자인을 모방하는 것은 해결책이 될 수 없을 것이다. 우리에게 필요한 것은 '학교란 무엇인가'에 대한 근본적인 성찰이다. 학교가 단순히 지식을 전달하는 공간이 아니라 아이들이 행복하게 성장하는 생활 공간이자 문화공간이라는 인식의 전환이 필요하다. 지금은 이런 인식을 바탕으로 우리 현실에 맞는 학교 공간의 혁신을 고민해야 할 시점이다.

왜 벽 없는 교실이 중요할까?

1960년대 후반, 영국과 미국을 중심으로 새로운 학교 건축 형태 및 학교 교육 방식인 오픈 스쿨(open school, 우리나라에서는 '열린교육'이라고 불린다)이 보급되었다. 오픈 스쿨을 구현하는 학습 공간의 가장 큰 특징은 출입문이나 벽 없이 개방되어 있다는 것이다. 이곳에서 아이들은 마치 집의 거실과 주방을 오가듯 자연스럽게 공간을 이동하며 학습한다. 또 교실마다 수학, 자연, 읽기 등을 탐색할 수 있는 공간이 마련되어 있어 흥미를 느끼는 분야를 자유롭게 탐색한다.

이와 같은 교육은 '학습자가 학습 내용에 따라 상호 교류하며 자주성을 존중한 학습이 이루어져야 한다'라는 사고방식에 기인한다. 교사가 주도권을 갖고 지도하는 것이 아닌, 유연성이 있는 학습 공간에서 학생 개개인이 개성과 자율성을 발휘할 수 있다는 측면에서 장점이 있다.

영국 정부는 2004년부터 21세기형 새로운 교육을 지향하며 'BSF Building Schools for the Future, 미래학교 건설'라는 장기 프로젝트를 시작했다. 1997년 토니 블레어 정부가 내건 공약에서 비롯했으며, 학교를 통해 사회적 격차와 분열을 개선하고 공공 서비스를 강화하는 데 목적이 있다. 3,500개의 학교 환경을 우선 개선하고자 15년 동안 90조 원의 예산이 투입된다.

이와 관련해 영국의 학교개혁 운동가 샤론 라이트Sharon Wright는 "강력한 사회적 자본을 만들려면 학교가 지역 공동체의 중심이 되어야 합니다. 일방적인 지식 전달을 위한 획일적 공간에서 벗어나 지식의 전달, 적용, 창조, 토론, 의사결정 등 과정에 따라 학교 공간이 변화해야 합니다"라고 말했다. 영국 정부의 예상은 적중했다. BSF를 통해 재건축한 학교에서 학생들의 품행과 성적이 모두 개선된 것이다.

특히 콘크리트가 아닌 100% 친환경 목재를 이용해 따뜻하고 발랄한 공간을 만들어낸 킹스데일 학교Kingsdale School는 학교가 딱딱하고 지루한 곳이라는 고정관념을 깼을 뿐 아니라, 학생들의 수업 태도와 학업 성취도 면에서 가장 발전한 학교로 꼽힌다. 학습 환경의 개선이 학습 태도에도 영향을 미친다는 사실을 입증한 것이다.

킹스데일 학교의 변화에 대해 건축가 알렉스 드 리케Alex de Rijke는 "우리는 학교를 디자인할 때 아이들이 어떻게 배우고, 어떻게 생활하는지에 초점을 맞추었습니다"라고 말한다. 그 결과 학교의 중앙에는 거대한 아트리움이 만들어졌고, 이 공간은 학교의 심장부 역할을 하면서 다양한 활동이 이루어지는 복합 문화공간으로 자리 잡았다. 이런 공간 혁신은 학생들의 소속감과 참여 의식을 높였고, 결국 학업 성취도 향상으로 이어졌다.

학교 건물이 가르친다

"학교 건물이 가르친다"라는 이탈리아 건축가 조르조 폰티Giorgio Ponti의 말처럼 잘 디자인된 건축은 그 자체가 교육이 된다. 배움의 공간을 잘 꾸미는 일은 장식적 효과뿐만 아니라 살아있는 지식을 운용하는 능력과 체험의 지혜를 몸으로 배울 수 있는 출발점이 된다.

필자가 생각하는 학교 건축의 가장 중요한 역할은 학교 공간이 '무언의 교사'라는 점이다. 아이들은 교과서와 선생님을 통해서만 배우는 것이 아니라, 매일 접하는 학교 공간의 디자인, 색채, 빛, 동선, 소리 등 모든 건축적 요소로부터 배우고 감성과 사고방식을 형성해나간다.

진정한 의미의 좋은 학교는 외관상 아름다운 학교가 아니라, 지속가능성, 공공의 가치, 역사적 맥락을 담아내며 학생들의 학업 성취와 인성 발달을 효과적으로 지원하는 학교다. 이와 함께 좋은 학교 디자인은 공간의 문화적 정체성과 교육 철학을 실현하는 힘으로 작용하여, 물리적 환경과 사용자 간의 의미 있는 연결을 돕는 매개체가 된다.

우리 시대 혁신과 창의력의 아이콘 스티브 잡스도 "대부분 사람이 디자인을 겉치장으로 인테리어를 장식으로 생각하지만, 사실 디자인이란 새로운 삶의 양식과 의미를 만들어내고 전달하는 것이며 사람이 만든 창조물의 근원적인 영혼입니다"라고 말했다. 이 말에는 디자인의 본질이 숨어 있다. 자신을 아티스트라고 정의한 스티브 잡스는 실제로 애플의 모든 제품과 서비스의 외향에 자신만의 철학과 가치를 담았다. 그렇게 누구나 직관적으로 사용할 수 있을 만큼 단순한 디자인을 구현하고, 애플을 디지털 라이프 스타일을 좌우하는 기업으로 우뚝 설 수 있었다.

물론, 그 이면에는 사회적 패러다임의 변화도 있었다. 기능과 성능 중심의 소비자 인식에서 벗어나, 디자인을 중요시하는 관점이 확산한 것이다. 그래서 이제는 디자인을 빼 놓고 이야기할 수 없는 시대가 되었다.

2장

감각이 살아있는
교육 공간 만들기

1. 기분 좋은 학교 만들기

우리는 교육을 이야기할 때 교육 과정, 교수법, 평가 방식 등에 집중할 뿐 아이들이 시간을 보내는 '공간'에는 관심을 두지 않는 경향이 있다. 교실의 공기와 온도, 빛과 소리, 복도와 문, 도서관, 놀이터, 화장실 이 모든 물리적 환경이 아이들의 학습 능력과 정서, 건강에 많은 영향을 끼침에도 불구하고 말이다.

인간은 오감을 통해 세상을 경험한다. 특히 아이들은 어른보다 감각에 더 민감하고, 공간의 메시지를 온몸으로 받아들인다. 칙칙한 벽, 단조로운 복도, 움직임을 제한하는 교실, 답답한 공기, 어둡고 불편한 화장실. 이런 환경에서 아이들에게 창의성과 자율성을 기대할 수 있을까? 배움과 성장에 최적화된 공간을 제공하지 않고 어떻게 교육의 변화를 기대할 수 있을까? 그러나 이미 전 세계 교육 선진국들은 공간 혁신을 통한 교육 환경의 변화에 주목하고 있다. 핀란드의 열린 학습 공간, 네덜란드의 늘이 중심 교실, 덴마크의 감성적인 화장실 디자인은 단순한 환경 개선이 아니라 교육 철학의 물리적 구현이다. 이들 국가의 공통점은 아이들의 감각을 존중하고, 발달 단계에 맞는 맞춤형 환경을 제공한다는 점이다.

이 장에서는 교육 공간의 다양한 요소가 아이들의 학습과 정서적 발달에 어떤 영향을 미치는지 살펴볼 것이다. 공기와 온도, 빛과 소리가 아이들의 집중력과 정서에 미치는 영향, 복도와 문이 만들어내는 교류와 소통의 가능성, 독서 공간과 놀이 공간의 중요성, 화장실과 같은 일상적 공간이 지닌 교육적 가치를 알아본다. 교육 공간은 단순한 배경이 아니라 아이들의 성장에 직접적인 영향을 미치는 '또 하나의 교사'임을 명심하자. 물리적 환경이 아이들의 몸과 마음 그리고 배움에 어떤 영향을 미치는지를 이해할 때, 우리는 비로소 진정한 교육 혁신의 출발점에 설 수 있을 것이다.

공기와 온도

교실에 들어서면 가장 먼저 눈에 들어오는 것이 있다. 책상과 의자, 벽에 걸린 학생들의 작품 또는 칠판에 적힌 글씨 등이다. 그러나 인지하기는 어렵지만, 시각보다 더 빠르게 들어오는 감각이 있다. 바로 교실의 '공기와 온도'다.

공기와 온도는 학생들의 건강과 학습에 가장 큰 영향을 미치는 요소이다. 세계보건기구WHO에 따르면 실내 공기 오염으로 인한 사망자는 연간 280만 명에 이르며, 실내 오염물질이 실외 오염물질보다 폐에 전달될 확률이 무려 1,000배나 높다. 게다가 아직 성장 중이고 면역체계가 완전히 발달하지 않은 아이들은 이러한 실내 공기 오염에 더 취약하다. 그런데도 우리나라 학생들은 여전히 좁고 오염된 환경에서 공부한다. 우리나라 학생들은 약 67.5㎡의 교실에서 30~40명이 함께 생활한다. 학생 1인당 약 1.8㎡의 공간이 할당되는 셈인데, 이는 일반 사무실의 5분의 1, 주택 공간의 8분의 1 수준이다. 닭장보다 조금 나은 수준이라고 해도 과언이 아니다. 이렇게 좁은 공간은 당연히 이산화탄소 농도가 높아지고 각종 오염물질이 누적되는 문제가 있다. 2023년, 서울의 한 초등학교 교실에서 측정한 이산화탄소 농도는 오후 수업 시간에 3,000ppm을 넘었다. 정상 범위(1,000ppm 이하)의 3배를 넘는 수준이다. 이런 환경에서 아이들에게 집중하라고 요구하는 것은 바람직하지 않을 것이다.

교실 내 유해물질의 종류

교실에는 우리가 생각하는 것보다 훨씬 다양한 오염원이 존재하는데, 사실 학생 자체가 기본적인 주요 오염원이다. 아이들은 호흡을 통해 이산화탄소를 배출하고, 많은 활동으로 먼지를 일으킨다. 특히 초등학교 저학년 아이들은 엄청난 활동량으로 바닥의 먼지를 다시 공기 중으로 올리는 '재비산 현상'을 자주 발생시킨다. 또 교실 내 목재 가구와 교구도 화학물질을 방출한다. 포름알데히드와 휘발성 유기화합물VOCs이 대표적이다. 특히 학교에 납품되는 가구 대부분이 값싼 MDF나 파티클 보드로 만들어지는데 이런 것들은 더 많은 유해물질을 방출한다. 또 분필을 쓰는 교실에서는 분필 가루가 공기 중에 떠다니고, 화이트보드용 마커를 쓰는 교실에서는 유해 용매가 떠다닌다. 학급 게시판이나 벽면 장식에 사용되는 색종이, 접착제, 물감 등도 미세한 양이지만 지속해서 화학물질을 방출한다.

외부에서 유입되는 오염물질 문제도 심각하다. 운동장의 흙먼지, 도로 위 자동차 배기가스, 봄철 황사와 미세먼지 등이 창문을 통해 교실로 들어온다. 도로변에 위치한 학교의 경우, 창문을 열면 자동차 소음과 함께 배기가스가 그대로 들어오고, 창문을 닫으면 이산화탄소 농도가 치솟는 딜레마를 겪기도 한다.

그렇다고 학교 내 환기 시스템이 잘 갖춰진 것도 아니다. 여전히 많은 학교가 창문을 여닫아 조절하는 자연 환기 시스템에 의존하고 있다. 자연 환기가 가장 이상적이긴 하지만, 자연 환기는 날씨와 외부 환경에 크게 영향을 받기 때문에 겨울철이나 미세먼지가 심한 날에는 제대로 된 환기가 불가능하다. 또한, 에너지 효율을 높이기 위해 많은 학교가 기밀성(氣密性)을 강화하면서 환기에 어려움이 생겼다. 냉난방 비용을 절약하기 위해 창문을 닫아두기에 교실 내 공기 질이 악화하는 역설적 상황이 발생한 것이다. OECD 국가 중 환기 시스템 설치율이 가장 낮은 나라 중 하나가 바로 우리나라다. 유럽이나 북미 국가 학교 90% 이상이 기계식 환기 시스템을 갖춘 반면, 우리나라의 기계식 환기 시스템은 20%에 그친다. 우리 사회가 아이들의 건강과 학습권에 얼마나 무관심한지를 보여주는 지표일 것이다.

교실 내 유해물질이 학생에게 미치는 영향

교실 내 주요 오염물질은 '이산화탄소'이다. 일반적인 실외 이산화탄소 농도가 약 400ppm인데 반해, 교실은 1,000ppm을 가뿐히 넘어서고, 환기가 부족한 교실은 2,000~3,000ppm까지도 상승한다. 이런 교실에서 학생들은 어떤 모습일까? 우선 이산화탄소 농도가 1,000ppm을 넘어서면 집중력이 떨어지고 2,000ppm이 넘으면 두통, 졸음, 인지 능력이 저하된다. 하버드 대학의 연구에 따르면, 이산화탄소 농도가 1,400ppm일 때 950ppm 때보다 인지 기능이 약 50% 저하되었고, 2,500ppm일 때는 무려 70%까지 저하되었다. 이는 아이들에게 졸지 말라고, 수업에 집중하라고 하면서 집중하기 어려운 환경을 제공하는 것과 같다. 아이들이 교실에서 졸음이나 집중력 저하와 싸우고 있다면 개인의 의지력 문제라고 하기보다 환경부터 살펴보아야 할 것이다.

미세먼지도 심각한 문제다. 서울의 한 초등학교 교실의 경우, PM10(지름 10 ㎛ 이하의 미세먼지)의 농도는 평균 76㎍/㎥로 실외(58㎍/㎥)보다 높았고, 체육 활동 후에는 100㎍/㎥를 초과하기도 했다. 미세먼지는 학생들의 폐 발달에 장기적으로 부정적인 영향을 미친다. 성장기 때의 폐 기능 저하는 성인이 되었을 때 폐 건강에 위협이 될 수 있다. 미세먼지에 많이 노출될수록 결석률도 높아진다는 연구 결과도 있다.

포름알데히드, 벤젠, 톨루엔 등 휘발성 유기화합물은 어떨까? 이 물질은 보통 실내 건축자재, 가구와 교구 등에서 방출되는데, 특히 신축 학교나 최근 리모델링한 학교에서 농도가 높게 나타나며 눈, 코, 목 등의 자극과 두통, 메스꺼움 등을 유발한다. 신축 초등학교에서 입주 직후 학생들이 두통과 메스꺼움을 호소하는 사례도 있었다. 조사 결과, 새 가구와 건축자재에서 방출된 포름알데히드와 휘발성 유기화합물이 원인이었고, 충분한 환기 없이 개교한 것이 문제였다.

교실의 온도와 학습 효율

공기 질만큼 학습 공간에 영향을 미치는 요소는 '온도'이다. 너무 덥거나 추운 환경은 학생들에게 불편함을 주고, 집중력을 떨어뜨리므로 학습에 가장 직접적인 영향을 끼치는 요소로 볼 수 있다. 연구에 따르면, 학습 효율이 가장 좋은 교실 온도는 겨울철 20~23도, 여름철 23~26도라고 한다. 그리고 교실 온도가 24도에서 30도로 상승하면 수학 성적이 최다 13% 하락한다는 결과도 있다. 그러나 우리나라 학교는 적절한 냉난방 시스템을 갖추지 못한 게 현실이다. 넝난방기가 설치해 있어도 중앙난방 시스템이어서 학생이 직접 조절할 수 없다. 또한, 노후한 건물이 많아 단열재가 부족하고 외부 온도에 취약한 것도 문제다. 남쪽에 있는 교실은 햇빛 때문에 너무 덥고, 북쪽에 있는 교실은 너무 추운 사례도 있다.

그렇다면 공기 질과 온도를 개선할 방법은 무엇일까? 방법은 다음과 같다.

☑ **기계식 환기 시스템 구축**

자연 환기만으로는 한계가 있으므로, 기계식 환기 시스템을 도입하는 것이 바람직하다. 열회수형 환기장치HRV는 외부 공기를 들여오면서도 에너지 손실을 초소화할 수 있어 효과적이다.

☑ **정기적인 자연 환기와 습식 청소**

가장 간단하면서도 효과적인 방법은 정기적인 자연 환기다. 수업 시간 전후, 쉬는 시간, 점심시간을 이용해 주기적으로 창문을 열어 환기한다. 또한, 40~60%의 적정 습도를 유지하고, 친환경 청소도구로 습식 청소를 하는 등의 일상의 변화도 미세먼지를 줄이는 데 도움이 된다.

☑ **친환경 건축자재 사용**

학교를 새로 짓거나, 리모델링 시에는 유해물질 방출이 적은 친환경 건축자재를 사용한다. 시공 후 충분한 환기 기간을 거치는 게 중요하다.

☑ **냉난방 시스템 구축**

중앙난방 시스템보다는 교실별로 온도 조절이 가능한 개별 냉난방 시스템이 효과적이다. 태양열이나 지열을 활용한 친환경 에너지 시스템을 도입하면 환경 부담도 줄일 수 있다.

☑ 공기 질 모니터링 시스템 도입

교실 내 이산화탄소, 미세먼지, 온도, 습도 등을 실시간으로 모니터링하는 시스템을 도입하면, 객관적인 데이터를 바탕으로 교실 환경을 관리할 수 있다.

이러한 구조적 개선은 초기 비용이 만만치 않지만, 장기적으로는 학생들의 건강과 학습 효율성 향상, 에너지 효율 개선 등의 측면에 이득이 된다. 그러므로 정부와 교육청은 학교시설 개선에 더 많은 예산을 투입해야 한다.

그렇다면 세계 교육선진국들은 어떻게 교실 환경 문제를 해결하고 있을까? 실제 많은 국가가 교사와 학생 및 학교 구성원이 함께 공기 질 개선 모니터링 결과를 공유하여 교실 환경 인식을 개선하는 교육을 병행하고, 관련 규제를 적용하고 있다.

구체적으로 미국은 교사, 행정직원, 학생 모두 미국환경보호청EPA이 제공하는 'Indoor Air Quality Tools For Schools' 프로그램의 가이드라인에 따라 공기 질 개선에 참여하고 있다. 그리고 호흡기 질환으로 결석하는 학생 수 감소라는 효과를 거두었다.

핀란드는 모든 교실에 기계식 환기 시스템을 의무적으로 설치하고, 이산화탄소 농도를 800ppm 이하로 유지하도록 법적으로 규제하고 있다. 친환경 건축자재 사용, 자연광 활용, 적정 온습도 유지 등을 통해 종합적인 실내 환경을 관리함으로써 교실 내 공기 질 유지, 학생들의 집중력 향상, 알레르기와 같은 건강 문제 감소와 같은 효과를 거두었다.

일본은 학교보건안전법에 근거한 '학교 환경위생 기준'을 통해 교실 환경을 엄격하게 관리하여 매년 그 결과를 학부모와 지역사회에 공개하고 있다. 실제로 이러한 체계적인 관리와 정보 공개는 환경지표의 지속적 개선은 물론, 학교에 대한 신뢰 제고와 지역사회의 적극적인 참여를 이끌어 내는 효과를 거두었다.

이런 해외 사례는 교실 환경 개선이 단순한 시설 투자로 해결되는 게 아니라 체계적인 관리 시스템과 인식 개선이 함께 이루어졌을 때 가능함을 보여준다. 우리는 그간 눈에 보이지 않는다는 이유로 오랜 시간 교실의 공기 질과 온도 문제를 간과해왔다. 교실은 언제나 쾌적해야 한다. 좋은 공기를 마시며 쾌적한 환경에서 배움의 즐거움을 만끽할 수 있는 교실 환경을 만드는 것, 그것이 우리 모두의 책임이자 의무일 것이다.

빛과 소리

교실에 들어서는 순간을 떠올려보자. 창문 너머로 밝은 햇살이 쏟아지고, 쾌적한 온도의 공기가 몸을 감싼다. 조용한 배경 속에서 선생님의 목소리가 또렷하게 들리면, 우리는 자연스럽게 공부에 집중하게 된다. 반대로, 조명이 너무 어둡거나 지나치게 밝은 환경, 소음이 있고, 공기가 탁하다면 어떨까? 집중력은 멀리 달아나고, 학습 능률은 떨어질 수밖에 없을 것이다. 핀란드 혁신학교의 성공 사례로 꼽히는 라또까르타노 종합학교 Latokartano Peruskoulu에는 학생들이 태양의 자연스러운 패턴에 맞춰 공부할 수 있도록 천장 일부가 유리로 된 '빛의 정원'이 있다. 이곳에서 수업을 받은 학생들은 "마치 숲속에서 공부하는 것 같다"라고 표현했으며, 수업 참여도는 일반 교실보다 약 40% 높았다. 감각적 경험이 학습에 미치는 영향을 실감케 하는 사례다.

빛과 소리는 학생들의 인지 능력, 집중력, 정과 행동에 영향을 미치는 중요한 요소다. 모차르트의 음악을 배경으로 틀어놓고 수학 문제를 풀게 했을 때 학생들의 문제 해결 능력이 향상되었다는 '모차르트 효과'는 소리의 교육적 효과를 상기시킨다. 2019년, 코펜하겐의 한 학교에서는 교실 조명을 일과시간에 맞춰 자동으로 변화하게 설계했더니 학생들의 집중 시간이 18분 증가하기도 했다.

이 장에서는 교실의 빛과 소리가 어떻게 학생들의 학습과 웰빙에 영향을 미치는지, 그리고 어떻게 이러한 요소들을 최적화하여 더 나은 교육 환경을 만들 수 있는지를 살펴볼 것이다. 교육의 질을 한 단계 끌어올릴 수 있는 보이지 않는 조력자의 힘을 함께 알아보자.

학습을 밝히는 보이지 않는 동력, 빛

아침에 햇살을 받으며 눈을 뜨면 상쾌하게 하루를 시작할 수 있다. 그 이유는 자연광이 우리 몸의 생체 시계를 조절하고 정신을 맑게 해주기 때문이다. 교실에서도 마찬가지다. 자연광이 풍부한 교실에서 공부하는 학생은 그렇지 않은 학생보다 집중력, 학습 능력, 심지어 시험 성적까지 더 높다.

자연광이 학습에 도움이 되는 이유는 과학적으로 설명할 수 있다. 우선 자연광은 우리 몸에 행복 호르몬이라고 불리는 세로토닌 생성을 촉진한다. 기분을 좋아지게 하고 집중력을 높여주어 학습에 긍정적인 영향을 끼친다. 그리고 우리 몸의 생체 시계를 조절하여 낮에는 깨어있게 하고 밤에는 잠들게 한다. 아침에 충분한 자연광을 받으면 생체 리듬이 정상화되어 아침 수업 시간의 집중력과 참여도를 높인다. 그리고 자연광은 눈의 피로도를 줄이고 시력 발달에 도움을 준다. 하루 2시간 이상 자연광에 노출된 아이들은 그렇지 않은 아이들보다 근시 발생률이 훨씬 낮으며, 디지털 기기 사용이 많은 현대 사회에서 눈 건강을 지키는 중요한 방패막이 될 것이다. 그러나 모든 교실이 넓은 창문과 충분한 자연광을 갖출 수 있는 것은 아니다. 또한, 계절이나 날씨에 따라 자연광이 부족할 수 있다. 이럴 때는 어떻게 해야 할까?

조명도 스마트해졌다

요즘은 깜빡이는 차가운 백색등이 있던 자리를 자연광과 비슷한 스펙트럼을 제공하는 고급 LED 조명이나 전체 스펙트럼 조명이 대체하고 있다. 이러한 현대적 조명은 어둠을 밝히는 기능을 넘어 학생들의 웰빙을 지원한다. 그중에서도 자연의 빛과 가장 가까운 빛을 구현한 '바이오필릭 Biophilic 조명 시스템'은 아침에는 푸른빛이 도는 밝은 빛으로, 오후에는 점차 따뜻한 빛으로 바꾸며 학생들의 생체 리듬을 유지시킨다. 특히 오후의 집중력 저하 현상을 개선하고, 주의력 결핍 증상을 보이는 학생들의 과제 완성도를 놀랍게 향상시킨다.

실제로 시간표에 맞춰 자동으로 색온도를 바꾸는 지능형 조명 시스템을 도입한 학교는 학생들의 시험 성적 향상, 겨울철 오후 시간대의 학습 효율성 향상에 효과를 보았다. 이에 대해 한 교사는 "더는 겨울철 오후에 졸려 하는 학생을 깨우기 위해 목소리를 높일 필요가 없어졌다"라고 말했다.

색온도에 따른 조명 효과를 살펴보면, 석양과 비슷한 주황빛의 따뜻한 빛(2,700~3,000K)은 편안함과 안정감을 주어 휴식과 창의적 활동에 적합하고, 자연스러운 백색광인 중간 온도의 빛(3,500~4,500K)은 일반적인 수업 활동에 적합하며, 푸른빛을 띠는 백색광쿨화이트인 차가운 빛(5,000~6,500K)은 집중력과 주의력이 필요한 활동에 적합하다. 그래서 교육 공간의 조명을 계획할 때, 교실 내부는 차가운 빛을 사용하고, 복도 등의 공용 공간에는 중간 빛, 그 외 특활실이나 화장실, 도서관 등에는 따뜻한 빛을 사용하고는 한다.

다음은 공간별 적정 밝기Lux이다.

☑ **일반 교실: 300~500Lux**

아이들이 가장 오래 머물며 학습하는 공간이므로 자연광이 우선이다. 이런 공간은 밝기를 조절할 수 있는 조명을 설치해 활동별로, 시간대별로 조절하면 수업 효율을 높일 수 있다.

☑ **미술실, 실험실: 500~750Lux**

세부 작업 활동이 많은 공간이므로 충분한 조도로 작업의 정확성과 안정성을 확보해야 한다. 작업대별로 밝기를 조절할 수 있는 조명을 설치하면 수업 효율을 높일 수 있다.

☑ **독서 공간: 400~600Lux**

눈의 피로도를 최소화하여 책을 오래 읽을 수 있는 최적의 밝기를 제공해야 한다. 400~600Lux 범위의 조명과 함께 간접조명을 활용하면 독서의 즐거움을 높일 수 있다.

☑ **컴퓨터실: 300~400Lux**

300~400Lux는 화면 반사를 최소화하는 밝기이다. 눈의 피로도를 감소하는 게 목적이므로 조명이 화면에 직접 반사되지 않도록 설치한다.

☑ **복도, 휴식 공간: 100~300Lux**

이동과 휴식을 위한 공간이므로 쉬는 세간에는 밝게, 수업 중에는 조금 어둡게 조절한다. 시스템을 설치하는 게 아니라면, 복도 조명 전원을 여럿으로 분산해 조절할 수도 있다.

요즘은 많은 학교가 학습 활동에 맞게 조도와 색온도가 자동으로 전환되는 스마트 조명 시스템을 도입한다. 그리고 교사가 직접 교실 조명을 실시간 제어하기도 한다. 활발한 그룹 활동 시간에는 푸른 빛이 도는 밝은 조명으로, 조용한 독서 시간에는 따뜻한 빛으로, 동영상 시청 시에는 부드러운 간접조명으로 순식간에 교실 분위기를 전환해 최대한 학습과 활동 효율을 높이는 것이다.

어두워야 집중이 잘 된다고?

어두운 곳에서 공부하면 집중이 더 잘 된다는 말이 있다. 교육 환경에 대한 대표적 오해 중 하나다. 실험 결과, 500Lux의 밝은 환경에서 공부한 학생의 정답률이 가장 높고 문제 해결 시간이 짧았으며, 100Lux의 어두운 환경에서 공부한 학생은 "집중이 더 잘 됐다"라고 했으나, 실제 성적은 낮았다. 사실 어두운 곳에서 책을 읽거나 공부하면 눈이 더 많은 빛을 받기 위해 동공이 확장되고 수정체가 두꺼워지면서 일시적인 근시 상태가 된다. 눈의 피로를 유발하고 집중력이 떨어지는 원인이 된다. 또한, 어두운 환경은 우리 몸이 '밤'이라고 인식하게 만들어 멜라토닌수면호르몬 분비를 촉진하고 졸음을 유발한다.

빛과 집중력의 관계를 알아보는 실험에서도 같은 내용의 책을 서로 다른 밝기의 환경에서 읽게 한 결과, 200Lux 이하의 어두운 환경에서 읽은 학생들은 테스트에서 평균 22% 낮은 점수를 획득하고, 책을 읽은 지 30분 후 눈의 피로도가 현저히 높아졌다. 그러므로 공부방이나 교실은 400~500Lux 정도의 밝기여야 한다. 이 정도의 밝기는 눈부심 없이 충분한 가시성을 제공해 눈의 피로도를 줄이고 집중력을 높인다. 또한, 6,000K 정도의 차가운 백색광이 집중력 향상에 도움이 된다.

단, 일상에서 1000Lux 이상의 너무 밝은 환경은 눈부심 현상을 일으켜 오히려 눈을 피로하게 만들 수 있으므로 유의해야 한다. 연령별로도 차이가 있다. 나이가 들수록 시력이 발달하고 더 복잡한 학습 과제를 다뤄야 해 밝은 조명이 필요하기 때문인데, 7~9세는 300~400Lux, 10~13세는 400~500Lux, 14~18세는 500~600Lux가 적합하다.

다음은 효과적인 교실 조명을 위한 팁이다.

☑ **직접조명과 간접조명 함께 사용하기**
천장 등 같은 직접조명만 사용하면 광량이 균등하지 않다. 스탠드 같은 간접조명을 함께 써 실내 전체 밝기를 맞추고 눈의 피로를 줄이자.

☑ **눈부심 방지하기**
조명이 학생들의 눈이나 책상, 화면에 직접 반사되지 않도록 설치한다. 디지털 교실에서는 컴퓨터 화면에 반사되지 않도록 조명 각도를 조절하고 확산형 조명을 사용하면, 학생들의 눈 피로도를 크게 줄일 수 있다.

☑ **최대한 자연광 활용하기**
창문 주변에 밝은색의 블라인드나 커튼을 설치하여 직사광선은 차단하되 자연광은 최대한 들어오게 한다.

☑ **영역별 기능에 맞춰 설계하기**
교실 내 활동 영역(독서 코너, 그룹 활동 코너, 멀티미디어 코너 등)에 맞는 다양한 조명을 배치한다. 조용한 독서 코너에는 따뜻한 온도의 부드러운 조명을, 과학 실험 코너는 밝고 선명한 조명을 배치하면 학생들이 자연스럽게 각 공간의 목적에 맞게 행동한다.

보이지 않는 건축가, 소리

"소음은 교육의 가장 큰 적 중 하나입니다"라고 말한 음향 교육 전문가 줄리안 트레저Julian Treasure의 말이 최근 많은 연구를 통해 입증되고 있다. 영국 런던대학교의 연구에 따르면, 교실의 배경 소음이 10dB 증가할 때마다 학생들의 독해 성적은 약 7% 감소했다. 그렇다면 우리 교실은 얼마나 시끄러울까?

우선 일반적인 도시 지역 초등학교 교실의 평균 소음도는 약 65~75dB

로, 카페나 시끄러운 사무실 수준이다. 세계보건기구가 권장하는 교실 최대 소음 수준인 35dB의 2배가 넘는 수치다. 도서관의 30~40dB 수준의 조용한 환경이 좋지만, 현실은 그렇지 못한 것이다. 미국의 뉴욕은 소음 문제에 관한 여러 연구를 하고 있다. 도시가 형성된 지 오래되고, 엄청난 교통 체증으로 만성적인 소음 문제를 겪고 있었기 때문이다. 실제 지하철 노선과 가까운 곳에 자리한 한 초등학교는 수업 중 약 80dB의 소음이 주기적으로 발생했고, 아이들은 지하철이 지나갈 때마다 평균 22초 동안 교사의 말을 알아듣지 못했으며, 이는 하루 평균 15분의 학습 시간 손실 문제로 이어졌다. 결국, 이 학교는 교실 방음 시스템을 설치하는 방법으로 소음을 45dB 이하로 낮추고 나서야 문제를 해결할 수 있었다.

그렇다면 소음이 학습에 부정적인 영향을 주는 이유는 무엇일까?

첫째, 소음은 인지적 부하를 증가시킨다. 뇌는 소음을 필터링하기 위해 추가적인 에너지를 소비하게 되고, 이는 학습에 사용할 수 있는 인지적 자원을 감소시킨다. 35dB의 조용한 환경과 65dB의 시끄러운 환경에서 학생들의 뇌 활동을 측정한 결과, 시끄러운 환경에서는 소음 처리와 관련된 뇌 영역의 활성화가 증가하고, 학습과 관련된 영역의 활성화는 감소하는 것으로 나타났다.

둘째, 소음은 단기 기억력을 저하한다. 교실 소음 수준이 55dB에서 70dB로 증가했을 때 학생들의 단기 기억력 테스트 점수는 평균 27% 감소했다. 이는 새로운 정보를 처리하고 저장하는 능력이 소음에 의해 크게 방해받는다는 것을 보여준다.

셋째, 지속적인 소음은 스트레스 호르몬인 코르티솔 수치를 높이고 집중력을 감소시킨다. 소음이 심한 교실의 학생들에게서 코르티솔 수치가 평균 32% 높게 나타났고, 이는 학습 의욕 감소와 직접적인 연관이 있었다. 특히 특수교육이 필요한 학생일수록 소음의 영향을 크게 받는다. ADHD 주의력결핍과잉행동장애 학생들은 일반 학생들보다 배경 소음에 약 3배 더 민감하게 반응하는 것으로 나타났다. ADHD 학생들을 위해 교실의 소음 감소

대책을 마련한 후, 이 학생들의 수업 참여도가 47% 증가하고 교실 내 행동 문제가 62% 감소했다.

음향 환경의 중요성

교실의 음향 환경은 소음 수준뿐 아니라, 음향의 품질도 중요하다. 음향 품질은 소리가 공간 내에서 어떻게 전달되고 반사되는지, 그리고 선생님의 목소리가 얼마나 명확하게 학생들에게 전달되는지를 결정한다.

교실 음향의 핵심 지표는 '잔향 시간Reverberation Time'이다. 잔향 시간이란, 소리가 발생한 후 소리가 60dB로 감소할 때까지 걸리는 시간을 의미한다. 최적의 교실 잔향 시간은 0.4~0.6초로, 이보다 짧으면 소리가 너무 빨리 사라져 답답하게 느껴지고, 길면 소리가 울려 말소리가 불명확해진다. 실제로 적절한 잔향 시간을 가진 교실의 학생들은 그렇지 않은 교실의 학생들보다 듣기 테스트에서 평균 33% 높은 점수를 받았으며, 특히 모국어가 아닌 언어로 수업을 듣는 학생들의 경우, 이 차이는 무려 55%까지 벌어졌다. 교실의 오래된 천장을 음향 타일로 교체하고 벽에 흡음 패널을 설치해 잔향 시간을 1.2초에서 0.5초로 줄인 학교가 있다. 이 학교는 학생들의 언어 이해도 테스트에서 평균 26% 향상된 결과를 보였으며, 특히 주의력이 떨어지는 학생들의 집중시간을 2배 가까이 늘렸다. 교사들도 목소리를 덜 높이게 되어 좋았다고 평가한다.

교실 음향 개선을 위한 또 다른 지표는 'SNRSignal-to-Noise Ratio, 신호 대 잡음비'이다. SNR이란, 교사의 목소리신호가 배경 소음보다 얼마나 더 큰지를 나타내는 지표로, 최적의 SNR은 +15dB 이상이다. 이는 교사의 목소리가 배경 소음보다 15dB 이상이어야 함을 의미한다. SNR을 개선하기 위해 교실 바닥에 카펫을 깔고, 책상과 의자 다리에 소음 감소 패드를 설치하고, 교사들에게 소형 음성 증폭 시스템을 제공한 학교가 있다. 이 학교는 조치 후 교실 SNR이 +7dB에서 +18dB로 향상했고, 학생들의 청취 이해도는 약 41% 개선되었다. 교실 음향 개선은 모든 학생에게 도움이 되지만, 특히 청각 처리 장애 학생, 비모국어 사용자, 어린 학생들에게 도움이 된다. 교실 음향 개선 후 특별한 교육적 요구가 있는 학생들의 성취도 향상이 일반 학생들보다 약 2배 높게 나타나기도 했다.

소리 설계하기

최근의 교육 환경 디자인은 소음 제거를 넘어, '긍정적 음향Positive Acoustics'이라는 개념으로 발전하고 있다. 단순히 나쁜 소리를 제거하는 것이 아니라, 학습에 도움이 되는 소리 환경을 적극적으로 설계하는 접근법이다. 이와 관련해 일본 교토의 한 유치원은 '소리의 정원'이라는 음향 디자인으로 주목받았다. 바람에 따라 다른 소리를 내는 대나무 풍경, 떨어지는 빗물에 따라 다양한 음조를 만들어내는 금속 구조물 등을 설치한 것인데, 이러한 자연의 소리를 활용한 요소는 아이들의 청각적 감수성을 키우고, 소음 스트레스를 줄이는 데 효과가 있었다. 교사들은 이러한 환경에서 자란 아이들이 음악적 감각과 언어 능력이 또래보다 뛰어나다고 보고했다.

'음향 구역화'를 적용한 사례도 있다. 열린 학습 공간 내에 서로 다른 음향 특성을 가진 구역을 만들어, 활동 성격에 맞는 소리 환경을 제공하는 것이다. 조용한 독서 구역은 흡음재를 많이 사용해 소리가 거의 퍼지지 않게 하고, 토론하는 공간은 적절한 잔향을 유지하되 소리가 다른 구역으로 새지 않도록 했다. 또 그룹 활동 구역은 약간의 배경 소음이 오히려 창의성을 높인다는 연구 결과를 반영해 적당한 음향적 생동감을 유지했다.

'사운드스케이핑Soundscaping'이라는 특정 주파수의 배경 소리를 의도적으로 추가하여 집중력을 높이는 기법을 도입한 곳도 있다. 도서관에 40~45dB 수준의 '핑크 노이즈(자연의 빗소리와 비슷한 소리)'를 배경음으로 사용해 갑작스러운 소음 발생으로 인한 방해를 줄이고, 음향 프라이버시를 높이는 효과가 있었다.

앞서 소개한 바이오필릭 디자인에서 고안한 '바이오필릭 사운드 디자인'도 언급할 만하다. 새 소리, 시냇물 소리와 같은 자연의 소리를 교실 환경에 통합하는 것이다. 이러한 자연 소리는 학생들의 스트레스 수준을 낮추고 창의성을 높이는 데 효과적이다.

음악과 학습, 모차르트만이 아니다

특정 유형의 음악이 공간 추론 능력을 일시적으로 향상시킨다는 이론이 있다. 일명, '모차르트 효과'로 불리는 이론인데, 최근 연구에서는 이것이 '음악적 자극 효과'라는 것이 밝혀졌다. 적절한 음악이 뇌의 여러 영역을 동시에 활성화시키고 도파민의 분비를 촉진해 학습 동기를 높이는 것이다. 이에 학생들의 다양한 활동에 맞춰 배경 음악을 선택적으로 사용하는 시도가 있었다. 미술 시간에는 재즈를, 집중이 필요한 시간에는 60bpm 정도의 바로크 음악을 제공하는 것이다. 결과적으로 학생들의 수업 전환 시간이 감소하고, 오후 시간대의 집중력이 크게 향상했다.

음악의 템포, 음조, 복잡성은 뇌의 다양한 상태를 유도한다. 예를 들어, 50~70bpm의 느린 음악은 알파파를 증가시켜 편안한 집중 상태에 이르게 하고, 120bpm 이상의 빠른 음악은 베타파를 촉진해 활기찬 상태에 이르게 한다. 수학 수업 전 10분간 바로크 음악을 들려주면 문제 해결 속도가 빨라지고 복잡한 문제를 더 정확히 해결한다는 연구 결과도 있다. 전문가들은 60bpm 정도의 바로크 음악이 뇌의 두 반구를 동시에 활성화하여 수학적 사고에 도움이 된다고 분석했다.

'테마 음악'을 활용한 독특한 접근법도 주목받고 있다. 각 학습 단원마다 테마 음악을 선정해 수업 시작 전마다 항상 같은 음악을 들려주는 것이다. 이는 '상태 의존적 기억'의 원리를 활용한 것으로, 특정 음악이 학습 내용을 떠올리는 단서 역할을 하게 된다. 시험에서도 동일한 음악을 들려주었을 때, 학생들의 정보 회상 능력이 크게 향상됨을 확인할 수 있었다.

그러나 음악이 모든 학습에 도움이 되는 건 아니다. 가사가 있는 음악은 에세이 쓰기나 독해와 같은 언어적 과제를 수행할 때 방해가 되었다. 또 개인의 취향이 맞지 않은 음악 또는 친숙하지 않은 음악도 좋은 효과를 내지 못했다. 그러므로 교실에서 음악을 사용할 때는 단순히 '모차르트 음악을 틀면 아이들이 똑똑해진다'와 같은 식의 접근보다, 학습 목표와 학생의 특성을 고려한 맞춤형 접근이 필요하다.

소리와 교육의 미래

미래의 교육 공간은 시각적 요소뿐만 아니라 청각적 요소에도 많은 관심을 기울일 것이다. 이미 '음향 건축Acoustic Architecture'이라는 새로운 분야가 교육 시설 설계에 중요한 부분으로 자리 잡고 있기도 하다.

스웨덴 스톡홀름의 '퓨처스쿨 프로젝트'는 교실의 천장, 벽, 바닥 재질을 컴퓨터 모델링으로 분석하여 최적의 음향 환경을 설계한다. 주목할 점은 교실마다 과목별 특성에 맞는 음향 설계를 적용한 것이다. 언어를 배우는 교실은 명료한 말소리 전달을 위해 잔향을 최소화하고, 음악실은 풍부한 소리를 위해 적절한 잔향을 유지하는 식이다. 또한, 모든 교실에 흡음판의 위치를 조절할 수 있는 가변형 음향 시스템을 도입하여 수업 활동에 따라 음향 환경을 변경할 수 있게 했다. 싱가포르의 한 디지털 캠퍼스도 최첨단 '사운드 마스킹Sound Masking' 기술을 도입했다. 특수 스피커로 소음의 주파수를 상쇄하는 소리를 내보내 학생들이 소음이 없는 곳에서 맑은 정신으로 공부할 수 있게 한 것이다. 실제 이 학교의 학생들은 집중력 테스트에서 평균 28% 향상된 결과를 보였다.

네덜란드의 한 연구팀은 '청각적 웰빙Aural Well-being'이라는 개념을 제안했다. 단순히 소음을 줄이는 것을 넘어, 공간의 소리가 사용자의 정서적, 인지적 건강에 기여하도록 하는 종합적 접근법이다. 청각적 웰빙의 개념에 따라 설계된 암스테르담의 한 학교는 교실, 복도, 체육관 등 각 공간의 소리 정체성을 명확히 하고, 학생들이 다양한 음향 환경을 경험할 수 있도록 했다. 그리고 이 학교 학생들은 음악과 언어 과목에서 특히 뛰어난 성취를 보였다.

줄리안 트레저는 "미래의 학교는 귀로 설계될 것입니다"라고 말다. 이처럼 소리는 이제 교육 환경 설계의 핵심 요소로 자리 잡고 있으며 빛과 마찬가지로 '보이지 않는 교사'로서의 역할을 다하고 있다.

사실 빛과 소리는 별개의 요소가 아니다. 상호작용하며 학습 환경에 큰 영향을 미치기 때문이다. 그래서 최근에는 다감각적 접근법을 통해 이러한 요소를 통합적으로 고려하는 방향으로 나아가고 있다.

요즘에는 많은 학교가 조명과 음향을 동시에 제어할 수 있는 '감각 제어 시스템'을 채택한다. 예를 들어, 창의적 활동 시간에는 따뜻한 색온도의 조명과 잔잔한 자연 소리를, 집중력이 필요한 시험 시간에는 밝은 백색광과 부드러운 핑크 노이즈를 조합하여 최적의 학습 환경을 만드는 것이다. 하루 동안의 신체 리듬에 맞춰 빛과 소리 환경을 자동으로 조절하는 시스템 연구 또한 활발하다. 아침에는 활기찬 청색광과 약간 빠른 템포의 배경 음악으로 각성하게 하고, 오후에는 따뜻한 색온도와 차분한 소리 환경으로 자연스러운 집중을 유도하는 것이다.

감각은 고립되어 있지 않고 서로 영향을 주고받는다. 빛은 소리의 인식에 영향을 주고, 소리는 빛의 경험을 변화시킨다. 미래의 교육 환경은 감각 간의 복잡한 상호작용을 이해하고 활용하는 방향으로 발전할 것이다.

감각적 교육 환경의 약속

미래의 교실은 더 지능적이고 반응성이 높은 빛과 소리 환경을 갖추게 될 것으로 보인다. 인공지능과 사물인터넷 기술은 학생마다의 특성과 필요에 맞는 환경을 자동으로 제공하는 공간을 구현할 것이다. 이미 일부 선진 학교에서는 학생들의 집중도, 활동 패턴, 생체 신호를 모니터링하여 최적의 빛과 소리 환경을 실시간으로 제공하는 시스템을 실험하고 있다.

그러나 이러한 기술적 발전 속에서도 잊지 말아야 할 것이 있다. 빛과 소리는 도구일 뿐, 그 목적은 항상 학생들의 학습과 건강이어야 한다는 점이다. 가장 효과적인 교육 환경은 최첨단 기술과 인간 중심의 디자인 철학이 조화를 이루는 곳에서 탄생한다.

　최근 교실의 빛과 소리를 준비하면서 국내 연구와 관련 사례가 미비하다는 걸 알았다. 미비한 게 아니라 '전무하다'라는 표현이 맞을 것 같다. 우리나라 교실 환경의 현실을 생각해보자.
　교실 대부분은 형광등과 하얀 벽, 딱딱한 바닥으로 구성되어 있다. 이런 환경은 소리가 울리고, 인공조명의 깜박임이 눈을 피로하게 한다. 창문으로 들어오는 자연광의 양과 질이 체계적으로 관리되지 못하고, 복도와 운동장에서 들려오는 소음, 냉난방기 작동음, 의자와 책상을 끄는 소리 등이 학습을 방해한다. 몇몇 혁신학교와 신설 학교가 교실 등을 LED 조명으로 교체하고, 흡음 재질의 천장재 사용하고, 바닥 난방시설을 확충하고는 있지만, 빛과 소리의 교육적 효과를 최대로 끌어올리는 교육 환경을 설계하기보다는 편의성과 에너지 효율을 우선시하는 정도다. 우리나라도 교실의 빛과 소리가 학습에 미치는 영향을 연구하고, 그에 기반한 환경 설계가 활발해져야 한다. 계절과 시간대에 따른 최적의 조명 설계, 학년별 교과별 특성에 맞는 음향 환경 조성, 집중력과 창의성을 높이는 감각적 디자인의 교실이 더 필요하다.
　교사와 학생들이 직접 자신의 교실 환경을 조절하고 최적화할 도구를 사용하고 교육하는 것도 중요하다. 간단한 음향 패널 설치, 조명 배치의 변경, 창문을 통한 자연광 관리 방법, 배경 음악의 효과적 활용법 등을 알고 실천한다면 추가적인 예산이나 대규모 공사 없이도 교실의 감각적 환경을 크게 개선할 수 있다.

놀이와 학습의 경계를 허무는 교육 공간

　　　　프뢰벨의 "놀이는 아이들의 가장 진지한 일이다"라는 말은 교육의 본질을 정확히 짚어낸다. 어른들은 놀이와 학습을 구분하지만, 아이들에게 이 경계는 존재하지 않는다. 블록을 쌓는 아이는 물리 법칙을 경험하고, 친구와 역할놀이를 즐기는 아이는 사회적 규칙을 내면화한다. 진흙을 만지작거리는 동안 무게와 부피, 질감에 관한 지식을 습득한다는 사실은 뇌과학 연구로 이미 입증되었다. 즐거움과 호기심이 가득한 환경에서 아이들의 뇌는 최대로 활성화되고, 새로운 신경 연결망이 활발하게 형성된다. 즉, 아이들에게 놀이는 단순히 시간을 보내는 게 아니라 세상을 이해하는 가장 자연스러운 방식이다.

슬로베니아 류블랴나에 있는 '케케츠 유치원Kindergarten Kekec'은 이런 통찰을 건축적으로 구현한 흥미로운 사례다. 케케츠 유치원은 1980년대에 지어진 전형적인 슬로베니아 조립식 유치원을 확장한 것으로, 공장에서 만든 패널을 조립해 단 사흘 만에 완공되었다. 이 건물의 가장 특징적인 요소는 3개의 외벽을 따라 설치된 회전식 패널 시스템이다. 수직축을 중심으로 회전하는 목재 슬랫은 한 면은 천연 목재 색상, 다른 면은 9가지 다양한 밝은 색상으로 처리되어 있다.

이 혁신적인 디자인은, 처음에는 단순한 장식이나 차양 장치로 오해받았다. 그러나 건축가들은 건물 자체를 거대한 놀이기구로 만드는 데에 목적을 두었고, 이 목적은 정확히 실현되었다. 아이들은 다채로운 색상의 나무 패널을 만지고 회전시키며 놀이와 학습을 동시에 경험했다. 패널을 돌리는 단순한 놀이를 통해 색상을 인식하고, 인과관계를 이해하고, 공간 변형의 개념을 자연스럽게 습득한 것이다. 중요한 것은 자신의 행동이 환경에 미치는 영향을 직접 경험하며 주체성과 효능감을 키운다는 점이다. 아이들은 패널을 돌릴 때마다 실내 공간의 분위기가 어떻게 변하는지, 그림자가 어떻게 달라지는지를 관찰하며 빛과 공간의 관계를 체험한다. 그리고 회전식 패널은 낮은 고도의 태양광을 차단하고, 실내로 들어오는 빛의 양과 패턴을 조절하는 건축적 기능을 수행한다.

케케츠 유치원 프로젝트는 '디자인은 멀리 있지 않다'라는 단순하면서도 강력한 접근법을 보여준다. 예쁘고 관리하기 좋은 공간이 아니라, '아이들

출처: www.archdaily.com / © Miran Kambič

© Miran Kambič

이 이 공간에서 어떤 경험을 하게 될까?'를 고민하며 아이들의 감각을 자극하고 탐험을 권장하는 공간으로서, 교육 공간의 핵심을 잘 드러냈기 때문이다. 건축에는 복잡한 이론이 필요치 않다. 해당 공간을 사용하는 사람에 대한 깊은 이해가 좋은 디자인의 출발점이다.

슬로베니아의 '녹이스 유치원'도 언급할 만하다. 녹이스 유치원은 건물 자체가 거대한 나무처럼 설계되었다. 외관을 감싸는 나무 슬라이드 구조물은 단순한 장식이 아니라 아이들이 실제로 오르내리며 탐험할 수 있는 다차원적 놀이-학습 장치다. 설계자들은 나무를 오르는 경험이 아이들의 본능적 욕구 중 하나라고 보고, 건물 자체를 하나의 거대한 '오르고 내릴 수 있는 나무'처럼 느껴지도록 했다.

이 구조물의 높은 지점에 도달한 아이들은 완전히 다른 시각으로 세상을 바라보는 경험을 한다. 이는 놀이를 넘어, 공간 인식 능력을 발달시키고 높이에 따른 시각적 변화를 이해하는 법을 배우게 한다. 또 신체를 다양한 환경에 적응시키는 법을 익히고, 손과 발의 협응력과 균형 감각을 향상시킨다. 연구에 따르면 이렇게 다층적 공간을 많이 경험하면 3차원 구조를 이해하고 시각적 문제를 해결하는 능력이 뛰어나다고 한다. 무엇보다 조금씩 더 높이 올라가며 얻는 성취감과 자신감은 어떤 교실 수업으로도 대체할 수 없는 소중한 경험이다.

녹이스 유치원은 아이들의 작은 실수나 넘어짐을 지나치게 걱정하지 않는다. 안전은 중요하지만, 적절한 위험 감수는 아이들의 발달에 필수적이라는 철학이 바탕에 있기 때문이다. 또 구조물의 난이도가 다양해 각자 능력에 맞게 도전할 수 있다. 처음에는 낮은 곳만 오르던 아이들이 점차 자신감을 얻어 더 높이 도전하는 모습은, 교육자들에게 큰 보람을 안겨준다.

자연과의 연결성도 이 혁신적 교육 공간의 핵심 요소다. 녹이스 유치원은 대형 창문과 천창을 통해 풍부한 자연광을 실내로 끌어들인다. 계절에 따라 변화하는 빛의 패턴은 아이들에게 시간의 흐름과 자연의 리듬을 체험하게 한다. 봄의 따스한 햇살, 여름의 시원한 그늘, 가을의 황금빛 낙엽 그림자, 겨울의 부드러운 눈빛이 교실을 채우며 살아있는 자연의 변화를 전달한다.

창문 너머로 보이는 자연 경관은 그 자체로 살아있는 교과서가 된다. 아이들은 비 내리는 모습을 집중해서 관찰하며 빗방울이 창문에 부딪히는 소리와 창문을 타고 내려가는 다양한 경로를 발견한다. 교육자들은 이런 자연스러운 관찰을 통해 "왜 어떤 빗방울은 빠르게, 어떤 빗방울은 천천히 내려갈까? 빗방울들이 만나면 어떻게 될까?"와 같은 질문을 하고, 과학적 사고로 발전하게 한다. 또 실내와 실외 공간의 경계는 최대한 흐릿하게 디자인되었다. 미닫이 유리문을 활짝 열면 교실이 바로 야외 데크와 자연스럽게 연결되어 하나의 통합된 공간처럼 느껴진다. 아이들은 활동 중에도 필요에 따라 자유롭게 바깥으로 나가 자연을 탐험하고 다시 들어올 수 있다. 이러한 유연성은 전통적인 '교실' 개념을 완전히 재정의하며, 아이들에게 더 넓은 활동과 탐험의 영역을 제공한다.

건물 내부에도 자연 요소들이 풍부하게 도입되었다. 나무, 돌, 코르크, 황마 등 다양한 자연 소재들이 실내 마감재와 가구에 사용되어 아이들이 다양한 자연 질감을 일상적으로 경험할 수 있게 했다. 실내 곳곳에는 화분과 식물들이 배치되어 있어 생명의 성장 과정을 직접 관찰하고 돌보는 경험을 제공한다. 아이들은 매일 식물에 물을 주는 임무를 통해 생명체의 성장을 관찰하며 경이로움과 책임감을 동시에 배운다. 이러한 자연친화적 설계는 아이들의 생태 리터러시(환경 이해력)를 자연스럽게 발달시키고 감각적 풍요로움을 제공한다. 자연은 아이들에게 끊임없이 변화하는 감각적 자극을 선사한다. 빛의 변화, 바람의 느낌, 식물의 향기, 비 내리는 소리 등은 오감을 깨우고 뇌 발달을 촉진한다. 자연 속에서, 혹은 자연을 바라볼 수 있는 환경에서 보내는 시간은 아이들의 스트레스 호르몬 수치를 낮추고, 집중력을 높이는 데 도움을 준다.

이러한 혁신적 교육 공간 디자인에는 몇 가지 공통된 원칙이 있다.

첫째, 유연성과 다목적성이다. 진정한 놀이-학습 공간은 한 가지 용도로 고정되지 않고, 상황과 필요에 따라 다양하게 변형될 수 있어야 한다. 녹이스 유치원의 중앙 홀은 아침에는 집합 장소로, 오전에는 다양한 놀이 공간으로, 점심에는 식사 공간으로, 오후에는 공연장으로 변신한다. 또, 아이들은 가벼운 상자들을 이리저리 옮기며 자신들만의 공간을 창조한다. 상자들은 쌓으면 계단이 되고, 뒤집으면 테이블이 되고, 옆으로 놓으면 의자가 된다. 아이들은 이런 과정에서 '비밀 요새' 같은 자신들만의 공간을 만들며 공간 구성 능력, 무게와 균형에 대한 이해, 그리고 협력의 가치를 자연스럽게 배운다.

둘째, 다양한 규모와 특성의 공간이 필요하다. 아이들은 때로는 활발하게 뛰어놀고 싶고, 때로는 조용히 혼자만의 시간을 갖고 싶어 한다. 때로는 소그룹으로 활동하고, 때로는 대집단으로 모이고 싶어 한다. 녹이스 유치원은 넓은 중앙 홀, 중간 크기의 활동실, 둥지 같은 작은 휴식 공간을 제공한다. 둥지 공간은 벽장 속, 창문 아래 움푹 파인 곳, 계단 밑 등 건물의 구석구석에 숨겨져 있어 아이들이 자신만의 특별한 장소를 발견하는 기쁨을 느끼게 한다.

셋째, 감각적 풍요로움을 제공해야 한다. 온몸으로 세상을 경험하는 아이들의 공간이기 때문이다. 녹이스 유치원은 다양한 재질의 마감재, 색상, 소리, 빛의 변화 등을 통해 풍부한 감각적 경험을 제공한다. 예를 들어, 아이들은 바닥의 장소에 따라 다르게 마감된 나무, 코르크, 고무 타일을 맨발로 밟으며 각기 다른 질감을 느끼고, 따뜻하고 부드러운 곳과 차갑고 미끄러운 곳의 차이를 발견한다. 또 밝고 생기있는 색상으로 마감된 활동적인 공간과 부드럽고 차분한 색상으로 마감된 휴식 공간을 만끽한다. 소리가 잘 울리는 공간과 소리가 흡수되는 공간, 직접 소리를 만들어낼 수 있는 공간을 통해 다양한 청각적 환경을 경험한다.

그리고 이러한 감각적 풍요로움은 아이들에게 즐거운 경험을 제공하는 것을 넘어 뇌의 감각 처리 능력을 발달시키는 중요한 역할을 한다. 다감각적 자극은 뇌의 신경 연결망을 촘촘하게 연결하고, 다양한 경로로 정보를 처리하고 기억하는 능력을 발달시킨다.

이처럼 놀이와 학습의 경계를 허무는 교육 공간은 아이들의 자연스러운 호기심과 탐구심을 존중하고 촉진하는 환경을 조성한다. 이런 공간에서 아이들은 배움이라는 추상적 개념을 머리로 이해하기보다 온몸의 감각으로 직접 경험하고 체화한다. 교육 공간이 단순한 지식 전달의 장이 아니라 아이들이 온전한 인간으로 성장하는 살아있는 생태계로 기능할 때, 우리는 프뢰벨이 말한 "놀이는 아이들의 가장 진지한 일"이라는 진리를 실현하게 된다.

케케츠 유치원의 교육 효과는 학부모들의 관찰에서도 확인된다. 처음에는 색다른 공간이 그저 재미있는 놀이터로만 여겨졌으나, 시간이 지나면서 아이들이 얼마나 다양한 것을 배우고 있는지 깨달았다. 아이들은 공간과 색상, 빛과 그림자의 관계를 자연스럽게 이야기하고, 자신의 행동이 환경에 미치는 영향을 인식했다. 무엇보다 매일 아침 설레는 마음으로 유치원에 가고 싶어 하는 변화야말로 가장 큰 성공의 증거일 것이다.

이것이 바로 놀이와 학습의 경계가 허물어진 교육 공간의 진정한 가치다. 아이들은 배움이 의무나 과제가 아닌 즐거운 탐험이자 자연스러운 삶의 일부임을 체득한다. 그리고 이러한 경험은 평생 학습자로서의 기초를 단단히 다지게 한다.

복도와 문

비율이 좋은 사람에게 우리는 8등신과 같은 표현을 쓴다. 키가 작아도, 머리가 작고 다리가 길고 어깨의 넓이가 적당하면 보기가 좋다. 또, 얼굴에서도 코를 중심으로 이마와 턱까지의 비율, 눈과 눈 사이의 비율이 좋으면 미인, 미남 소리를 듣는다.

공간도 마찬가지다. 구성 요소들의 비율이 좋으면 고급 마감재를 사용하지 않아도 완성도가 느껴진다. 또한, 비율은 아름다움과 기능성의 기초가 된다. 르네상스 시대의 예술가와 건축가들이 인체 비율에 집착했던 건 단순한 미적 취향이 아닌 우주의 조화를 담아내려는 시도였으며, 안드레아 팔라디오Andrea Palladio의 건축물이 수 세기가 지난 오늘날에도 여전히 감탄을 자아내는 이유는 적용한 비율의 원리가 인간의 지각에 본질적으로 호소하기 때문이다. 고대 이집트인들은 인체를 19개로 나누어 측정했고, 그리스인들은 이를 발전시켜 '카논canon'과 같은 이상적 비율 체계를 확립했다. 피라미드부터 파르테논 신전까지, 이들이 만든 건축물은 수천 년이 지난 지금까지도 인류의 경이로운 문화유산으로 남았다.

　같은 요소가 반복되는 교육 공간의 경우 비율의 중요성은 더욱 커진다. 복도, 교실, 다목적 공간 등에서 비율이 균형을 이루지 못하면 학생들은 무의식적으로 불편함을 느낀다. 벽과 문으로 반복되는 긴 복도는 지루하고, 바닥에서 천장까지의 높이가 지나치게 낮은 복도는 압박감을 준다. 반대로 너무 높고 좁은 복도는 불안감을 유발한다. 즉, 예술적 창조 작업에서 조화와 균형보다 앞서 고민해야 할 부분은 '비율Proportion'이다.

복도의 비율과 심리적 효과

　복도는 비율의 효과를 가장 크게 느낄 수 있는 공간이다. 천장의 높이와 복도의 폭에 따라 공간이 넉넉한지 협소한지 판단되기 때문이다. 또한, 교육 시설에서의 복도는 단순한 이동 통로가 아니라 사회적 교류와 전환적 사고가 일어나는 중요한 장소다. 덴마크 오르후스 고등학교Aarhus Gymnasium는 복도 디자인에 대한 흥미로운 실험을 진행했다. 같은 층의 서로 다른 구역에 세 가지 비율의 복도를 만들어 학생들의 행동 패턴을 관찰한 것이다. 결과는 놀라웠다.

　우선, 1:1 비율(폭 3m, 높이 3m)의 복도에서는 학생들이 주로 2~3명의 소그룹으로 모여 대화했고, 이동 속도가 상대적으로 빨랐다. 설문 조사에서 학생들은 이 공간을 "안정적이지만 약간 답답하게 느껴진다"라고 응답했다. 폭과 높이가 같은 복도는 균형감을 주지만 좁게 느껴질 수 있다는 것을 보여주는 결과다.

1:1.5 비율(폭 3m, 높이 4.5m)의 복도에서는 조금 더 큰 그룹으로 모이는 경향을 보였고, 복도에 머무는 시간이 25% 더 길었다. 학생들은 이 공간을 "개방적이고 활기차게 느껴진다"라고 응답했다. 폭보다 높이가 1.5배일 때 공간에 역동성과 개방감이 부여된다는 것을 증명하는 결과다.

황금비를 적용한, 1.618:1 비율(폭 4m, 높이 2.5m)의 복도에서는 학생들이 가장 편안하게 대화하고 휴식을 취하는 모습을 보였다. 흥미로운 점은 이 공간에서 즉흥적인 학습 활동(과제에 대한 토론, 공부 모임 등)이 다른 구역에서보다 47% 더 자주 발생했다는 사실이다. 폭과 높이가 황금비일 때 시각적으로 가장 안정적인 느낌을 주어 학습에 적합한 환경이 조성된다는 것을 보여주는 결과다.

천장의 높이는 인간의 사고방식에 영향을 미친다. 높은 천장은 추상적, 창의적 사고를 촉진하는 반면, 낮은 천장은 집중력과 세부 지향적 사고를 강화한다. 미네소타 대학 연구팀은 천장 높이를 달리한 두 교실에서 같은 과제를 수행하게 한 결과, 3.6m 높이의 교실에서는 창의적 문제 해결 능력이, 2.4m 높이의 교실에서는 세부 사항에 대한 집중력이 향상되는 것을 발견했다. 이러한 원리를 교육 공간에 적용하면, 예술을 위한 공간과 창의적 활동을 위한 공간은 상대적으로 높은 천장을, 집중적인 학습 활동을 위한 공간은 적정한 높이의 천장을 설계하는 것이 바람직하다.

스웨덴의 비트라 텔레폰플랜 학교vittra telefonplan school의 공간 디자인은 이러한 원리를 극대화한 사례다. 이 학교는 용도별로 다양한 비율의 공간을 제공한다. 창의적 사고와 그룹 활동을 위한 '아이디어 랩'은 4.2m의 높은 천장을, 집중적인 독서와 필기 작업을 위한 '포커스 존'은 2.7m의 낮은 천장을 구성했다. 결과적으로 학생들은 자신의 학습 활동에 가장 적합한 공간을 자연스럽게 선택하게 되었고, 학습 효율이 크게 향상되었다.

반복되는 요소에 부여하는 리듬감

예전이나 지금이나 학교의 복도는 100m 트랙 같은 형태다(길이도 아마 100m 언저리일 것이다). 이 트랙 같은 긴 복도를 따라 똑같은 크기와 형태의 교실 몇 개를 지나면 나의 교실에 도착하고, 그곳에서 1년을 보내고 나면 다시 위층의 몇 번째 교실로 가 새 학년을 시작한다. 학교가 지루한 이유 중 하나는 분명 매년 똑같고, 특색 없는 환경 탓일 것이다. 교실별 혹은 학년별로라도 특색 있는 무언가가 있다면 호기심이 생길 텐데, 우리의 교실은 전혀 그렇지 않다. 특히 복도에서 보이는 문과 벽의 반복은 단조롭기 그지없다.

그렇다면 이런 반복적인 공간에 변화를 줄 수 있는 요소는 없을까? 리듬감을 부여하면 어떨까? 미학자 루돌프 아른하임Rudolf Arnheim은 리듬을 "지루함과 혼돈 사이의 균형점"이라고 설명했다. 리듬감 있는 공간은 인간의 뇌가 패턴을 인식하고, 그 흐름을 예측하도록 만든다. 실제로 영국 톰린슨 파크 초등학교Tomlinson Park Primary School는 이 원리를 절묘하게 적용하여, 교실 입구마다 점점 커지다가 다시 작아지는 원형 창문을 설치해 30개의 교실이 일렬로 늘어선 긴 복도에 리듬감을 부여했다. '크레센도와 디미누엔도'의 음악적 리듬감을 구현한 것이다.

☑ **비례적 변주**
문의 크기나 디자인에 변화를 주되, 전체적인 비례 관계를 유지한다. 학년별로 점차 커지는 문 디자인을 적용하여 아이들의 성장 과정을 상징적으로 표현할 수 있다. 1학년 교실은 작고 아담한 문을, 6학년 교실은 당당하고 큰 문을 배치하여 학생들에게 성장의 시각적 메타포를 제공한다.

☑ **시각적 악센트**
특정 지점에 색상이나 재질의 변화를 주어 시각적 초점을 형성한다. 예를 들어, 긴 복도의 5개 교실마다 밝은 원색의 문을 하나씩 배치하여 시각적 쉼표를 만드는 것이다.

이는 단순한 미적 요소를 넘어 학생들의 방향 감각을 돕는 내비게이션 역할을 한다.

☑ 공간적 휴지

A-B-A-B 패턴 대신 A-B-pause-A-B 패턴으로 변화를 도입한다. 3~4개의 교실마다 작은 알코브 공간을 만들어 시각적, 공간적 휴식을 제공하는 것이다. 이 알코브는 소규모 토론이나 개인 학습을 위한 공간으로 활용되며, 긴 복도의 단조로움을 깨는 역할을 한다.

☑ 빛의 리듬

자연광 유입 지점과 인공조명의 패턴화로 리듬을 형성한다. 흥미롭게도, 천장에 일정한 간격으로 자연광과 인공조명으로 패턴이 만들어지면, 아이들은 자연스럽게 빛의 패턴에 맞춰 놀이하듯 복도를 통행한다. 그리고 이는 무의식적으로 공간의 리듬을 체화하는 과정이 된다.

☑ 스케일과 비율의 조화

공간 디자인에서 스케일과 비율은 밀접하게 연관되어 있지만, 구분할 필요가 있다. 스케일이 인체와의 상대적인 크기 관계를 의미한다면, 비율은 공간 요소들 간의 내부적인 관계를 의미하기 때문이다. 아무리 거대한 교육 공간이라도 내부 비율이 적절하면 위압감 없이, 오히려 영감을 주는 환경이 될 수 있다.

스케일과 비율의 조화를 통해 공간에 리듬감을 줄 때는 몇 가지 고려해야 할 사항이 있다. 바로 연령별로 스케일을 조정해야 한다는 점과 리듬감을 형성하는 요소가 주는 심리성과 비례적 세분화를 따져야 한다는 것이다. 다음은 교육 공간에 스케일과 비율을 조화를 위한 방법이다.

☑ 연령별 스케일 조정

유아교육시설과 대학 건물의 디테일 스케일은 달라야 한다. 유치원은 손잡이, 창문의 높이 등을 아이들의 신체 치수에 맞게 설계해야 한다. 특히 공간을 신축한다면, 아이들의 주요 동선이 되는 계단의 높이와 폭, 치수 등을 인체 공학적 스케일에 맞추어야 한다. 층별로 높이가 설정되기 때문에, 한번 만들면 바꿀 수 없는 곳이 계단실이다.

☑ 심리적 스케일
물리적 크기보다 중요한 것은 심리적으로 인지되는 스케일이다. 일본의 후지 유치원은 실제 면적은 넓지 않지만, 원형 구조와 개방된 중정을 통해 아이들에게 '무한한 탐험 공간'이라는 인상을 준다. 설계자 테즈카 타카하루는 "아이들의 상상력은 물리적 공간의 한계를 뛰어넘는다"라며 "중요한 건 공간이 얼마나 크냐가 아니라, 공간이 얼마나 다양한 가능성을 제시하느냐"라고 설명했다.

☑ 비례적 세분화
대규모 공간도 내부 요소들의 비례적 분할로 친근함을 부여할 수 있다. 예를 들어, 천장 높이가 6m에 달하는 공간에 도서관을 만든다면, 높은 벽면에 거대한 책장을 만들어 상징적이고 흥미롭게 표현하고 나머지 서가와 독서 공간은 인체 공학적 비율로 세심하게 분할하여 아늑한 느낌을 유지하도록 만드는 것이다.

보이지 않는 질서의 힘

예술적 창조 작업에서 조화와 균형보다 먼저 고민해야 할 부분이 비율인 이유는, 비율이 모든 디자인 요소 간의 관계를 규정하는 근본 원칙이기 때문이다. 균형 잡힌 비율은 고급 자재 없이도 공간에 품격을 부여하고, 반복되는 요소들 사이에서도 리듬감을 창출한다.

이러한 비율의 힘은 포르투갈의 건축가 알바로 시자Alvaro Joaquim de Melo Siza Vieira가 설계한 포르투 대학 건축학과 건물에서도 잘 드러난다. 그는 제한된 예산 안에서도 정교한 비례 체계를 적용해, 단순한 콘크리트 구조물처럼 보이는 이 건물을 세계적인 건축 명소로 탈바꿈시켰다. 방문객들은 이 공간이 왜 특별하게 느껴지는지 명확히 설명하기 어려워한다. 비율의 완벽한 조화는 무의식 속에서 자연스럽게 인식되기 때문이다.

교육 공간 설계자의 핵심 과제는 바로 이 보이지 않는 비율의 질서를 발견하고 구현하는 것이다. 그것은 수치적 계산만으로는 도달할 수 없는 경험과 직관이 함께 어우러진 예술적 판단의 영역이다. 건축이 인간의 정신에 직접 말을 걸 수 있다면, 그것은 바로 비율의 언어를 통해서일 것이다.

네모, 동그라미, 집 모양의 교실 입구

심리학자 미하이 칙센트미하이Mihaly Csikszentmihalyi의 '플로우flow' 이론에 따르면, 인간은 적절한 수준의 도전과 자극이 있을 때 가장 깊은 몰입 상태에 이른다. 그러므로 반복적이고 지루한, 예측 가능한 환경은 학생들의 몰입을 방해한다고 볼 수 있다. 짧게 머무는 호텔조차도 투숙객의 재방문율을 높이기 위해 방마다 독특한 디자인과 경험을 제공하려 노력한다.

교육 공간에 다양성을 부여하는 시도 중 기본은 '교실 입면의 차별화'다. 교실 입구를 네모, 동그라미, 집 모양 등의 형태로 디자인함으로써 공간에 정체성과 재미를 주는 것이다. 이런 디자인은 특히 어린 학생에게 효과적이다. 필자는 교육 공간을 디자인할 때 학년별 또는 교실별로 다른 형태의 교실 입구를 디자인한다. 1학년은 둥근 문과 밝은 색상으로, 2학년은 육각형 문과 몇 가지 색상으로 구분하여 어린 학생들이 자신의 교실을 쉽게 찾을 수 있게 한다. 아이들이 "우리 교실은 특별해요"라고 말하며 자부심과 소속감을 느끼게 하고 싶었다. 입구 디자인은 해당 학년에 배우는 주요 개념과 연결했다. 아이들은 개념을 추상적 개념보다 구체적 형태로 배울 때 더 잘 받아들인다.

문의 표준 크기는 높이 210cm, 폭 80~90cm로 가구 반입과 인체 공학적 편의를 고려한 결과물이다. 그러나 창의적 디자인에는 이런 표준을 벗어나려는 시도가 필요하다. 그리고 여기에는 사용자 편의를 해치지 않기 위한 세심한 배려가 필요하다. 경첩이나 힌지 부분을 조정해 사용자가 편하게 사용할 수 있어야 한다. 창의적 디자인이어도 기능적 요구사항을 충족하지 못하면 실패한 디자인이다.

유치부 복도의 입면 디자인. 각 교실의 입면을 네모, 동그라미, 집 모양 등의 다양한 형태로 구성했다. 교실 문이 꼭 직사각형일 필요는 없어서 주어진 모양에 들어맞게 디자인했다. 키가 2m가량 큰 선생님이 아니면 불편할 것이 없는 디자인이다.

시창(視窓) 디자인

교실과 복도를 구분하는 벽면에 설치되는 시창은 기능적 요소를 넘어 교육 공간의 성격을 결정짓는 디자인 요소가 될 수 있다. 기본적으로 복도 디자인은 교실 내부 구조에 따라 달라지며, 개방감은 학생들의 연령에 따라 달라진다. 예를 들어, 어린 학생은 수업의 집중도보다 안전사고 예방이 더 중요하므로, 밖에서 소음이 크게 발생하지 않는다면 개방감 있는 시창이 적합하다.

그러나 건물의 형태에 따라 시창을 설치할 수 없기도 하다. 이런 경우에는 복도에 신발장이나 수납공간을 간접조명과 함께 설계하여 공간에 리듬감과 기능성을 더할 수 있다. 또 좁은 공간의 한계를 극복하기 위해 복도 벽면을 수납공간으로 활용하면서, 각 공간 사이에 LED 조명을 설치할 수도 있다. 이 조명은 수업 중에는 차분한 파란색, 쉬는 시간에는 활기찬 노란색으로 변하며 시간의 흐름을 시각적으로 알려준다. 공간의 제약을 창의적 해결책으로 바꾸는 좋은 방법이다.

☑ **저학년용 시창**

안전 관리와 개방감을 위해 높고 낮은 시창을 설계한다. 이는 학교 적응기의 어린 학생들에게 심리적 안정감을 주고, 교사들의 시야를 확보하여 안전 관리에도 효과적이다. 필요에 따라서는 커튼이나 블라인드를 사용해 개방감을 조절할 수 있다.

☑ **고학년용 시창**

집중력 향상을 위해 학생들의 앉은키 높이보다 높게 설계한다. 집중력이 필요한 고학년 교실의 시창은 바닥에서 160cm 높이 정도가 적당하다. 앉아 있는 학생들은 복도를 볼 수 없지만, 서 있는 교사는 복도를 확인할 수 있어 관리와 집중력 사이의 균형을 맞출 수 있다.

☑ **창의적 시창**

교실마다 카메라 렌즈 형태의 원형 시창 3개를 설치한 다음, 각 시창에 다른 색상의 투명 필름을 적용한 적이 있다. 극도에서 보면 RGB 색상 필터가 겹쳐진 것처럼 보인다. 단순한 장식이 아니라 학교의 정체성을 시각적으로 표현한 사례였다.

☑ **컬러 시창**

자유 곡선의 투명유리 위에 노란색과 오렌지색 필름을 부착해 공간에 생동감을 주거나, 교실 시창에 음계별로 다른 색상의 필름을 적용할 수도 있다. 도는 빨간색, 레는 주황색 등 각 교실이 특정 음계와 색상으로 구분되어, 학생들이 색채와 음악의 관계를 자연스럽게 체험하게 된다. 시각적 자극이 음악적 감각 발달에 도움이 되고, 특정 예술 공간의 상징성을 부여하기 위한 디자인이다.

곡선을 활용한 리듬감 창출

직선 중심의 딱딱한 교육 공간에 곡선과 유기적 형태를 도입하면 공간에 리듬감과 부드러움을 부여할 수 있다.

필자는 교실 복도의 입면을 동굴처럼 디자인한 적이 있다. 원고·호의 형태를 적용하여 두꺼운 벽체를 곡면으로 형성하였으며, 아이들이 가장 많이 사용하는 공간이므로 딱딱한 교실이나 일반적인 집 모양이 아닌 전혀 새로운 형태를 추구하고자 했다. 벽면은 유리로 구성하여 시야를 확보하고, 문은 미닫이 형태로 설계했다. 사실 인간은 직선보다 곡선 형태에 더 긍정적으로 반응하는 경향이 있다. 그래서 어린 학생들을 위한 공간은 유연한 곡선 형태를 활용하는 게 더 적합할 수 있다. 자연에는 직각의 형태가 없다. '자연의 흐름'이라는 콘셉트로 내부의 모든 벽면을 곡선으로 디자인할 수 있다면 아이들에게 더 흥미롭게 공부할 수 있는 환경을 제공할 수 있지 않을까.

이 디자인의 포인트는 커다란 원의 깊이 있는 표현이었다. 두께 면을 나무의 옹이처럼 마감하고 싶어 무늬목을 붙여 보았으나 원하는 느낌이 나지 않아 페인팅을 선택했다. 벽화 작업팀을 불러 원하는 나무의 질감을 보여주고 의논하여 완성했다.

복도 디자인의 핵심 원칙

교육 공간에서 복도는 단순한 이동 공간이 아니라 학생들의 정체성과 학습 경험을 형성하는 중요한 공간이다. 따라서 매일 걸어야 하는 지루한 공간으로 두기보다는 창의적인 디자인 요소를 더해 소속감과 학습적 호기심을 자극할 수 있도록 한다면, 교육의 질을 한 단계 높일 수 있다. 복도 디자인에서 고려해야 할 핵심 원칙은 다음과 같다.

☑ **적절한 비율**
복도의 폭과 높이 비율은 사용자의 심리 상태와 행동에 큰 영향을 미친다. 1:1.5 비율(폭보다 높이가 1.5배)은 공간에 역동성과 개방감을 부여한다.

☑ **연령별 맞춤 설계**
저학년은 개방감과 안전을, 고학년은 집중력과 독립성을 고려한 디자인이 필요하다.

☑ **시각적 다양성**
반복되는 요소들 사이에 시각적 변화를 주어 지루함을 막고 공간에 정체성을 부여한다.

☑ **기능과 미학의 균형**
창의적 디자인은 실용성과 균형을 이루어야 오래 지속할 수 있다.

문과 문틀

문을 보면 사람의 얼굴 같다는 생각이 든다. 사람을 처음 마주할 때 생김새를 보고 그 사람이 어떤 사람일지 가늠해보듯, 문도 모양새를 보고 그 안을 가늠해보는 것이다. 흔한 모양새의 문을 열고 들어갔다가 놀라운 경험을 하는 일은 드물다. 그러나 독창적인 모양새의 문을 열고 들어갔다 예상치 못한 공간을 마주한 경험은 있다.

건축가 알도 로시Aldo Rossi는 "문은 건물의 표정이며, 우리가 처음 만나는 인상"이라고 표현했다. 실제로 유럽의 여러 역사적 건축물은 문을 통해 그 건물의 정체성과 목적을 드러낸다. 고딕 성당의 웅장한 문은 경외감을, 시민 회관의 넓은 문은 포용을, 요새의 좁고 두꺼운 문은 방어와 경계를 상징한다.

교육 공간의 문도 마찬가지다. 그 안에서 일어나는 활동과 사용자의 특성을 반영해, 닫혀 있을 때는 공간과 공간을 분리하는 기능을, 열려 있을 때는 공간을 이어주는 기본적인 기능을 수행해야 한다. 실제로 교육 공간에서는 문이 닫혀 있으면 수업 중이고, 문이 열려 있으면 쉬는 시간이다. 쉬는 시간에 문을 닫아 놓으면, 즉 선생님이 없을 때 문이 닫혀 있으면 혼나기 십상이다.

또 어린아이들은 문을 갖고 논다. 흔들흔들하며 매달리기도 하고, 편을 나누어 문 밀기 싸움을 벌이기도 한다. 어설프게 가정집 문처럼 교실 문을 만들었다가 몇 달도 지나지 않아 경첩이 부러져 애를 먹은 기억이 있다. 이후 필자는 문만큼은 튼튼하게 만들기 위해 신경 쓰고 있다. 한편, 유치원의 문을 디자인할 땐 이러한 아이들의 행동 특성을 반영해야 한다. 문 아래쪽에 아이들 몸 크기에 맞는 작은 출입구를 추가해 아이들이 자연스럽게 드나들도록 한 일이 있는데, 아이들에게 자율성과 재미를 주는 동시에, 일반 문의 손상을 줄이는 효과가 있었다.

귀여운 인상을 주는 문과 문틀의 비율

강아지는 귀엽다. 강아지는 몸통과 비교해 머리가 크고 다리가 짧다. 누가 좋아해 주지 않아도 꼬리를 흔드는 강아지가 귀여운 이유는 바로 비율 때문이다. 진화심리학자들은 이를 '베이비 스키마baby schema'라고 부른다. 큰 머리, 둥근 얼굴, 짧은 팔다리와 같은 특징은 우리 뇌에서 보호 본능과 애정을 자극한다. 디즈니나 지브리 스튜디오도 이 비율을 활용해 캐릭터의 귀여움을 극대화한다.

아이들이 좋아하는 캐릭터와 장난감도 대부분 비슷한 비율이다. 아이들은 정확하고 완벽한 모양새보다 한 부분이 과장된 모양새를 좋아한다. 이에 스웨덴의 한 아동심리학자는 "아이들은 자신과 비슷한 비율의 사물이나 환경에 더 친밀감을 느낀다"라고 설명한다. 자신의 신체적 특성과 유사한 형태에 본능적으로 끌리는 경향이 있기 때문이다. 따라서 아이들을 위한 공간은 이런 비율의 특성을 고려해 디자인하는 것이 바람직하다. 아이들의 공간은 어른들의 공간과는 다른 비율이 필요하다.

문은 문과 문틀로 구성되어 있다. 그리고 어른들의 공간은 문틀을 고급스럽게 꾸미거나 반대로 날렵하게 숨기는 경우가 많은데, 아이들의 공간은 이 문틀을 과장하면 좋다.

덴마크 코펜하겐의 한 유치원은 이런 개념을 극대화했다. 문틀을 넓고 두껍게 만들어 동화책에서 튀어나온 듯한 느낌을 준 것이다. 아이들은 이 과장된 문틀을 보며 "거인의 집으로 들어가는 것 같아요"라고 표현했다. 이런 작은 디자인 요소는 아이들의 상상력을 자극하고 교육 공간에 대한 긍정적 인식을 심어주는 효과가 있다. 모서리가 부드럽고 두껍게 처리된 문틀은 실용적인 면도 있다. 아이들이 부딪혔을 때 상해 위험을 줄여주고, 잠시 기대거나 쉴 수 있는 공간이 되어준다.

문 디자인 법칙

한국아동안전연구소는 교육 시설에서 발생하는 사고 중 문 관련 사고가 약 15%를 차지한다고 보고했다. 이 중 대부분이 경첩 부분에 손이 끼이는 사고였다. 이 통계는 아이들을 위한 문 디자인에서 안전이 얼마나 중요한지를 보여준다. 최근 개발된 교육 시설용 문은 경첩 부분에 특수 고무 제품을 사용해 손가락이 끼이면 자동으로 문틈이 벌어지게 하거나, 문이 너무 빨리 닫히지 않게 하는 속도 조절 장치가 내장되어 있다. 안정성과 디자인을 모두 고려한 제품이다.

일반 문틀보다 폭을 넓히고 두께감을 더한 디자인. 모서리는 부드러운 라운드 형태로 디자인하고, 원형 시창도 비율에 맞춰 세심하게 구성했다.

경첩 부분은 손 끼임 사고로 이어질 수 있는 부분이다. 보통은 손 끼임 방지 제품을 부착하지만, 이 디자인은 문과 문틀의 마감재를 통일한 재료를 덧댔다. 마감재를 동일한 재료로 처리하면 일체감이 생겨 시각적으로도 훨씬 깔끔하고 세련된 느낌을 줄 수 있다.

    손잡이는 보통 시중에 나온 제품 중 하나를 선택하는데, 교육 공간에 사용하는 손잡이는 한국교육 환경보호원의 가이드라인에 따라 잠금장치가 없는 손잡이를 사용해야 한다. 불시에 문이 잠겨 아이가 갇히는 위험을 방지하기 위함이다. 또한, 둥근 볼 형태는 미끄러워 사용하기 불편하므로 짧은 바 타입의 손잡이 중 모서리가 날카롭지 않은 것으로 세심하게 선택해야 한다. 필자는 유치원 신축 때 손잡이를 위아래로 2개를 설치한 적이 있다. 아래쪽 손잡이는 아이용이고, 위쪽 손잡이는 교사와 부모를 위한 것이었다. 이런 작은 배려가 아이들에게 '이곳은 나를 위한 공간'이라는 메시지를 전한다.

또한, 질병통제예방센터 CDC의 연구에 따르면, 공공시설의 손잡이는 평균적으로 수백만 개의 세균이 존재하며, 특히 어린이 시설의 손잡이는 성인 시설보다 최대 3배 더 많은 세균이 발견된다고 한다. 그러므로 소독제로 자주 닦아도 마감에 문제가 없는 제품, 향균 코팅이 된 제품, 손을 대지 않고 여닫을 수 있는 센서형 시스템도 유용하다. 아이들을 위한 교육 공간의 문을 디자인할 때는 다음과 같은 원칙과 요소를 고려해야 한다.

☑ **안전성**
가장 중요한 요소다. 손 끼임 방지, 적절한 무게와 열림 속도 조절, 안전한 손잡이 설계가 필수다.

☑ **연령 적합성**
아이들의 키와 체력에 맞는 높이와 무게로 설계하여 스스로 사용할 수 있도록 해야 한다.

☑ **비율과 형태**
표준 비율보다는 약간 과장되고 친근한 형태가 아이들에게 심리적 편안함을 준다.

☑ **재질과 마감**
내구성이 좋고 유해물질이 없는 재료를 사용하며, 잦은 청소와 소독에 견딜 수 있는 마감처리가 중요하다.

☑ **시각적 효과**
색상, 형태, 시창 등을 통해 공간의 성격과 목적을 시각적으로 전달할 수 있다.

☑ **음향적 고려**
문이 닫히는 소리가 너무 크지 않도록 설계하여 아이들이 놀라지 않게 한다.

교육 공간의 문은 아이들이 매일 만나는 공간의 얼굴이자, 안과 밖을 연결하는 중요한 요소이다. 아이들은 문 디자인을 통해 공간의 성격을 직관적으로 이해하고, 그 공간에서 일어나는 활동에 대한 기대와 태도를 형성한다. 또한, 문은 닫힘과 열림을 반복하며 공간의 리듬을 만들어내고, 아이들에게 경계와 자유 사이의 균형을 가르친다. 이러한 물리적, 심리적 기능을 고려한 세심한 디자인이 아이들의 교육 경험을 더욱 풍요롭게 만들 수 있다.

질서와 감각의 균형

좋은 교육 공간은 견고한 문법(비율)을 바탕으로 한 풍부한 어휘(다양성)를 가진 언어와 같다. 교육 공간은 비례 체계를 엄격히 지키면서 복도, 교실 입구, 시창, 마감재 등의 색상, 질감, 형태의 다양한 변주를 통해 학생들에게 매일매일 풍부한 감각적 경험을 제공할 수 있어야 한다. 균형 잡힌 비율은 공간에 안정감을 부여하고, 창의적 디자인 요소들은 단조로움을 극복하고 호기심을 자극하는 역할을 한다.

영국의 교육 환경연구가 피터 배럿Peter Barrett은 12년간의 연구를 통해 학생들의 학업 성취도에 가장 큰 영향을 끼치는 환경 요소로 '적절한 자극 appropriate stimulation'을 꼽았다. 너무 단조로운 환경은 무기력과 지루함을, 너무 혼잡한 환경은 집중력 저하와 스트레스를 유발한다는 것이다. 결국, 교육 공간 설계자는 둘 사이의 접점을 찾아야 한다. 교육 공간 설계자는 보이지 않는 비율의 질서를 바탕으로 학생들의 호기심과 학습 욕구를 지속해서 자극할 수 있는 다양성의 요소를 균형 있게 구현해야 한다.

어린이를 위한 공간은 어른의 세계를 축소한 것이 아니라, 어린이의 눈으로 본 세계를 확장한 것이어야 한다. 진정한 교육 공간은 기능적 요구사항을 충족시키는 것을 넘어, 학생들의 상상력과 가능성을 확장하는 촉매제가 되어야 한다. 그것이 바로 비율의 조화와 감각적 다양성이 균형을 이루는 교육 공간의 궁극적인 지향점일 것이다.

가치를 일깨우는 도서관

"한 나라의 과거를 보고자 하면 박물관에 가고, 현재를 보고자 하면 시장에 갈 것이며, 미래를 보고자 하면 도서관이나 학교에 가라"라는 말이 있다. 그만큼 학교와 도서관은 한 나라의 역량을 가늠할 수 있는 지표이며, 공교육의 중심이 되는 곳이다. 해외의 유명 대학 사진을 보면 종종 웅장한 규모와 고서, 다양한 전문 도서가 즐비하게 꽂힌 도서관을 보게 된다. 그것을 보면 그 공간의 일원이 되고 싶다는 강한 열망이 생긴다. 비록 그 책들을 읽지 않더라도 말이다.

그렇다면 우리나라 학교 도서관의 현실은 어떠할까? 우리나라 학교 도서관의 경우 대부분은 학교에서 가장 외진 곳에 들어서 있고, 개방 시간이 제한되어 있는 곳이 대부분이다. 열악한 곳은 복도 끝에 있는 교실 중 하나에 '도서관'이라는 푯말을 붙이고, 벽면 두세 곳에 책장을 배치하고, 중앙에 교실에서 사용하는 책장과 의자를 줄지어 놓기도 한다. 또 책들은 창으로 쏟아지는 햇볕에 변색이 되었거나, 휘었거나, 제목도 알아보기 힘든 얇은 책에 학교의 재산임을 알리는 큰 스티커가 붙은 채 방치되어 있다.

학교 도서관을 이용하지 않는 이유를 조사했을 때 가장 많은 응답은 '읽을 만한 책이 없어서'였다. 보유한 도서량, 이용자가 없어서 한산한 대출 창구가 바로 대한민국 학교 도서관의 현주소, 우리 교육의 현주소이다.

미국, 영국, 일본처럼 독서를 지적 능력 개발의 중요한 수단으로 인식하고 독서 교육에 적극적으로 힘쓰는 나라들과 비교해, 우리나라는 아직 갈 길이 멀다. 몇 년 전부터 학교 도서관의 중요성이 강조되면서 도서관을 새로 짓거나 리모델링하는 움직임이 있었지만, 여전히 많은 도서관이 실질적인 학습 공간이라기보다 형식적으로 존재하는 경우가 많다.

그렇다면, 켜켜이 쌓인 먼지를 뒤집어쓴 채 잠들어 있는 책들이 본연의 쓰임새를 다할 수 있도록 하려면 어떻게 해야 할까? 스마트폰이나 컴퓨터로 손이 먼저 가는 아이들에게 책 읽기의 즐거움을 발견하게 하고 스스로 도서관을 찾게 하려면 어떻게 해야 할까? 외형적으로 크고 화려한 도서관이 아니라 사용자가 행복한 도서관이란 어떤 곳일까?

공간이 묻는 교육의 본질

아이들의 공간, 특히 교육 공간을 디자인하면서 가장 깊이 고민해온 장소는 도서관이었다. 어떤 가치를 중심에 두어야 다른 공간과 차별될지를 고민했다.

예전에는 읽을 수 있는 책이 많지도 않았고, 교과서와 참고서만 외우면 좋은 성적을 얻을 수 있었다. 책은 열심히 공부해 좋은 대학에 가면 마음껏 읽을 수 있는 것이었다. 그래서 도서관은 가까이하고 싶지만 사실 너무 먼 존재였다. 그러나 현대 사회는 그렇지 않다. 요즘 아이들은 다양한 지식이 융합된 사고력을 요구받기도 하고, 수업 외 혼자 고민하고 관련 자료를 탐색하고 친구들과 토론하며 문제를 해결해야 한다. 제3의 공간이 되어 줄 장소가 절실해진 것이다. 이런 환경에 학교 도서관은 이제 책을 보관하는 장소를 넘어, 학생들의 배움과 성장을 지원하는 핵심 공간이 되었다. 2011년부터 교육부가 주관한 '문화로 행복한 학교 만들기' 사업은 전국의 여러 학교 도서관을 학생 중심 공간으로 변화시켰다. 그리고 이 과정은 단순한 물리적 변화가 아닌 교육이 본질에 관한 질문으로 확장되었다.

부산 영도구 신선초등학교는 "아이들이 도서관을 찾지 않는 것은 모두 어른들의 책임"이라고 강조하며 해당 사업에 참여했다. 경제적으로 여유롭지 않은 가정의 아이들을 위해 평등한 교육 기회를 제공하기 위한 노력이었다.

우선 도서관 리모델링의 방향을 설정하기 위해 고학년 학생들을 대상으로 설문 조사했다. 그 결과 저학년과 고학년을 분리한 별도의 공간을 마련해달라는 요구가 있었다. 그래서 계단 및 중층을 확장 공사해 계단을 따라 단 차가 있는 평상 공간을 만들어 저학년과 고학년 공간을 구분했다. 완전히 분리된 공간은 만들 수 없었지만, 최대한 저학년과 고학년 간의 발달 편차를 고려한 공간이었다. 또 기존의 딱딱한 책걸상 대신 소파와 같이 푹신한 의자나 누워서도 책을 볼 수 있는 공간을 만들어, 학생들이 신발을 벗고 마음껏 편안하게 책을 읽을 수 있도록 배려했다. 창문을 가리던 낡고 어두운 색깔의 책장도 낮은 책장으로 교체하고, 돌출형 창문을 설치해 시각적 개방감을 확보했다. 이제 학생들은 창가에 앉아 바다 풍경을 감상하며 독서를 즐긴다. 난방시설이 추가되어 사계절 내내 쾌적한 독서를 즐길 수 있다.

혁신학교에서의 공간 실험

광주 광산구의 선운중학교는 2013년에 해당 사업에 참여했다. 당시 선운중학교는 개교 2년 차였고, 개발 중이던 선운지구 한가운데에 위치해 주변 인프라는 부족했지만, 지역 사회가 형성되는 시기였기에 새로운 교육 모델을 구축하기에는 유리한 조건이었다. 선운중학교의 공간 혁신 목표는 '통제의 장소가 아닌, 학생들을 위한 편안하고 따뜻한 공간을 조성하는 것'이었다. 필자는 그 공간이 학교 안의 작은 오아시스가 되어 활기를 띠고, 그 활기가 학교 전체로 확산하기를 바랐다.

우리가 선정한 공간은 '도서실'이었다. 더욱 의미 있는 점은, 이 도서실 디자인 과정을 국어와 미술 교과의 협력 수업으로 진행해 학생들이 주체적으로 참여했다는 것이다. 처음에는 도서실 이용률을 높일 방안을 모색하는 활동으로 기획되었다. 이에 따라 학생들은 국내외 우수 도서관 사례를 조사하고 지역 도서관을 직접 방문해 탐구하는 시간을 가졌다. 그러나 놀랍게도 활동은 곧 다양한 제안으로 이어졌고, 일부 학생은 자신의 아이디어를 학교 홈페이지에 적극적으로 게시하기도 했다. 요구 사항도 처음에는 가구 교체나 장서 확충 등 비교적 단순한 것들이었으나, 점차 도서실 구조 변경이나 공간 확장을 요구하는 방향으로 발전해 나갔다. 한 교사의 수업이 학교 구성원 모두 배우고 가르치는 공동의 교육 과정으로 확장된 것이다.

그렇다면 학생들은 어떤 도서관을 꿈꾸었을까? 다음은 학생들이 글, 그림, 사진 콜라주 등의 방법으로 표현한 내용으로, 크게 비디자인 요소와 디자인 요소로 구분된다.

|학생들이 원하는 비디자인적 요소|
친절한 사서 선생님과 숙제를 도와주는 선생님이 있는 곳 / 책과 관련된 여러 활동을 할 수 있는 곳 / 자주 신간 도서가 들어오고 신청자 우선으로 빌려주는 곳(신간 도서 도착 문자 알림 서비스 포함) / 시끄럽게 독서 토론을 해도 되는 곳 / 작품에 나온 요리를 할 수 있는 곳 / 책과 관련된 영화를 볼 수 있는 곳 / 동물(개)을 키우는 곳 / 작가를 초청해서 함께 노는 곳 / 복사기가 있는 곳 / 한 달에 한 번 밤을 새워 책을 읽을 수 있는 곳 / 매점이 있는 곳 / 댄스 연습, 공연을 할 수 있는 곳 / 파티(생일, 커플 기념일)를 위해 공간을 빌려주는 곳 / 와이파이와 노트북, 헤드셋을 빌려주는 곳 / 러닝머신 등 실내 체육이 가능한 곳 / 헤드셋이 연결되는 디지털 피아노 연주가 가능한 곳 / 음악을 들을 수 있는 곳 / 시험 기간에는 24시간 운영되는 곳 / 만화로만 채워진 서가가 있는 곳 / 수업 시간 혼자 있고 싶을 때 가도 되는 곳 / 우리들만 들어갈 수 있는 곳(교사 출입 금지 공간) / 아무것도 안 해도 되는 곳

|학생들이 원하는 디자인적 요소|
천장 또는 한 면이 전체 통창인 곳 / 원형 출입구 / 전신, 전면 거울이 있는 곳 / 소그룹실 / 충전이 가능한 책상, 1인용 책상, 이동형 가구, 바 테이블이 있는 곳 / 그네 의자, 빈백, 해먹, 수면 시설이 있는 곳 / 도서관과 학년별 층을 바로 잇는 미끄럼틀이 있는 곳 / 한 층 전체가 도서관인 곳

학생들의 아이디어를 살펴보면 놀라운 점이 발견된다. 바로 아이들이

도서실 개선안을 제시한 게 아니라, 사실상 '도서실 안의 학교'를 그려낸 거라는 사실이다. 도서실 이용률을 높이는 방법을 찾으라고 했더니, 아이들은 그 범위를 훌쩍 뛰어넘어 학교 전체에 적용할 수 있는 신선한 아이디어를 쏟아냈다. 이 과정에서 자연스럽게 '학교란 어떤 곳이어야 하는가?'라는 더 깊은 질문에 대한 답을 찾아가고 있었다.

아이들이 그린 도서관 그림을 보면 발달 단계에 꼭 맞는 요소들이 자연스레 담겨 있다. 원형 출입구, 다락방, 미끄럼틀, 그네 의자 같은 요소들은 몸을 활발히 움직이고 싶어 하는 초등학생과 중학교 저학년의 특성을 반영한다. 댄스 공연장, 생일파티 공간, 독서 토론실 같은 요소들은 친구들과 어울리며 성취감과 소속감을 느끼고 싶은 아이들의 마음을 보여준다. 누구나 한 번쯤 주인공이 되고 싶은 마음이 공간에 담긴 것이다.

고학년 학생들의 제안에서는 또 다른 특징이 엿보인다. 24시간 운영되는 도서관, 밤샘 독서가 가능한 수면 공간, 편안한 휴식 공간 등은 독립적인 생활을 원하는 청소년기의 욕구가 그대로 드러난 것이다. 아이들은 자신도 모르게 각자의 발달 단계에 필요한 환경을 그림과 글로 표현했고, 이를 통해 아이들의 성장을 돕는 공간이 어떤 모습이어야 하는지 생생하게 볼 수 있었다.

아이들이 제안한 실현 가능한 요소들은 교육 전문가들이 그리는 미래 교실의 모습과 놀랍도록 닮아 있다. 책, 음악, 디지털 기기 같은 다양한 학습 자원이 풍부한 환경, 적절히 도움을 주는 교사의 존재, 아이들이 배움의 방식과 장소를 스스로 선택할 수 있는 자유로운 분위기. 여기에 높낮이가 다른 바닥, 마음대로 옮길 수 있는 가구, 혼자만의 공간, 햇빛이 잘 드는 창, 형태를 바꿀 수 있는 벽, 층과 층을 연결하는 열린 구조까지. 이 모든 것이 아이들의 상상 속에 이미 존재했다. 이 경험은 도서관이라는 하나의 공간을 넘어, 학교 전체를 아이들 중심으로 다시 생각해봐야 한다는 귀중한 깨달음을 가져다준다. 학교 공간을 바꿀 때 하나의 실(室)만 보는 게 아니라, 학교 전체의 흐름과 연결성을 고려해야 한다는 시각의 변화가 일어난다.

선운중학교 도서관 사례는 공간이 단순한 물리적 환경을 넘어 교육의 본질을 성찰하게 하는 매개체임을 보여준다. 나아가, 아이들의 목소리를 반영한 공간 혁신이 학교 전반의 변화를 이끄는 교육 혁신의 출발점임을 알게 한다.

다양한 구조의 도서관 사례

도서관 디자인에는 다양한 접근법이 가능하다. 다음 유치원 도서관은 미국 대학 도서관의 이미지를 단순화하고 규모를 축소하여 어린이들에게 적합한 치수로 설계한 것이다. 입구에 대형 양개문을 설치하고 몰딩 요소를 추가해 클래식한 느낌을 주었고, 층고가 높은 내부는 복층으로 설계했다. 높이는 보통 유치부 아이들의 평균 키인 120cm 정도를 목표로 설계하는데, 이곳은 위아래층 모두 160cm 높이가 가능했다. 처음 제안했을 때는 불편함과 안정성 문제로 우려와 반대가 많았으나, 실제로 완공된 후에는 아이들이 즐겁게 이용하고 있다.

구체적으로, 클래식한 건축 양식을 구현하기 위해 천장에 몰딩으로 격자 모양의 단조성을 구현했다. 그리고 벽면에 꽂힌 책들이 흡음재 역할을

하여 강당으로 사용될 때 밖으로 나가는 소음을 줄여준다. 더욱 세밀한 설계를 위해 상하부에 레일을 설치하고 미닫이 패널을 추가하여 책장을 가릴 수 있는 기능을 추가했다.

다음은 높이를 충분히 확보해 도서관과 강당의 기능을 동시에 해결한 사례다. 아치형의 서가와 천장이 공간에 우아함을 더하여 매력적으로 느껴지도록 의도했다. 또 층고가 있지만 복층 구조를 채택하지 않고 여러 단의 바닥층을 만들어 사람들이 편안하게 걸터앉을 수 있도록 디자인했다. 이 공간은 강연이나 공연 때는 관중석으로 사용되고, 평소에는 책을 읽는 좌석으로 사용된다.

다음 도서관은 높은 한쪽 벽면을 책장으로 채운 사례다. 책장의 상부층이 너무 높으면 보통 대형 사다리로 접근할 수 있게 하기에, 필자도 처음에는 멋진 금속 슬라이딩 사다리를 설치할 계획이었다. 대형 사다리는 도서관에서 상징적이면서 기능적인 구조물이기도 하다. 그러나 최종적으로는 사다리를 설치하지 않았다. 아이들이 통행 중 넘어지거나, 사다리를 타고 오르는 등 안전사고의 위험 때문이었다. 그래서 많은 양의 책을 보기 좋게 진열하고, 책을 손이 닿지 않는 부분까지 쌓아 올림으로써 공간의 상징적인 의미를 전달하는 의도로만 디자인했다. 편리성은 떨어질지라도, 이러한 상징성이 아이들에게 거대한 규모의 도서관이 마치 자신의 것처럼 자랑거리가 될 수 있기를 바랐다.

사실 해외 도서관들이 이렇게 높은 책장을 설계하는 이유는 인쇄기술의 발전으로 책을 많이 찍어낼 수 있게 되면서 장서를 보관해야 했기 때문이다. 그리고 이는 도서관의 규모와 명예를 상징하는 구조물이 되었다.

도서관은 어디에나 만들 수 있다

창의성을 발휘하면 별도의 면적이 없어도 도서관을 만들 수 있다. 다음은 출입구의 안내 데스크와 복도, 도서관이 하나의 공간으로 자연스럽게 연결된 방식의 도서관이다. 오픈된 구조는 다용도로 활용할 수 있는 유연성을 제공하고, 시각적인 전달 효과 또한 극대화한다. 데스크에서 한눈에 들어오는 도서관의 풍성한 책들은 교육 공간으로서의 전문성을 효과적으로 전달하기도 한다. 도서관 내부는 아이들의 공간이다. 아이들은 이곳의 넓은 계단에 앉아 책을 읽거나 맞은편 단상에 올라가 발표를 할 수도 있다. 작지만 아늑한 다락방 같은 복층에서 아래를 내려다보며 미끄럼틀을 타고 내려오는 즐거움도 누릴 수 있다.

다음은 도서관을 만들 면적이 부족해 중앙의 복도를 넓게 확보해 도서관으로 만든 사례다. 처음에는 복도라는 이동 공간에 도서관을 만든다는 점에서 우려와 걱정이 있었지만, 결과적으로 아이들은 통로가 아닌 도서관으로 인식하여 조용히 이동하는 모습을 보였다. '자리가 사람을 만든다'라는 말은 지위나 권력의 개념이 아니라, 공감의 개념에도 포함된다고 생각한다. 명확한 의도로 기획된 공간에서는 사용자가 그 의도에 맞는 사고와 행동을 하게 된다.

다음 도서관은 벽면에 책장을 설치하지 않고, 벽면 자체를 책장으로 디자인한 사례다. 그리고 불필요한 장식보다는 다양한 책을 소개하는 공간으로 만들어 교육 공간으로서의 전문성을 강조하고자 했다. 벽체가 두꺼워져 방음 기능이 더해지는 효과를 누릴 수 있었다.

계단실도 도서관으로 만들 수 있다. 실내에 계단이 있는 경우 계단실의 넓고 높은 벽면을 어떻게 해결해야 할지 고민을 많이 하게 된다. 이 캠퍼스 역시 공간이 부족했지만 어떻게든 아이들이 책을 읽는 모습을 실제로 구현하고 싶었다. 다행히 아이들은 이곳, 계단에 앉아 책을 고르고 읽는 것을 즐거워했다. 어른과 아이의 다른 점은 바로 이런 부분이다. 모든 조건이 완벽하게 갖추어지지 않아도, 아이들은 불평과 불만이 없기에 오히려 즐거움을 찾아낸다.

책장도 도서관 디자인의 주요 요소다. 책장에 대한 접근 방식은 책을 분류하고 보관하는 것을 넘어선다고 생각한다. 그래서 필자는 대형 서점의 베스트셀러 코너처럼 특별한 책장을 설치해, 조명을 달고 책장의 벽면에 몇 가지 색상을 넣어 '선생님이 추천하는 책', '아이들이 선호하는 책' 등을 시각적으로 구별할 수 있도록 했다. 더불어, 아동용 책은 판형이 다양하고 얇으므로 표지를 전면에 보이도록 배치하는 페이드 아웃 진열 방식으로 책 선택에 도움이 되도록 했다. 이러한 방식은 책을 상품처럼 보이게 해 아이들의 호기심을 자극하고, 책에 친숙하도록 한다. 또, 손이 잘 안 닿는 곳에는 오래된 책을 일반적인 방식으로 꽂고, 하단에는 문을 달아 수납장으로 활용했다.

사람은 도서관을 만들고, 도서관은 사람을 만든다

도서관 개선 후 가장 달라진 점은 이용하는 학생 수가 월등히 많아졌다는 사실이다. 아이들은 도서관에 방문해 책을 읽기도 하고, 그냥 앉아서 친구랑 얘기하며 놀다 가기도 한다. 재미난 공간을 찾아 여기저기 앉아보기도 하고, 뛰어놀기도 한다. 누워서 책을 읽다가 졸리면 자기도 한다. 그야말로 도서관이 책과 더불어 노는 놀이터이자 아이들의 쉼터가 된 것이다. 특히 낮은 계단으로 층이 구분된 공간은 저학년 아이들에게 인기 만점이다. 아이들은 원래 계단과 다락방 같은 공간을 좋아한다.

많은 사람이 도서관을 정자세로 앉아 조용히 책을 읽으며 학습하는 곳으로 여긴다. 학교 도서관에서 누워 책을 읽는 아이가 있다면 똑바로 앉으라고 불호령이 떨어질 게 뻔하다. 그러나 이곳은 정반대다. 누워서 책을 읽거나, 재잘재잘 떠들어도 야단치거나 뭐라 하는 선생님이 없다. 오히려 도서관에서만큼은 얼마든지 편하게 있다가 가라고 말한다. 도서관 사서는 "자유롭게 책을 읽을 수 있도록 해주니까 도서관을 찾는 아이들이 3분의 1가량 늘었어요. 또 도서관을 자주 찾으면서 책에 대한 거부감도 많이 줄었습니다. 아이들이 들르고 싶어 하는 공간으로 만들어주는 게 정말 중요한 것 같아요"라고 말했다. 아이들은 이제 잠깐이라도 시간이 생기면 도서관에 들러 한두 페이지라도 읽고, 통유리로 된 창가에 앉아 바다를 구경하기도 한다. 푸르른 창밖을 보며 사색을 즐기고, 정서적인 안정감을 찾는다. 힐링 효과를 톡톡히 보는 셈이다.

도서관 디자인 법칙

교육 공간 설계자로서 도서관을 디자인할 때 가장 중요하게 생각하는 것은 도서관을 단순히 책을 보관하는 창고가 아닌, 아이들이 자연스럽게 책과 교감할 수 있는 공간으로 만드는 것이다. 여기에는 몇 가지 원칙이 있다.

☑ **다양한 좌석**

의자와 테이블뿐만 아니라 앉거나 누울 수 있는 공간, 계단식 좌석, 작은 다락방과 같은 아늑한 공간 등 다양한 선택지를 제공한다.

☑ **연령별로 구분한 공간**

저학년과 고학년의 신체적, 심리적 특성을 고려한 공간 분리가 이상적이다. 예산이나 공간의 제약이 있다면 최소한 높낮이가 다른 구역을 만들어 선택의 폭을 넓힌다.

☑ **시각적 개방감**

높은 책장보다는 낮은 책장을 배치하고, 가능하면 창문을 최대한 확보하여 자연광을 들여 외부 풍경을 감상할 수 있게 한다.

☑ **책의 전시 방식 다양화**

모든 책을 똑같이 꽂아두기보다 일부는 표지가 보이도록 전시하고, 특별 코너를 만들어 주제별 큐레이션한다.

☑ **유연한 공간 활용**

독서만을 위한 공간이 아니라 토론, 발표, 전시 등 다양한 활동이 가능한 복합 문화공간으로 설계한다.

이러한 디자인 원칙은 단순히 미적인 요소를 넘어 아이들의 행동 방식과 책에 대한 태도에 직접적인 영향을 미친다. 잘 설계된 도서관은 아이들이 자발적으로 찾아와 스스로 독서 습관을 형성할 수 있는 환경을 제공하고, 교육의 변화를 이끄는 촉매제가 된다. 아이들이 자발적으로 찾고 싶은 공간, 머물고 싶은 공간으로 만들어진 도서관은 교육의 본질적 목표를 달성하는 데 큰 역할을 한다.

그런 의미에서 도서관은 단순한 공간 이상의 가치를 지니며, 미래 교육의 방향을 제시하는 나침반이 된다. 켜켜이 먼지를 뒤집어쓴 채 잠들어 있는 책들이 아닌, 아이들의 손길로 매일 깨어나는 책들이 있는 도서관. 그런 도서관이 많아질수록 우리 교육의 미래는 밝아질 것이다.

혁신이 시작되는 공간, 화장실

아이들은 세상을 온몸의 감각으로 경험한다. 그들에게 배움은 추상적인 정보의 습득이 아니라, 오감을 통한 직접적인 경험이다. 그런 의미에서 교육 공간에서의 화장실에는 매우 특별한 의미가 있다. 인간이 평생 약 1년의 시간을 보내는 이 공간은 단순한 배설의 장소가 아니라, 온전한 자신을 만나는 곳이자 정신적 해방구이다. 또 학교에 첫발을 내딛는 아이들에게 화장실은 종종 두려움과 불편함의 대상이다. 낯설고 지저분한 환경에 적응하지 못해 하교 시간까지 용변을 참는 아이들이 적지 않다. 전국의 학교 환경 조사에서도 화장실은 개선이 가장 시급한 시설로 꼽힌다.

아파트에서 자라 깨끗한 화장실에 익숙한 아이들에게, 노후하고 관리가 부실한 학교 화장실은 이용을 꺼리게 만드는 공간이다. 이런 문제가 기성세대에게는 사치스러운 고민으로 느껴질 수 있으나, 사실 학생에게는 학업의 의욕을 저하하는 심각한 스트레스 요인이다.

미국의 심리학자 매슬로Maslow는 "배설과 같은 기본적인 생리적 욕구가 제대로 충족되지 않으면 학습이라는 고차원적 성장 욕구 역시 실현하기 어렵다. 욕망에는 위계가 있어서, 먹고 자고 배설하는 등의 기초적 욕구가 채워져야 더 높은 단계의 욕구로 이행된다"라고 말했다. 이러한 관점에서 볼 때, 학교나 학부모들이 가장 먼저 투자해야 할 부분은 학력 신장이나 학습 동기가 아닌, 기본적인 생리 욕구를 해결할 수 있는 화장실 환경 개선일 것이다.

화장실이 학교를 바꾼다

서울 대왕중학교의 화장실 개선 사례는 화장실의 변화가 어떻게 학교

전체의 분위기를 바꾸는지를 보여준다. 대왕중학교는 2011년, '문화로 행복한 학교 만들기' 사업 중 하나로 진행된 화장실 리모델링 과정에 학생들이 직접 참여하는 화장실 개선추진위원회를 구성했다. 이들은 자신들이 필요로 하는 화장실 환경에 대해 "음악이 흐르는 화장실은 어떨까요? 편안한 분위기에서 볼일을 보면 좋을 것 같아요", "화장실 벽에 명언을 붙여 놓으면 낙서를 방지할 수 있지 않을까요?", "백화점처럼 화장실 벽이나 공간을 예쁜 그림이나 꽃으로 장식하면 어떨까요?"와 같은 의견을 적극적으로 개진했다. 그리고 학생들의 다양한 아이디어는 곧 대왕중학교의 화장실을 완전히 탈바꿈시켰다.

우선, 남자 화장실 입구는 연두색, 여자 화장실 입구는 분홍색으로 테두리를 입혀 멀리서도 성별을 구분할 수 있게 했다. 내부 벽면에는 갤러리처럼 그림을 걸고, 은은한 향기와 해피송이 흐르는 편안한 공간으로 만들었다. 그리고 자동 센서 조명 시스템을 도입해 전기를 절약하면서도 밝은 분위기를 연출했다. 세면대는 크기를 키우고, 거울을 설치해 개인위생 관리가 편리하게 했다. 용변을 보는 공간과 휴식 공간을 완벽하게 분리해 카페와 같은 감성적인 문화 공간으로 재탄생시켰다.

화장실이 바뀌자 학생들의 태도도 달라졌다. 화장실에 머무르는 시간이 늘어나면서 손 씻기와 양치질 같은 위생 습관이 개선되었다. 낙서와 시설 파손과 같은 문제행동이 현저히 줄었고, 밝고 개방적인 공간 덕분에 학교 폭력과 흡연 문제가 감소했다. 무엇보다 학생들이 학교에 가는 것을 즐거워하게 되었다. "화장실 하나 바뀐다고 뭐가 달라지겠어?"라며 회의적이었던 교사들도 학생들의 변화에 놀라워했다. 대왕중학교의 사례는 폐쇄적인 폭력 공간이었던 화장실을 밝고 환한 문화공간으로 바꾸면 학생들의 인식과 행동도 함께 변화한다는 것을 증명했다.

화장실 환경 개선이 사용자 행동에 미치는 영향은 네덜란드 암스테르담 스키폴국제공항의 사례에서도 확인할 수 있다. 남성용 소변기 주변이 더러워지는 문제를 해결하기 위해 소변기 중앙에 검은색 파리 모양 스티커를 붙이자, 오염 빈도가 80%나 감소한 일은 유명하다.

필자는 화장실 벽면에 자연 풍경 사진과 새소리를 들을 수 있는 음향 시스템을 설치하기도 한다. 그러면 놀랍게도 학생들의 화장실 체류 시간이 적절히 늘어나고, 화장실이 깨끗하게 유지된다. 또 화장실 출입구에 감사 메시지를 남길 수 있는 포스트잇 게시판을 설치하기도 한다. "오늘 화장실이 정말 깨끗해서 기분이 좋았어요", "누군가가 휴지를 주워주셨어요. 감사합니다" 같은 긍정적인 메모가 쌓이면서 화장실 문화도 긍정적으로 변화한다. 이처럼 화장실 환경 개선은 공간을 쾌적하게 만드는 효과뿐만 아니라, 학생들의 감성과 행동에도 큰 영향을 미친다. 화장실이 더럽고 두려운 장소가 아닌, 편안한 휴식과 자기 돌봄의 공간이라는 새로운 관점을 형성해주면 학생들의 행동도 자연스럽게 변화한다.

그러나 아무리 화장실 환경이 좋아도 학생들의 참여와 주인 의식이 없으면 다시 더러워지고 파손된다. 그래서 화장실 개선 사업에 참여한 학교들은 화장실 관리에 '또래 모니터링'을 실시한다. 학생들이 순번제로 화장실 상태를 점검하고 간단한 청소를 하면서 공간에 대한 책임감과 공동체 의식을 키우는 것이다. 학교는 이를 청소 활동이 아닌 민주시민 교육의 하나로 보았다.

매년 '화장실 디자인 경연대회'를 개최하는 학교도 있다. 학생들이 팀을 이루어 화장실 개선 아이디어를 제안하고, 선정된 아이디어는 실제로 적용된다. 이 과정에서 학생들은 건축과 디자인에 대한 이해도 높이고, 학교 공간에 대한 애착도 강해진다. 핵심은 학생들이 공간에 대한 애착과 주인 의식을 갖는 것이다. 한 학생은 "예전에는 화장실이 냄새나고 더러워서 이를 닦고 싶어도 왠지 꺼려졌거든요. 그런데 이제는 이를 닦고 손 씻는 게 정말 편해졌어요. 화장실 문이 더러웠을 때는 발로 차서 열기도 했는데 이제는 함부로 행동하지도 않아요. 단정하고 깨끗한 공간에선 행동까지 조심하게 되더라고요"라고 말했다.

교육 공간으로서의 화장실

화장실은 한두 번 사용하는 특별실이나 강당과 달리, 하루에도 몇 번씩 드나드는 일상적 공간이다. 독일의 극작가 베르톨트 브레히트 Bertolt Brecht

는 화장실을 "인간에게 만족을 주는 지상에서 가장 사랑스러운 장소"라고 칭송했으며, 프랑스의 대문호 빅토르 위고 Victor Hugo는 "인간의 역사는 곧 화장실의 역사"라고 표현했다. 그만큼 화장실은 일상적인 공간이자, 인류 문명과 문화의 중요한 지표이고 개인의 사생활과 존엄성이 보장되는 공간이다.

대왕중학교 사례는 화장실 환경 개선이 단순히 공간을 바꾸는 게 아니라, 학교 전체의 분위기와 학생들의 행동을 긍정적으로 변화시킬 수 있음을 보여준다. 실제 대왕중학교는 화장실 개선 이후 도서관, 음악실, 로비, 강당, 복도를 차례로 재정비했다. 교육 공간 혁신은 반드시 첨단 기술이나 거창한 프로젝트로 이루어지는 게 아니다. 진정한 변화는 화장실 같은 기본적인 생활 공간부터가 시작이다.

또한, 아이들의 감각적 경험을 풍요롭게 하는 공간 디자인은 학습 의욕과 행복감을 높이는 데 핵심적인 역할을 한다. 그중 화장실은 생리적 욕구를 해결하는 장소가 아니라, 자기 돌봄 습관을 형성하고 공동체 의식을 키우고 풍부한 감각적 경험을 하는 교육적 공간으로 재해석하는 것이 옳다. 다음은 교육 공간의 화장실 설계에 관한 주요 요소이다.

☑ 성별 구분과 프라이버시

법률에 따라 남녀 화장실이 구분되어야 한다. 만 1~3세 어린이집에도 적용되고 요소로 다른 친구의 용변을 보지 않도록 교육해야 한다.

☑ 칸막이 디자인

칸막이의 높이는 아이들의 연령에 따라 조정한다. 만 3세 미만은 선생님이 용변 활동을 도울 수 있도록 칸막이 좌우 공간에 여유를 두는 게 좋다. 칸막이의 높이는 만 6세는 약 1,500mm, 만 6세 이상은 일반 성인용 화장실 칸막이 높이를 적용한다. 너무 높은 칸막이는 어린아이에게 두려움을 줄 수 있다.

☑ 양변기 크기 선택

양변기는 만 6세를 기준으로 유아용과 성인용으로 나눈다. 여러 연령다의 아이들이 함께 사용하는 화장실이라면 연령 분포에 맞춰 두 가지 양변기를 모두 배치하기를 권장한다.

☑ 소변기 설계
남성용 소변기는 센서형으로 자동 물 내림 기능이 있는 게 바람직하다. 버튼식은 아이들이 잘 사용하지 않아 냄새가 발생한다. 소변기 사이에도 칸막이를 설치한다.

☑ 화장실 내부 마감
타일 마감이 일반적이지만, 사실 샤워실이 없으면 전체 타일 마감은 불필요하다. 칸막이 높이까지만 타일로 마감하고 상부는 아늑한 분위기를 주는 재료로 마감해도 좋다. 천장까지 타일로 마감하면 소리 울림 문제가 발생하기도 한다.

☑ 출입문 설계
화장실 출입문은 반드시 있어야 한다. 단, 교사가 내부 상황을 파악할 수 있도록 투명유리 시창이 있는 게 좋다. 투명유리 시창이 있는 문이 아이들에게 덜 위압적이고 편안하다.

☑ 세면대 설계
세면대는 손을 씻고 양치하는 곳이다. 아이들이 동시에 사용하기도 하므로 충분한 수전이 설치되어야 한다. 한 학급에 12명이라면 수전은 6개 정도가 권장된다. 수전을 더 설치한다면 수압을 고려한 배관 설계가 필요하기도 하다.

세면대의 높이는 사용자의 연령과 수전까지의 깊이 조정(옷소매가 젖지 않는 정도의 적절한 깊이 설계)이 필요하며, 순간온수기 등으로 겨울철에도 적정한 온도의 물이 공급되어야 한다.

2. 틀에서 벗어나기
: 유연성과 다양성의 교육 공간

100년이 넘게 유지되고 있는 전통적인 구조의 교실이 21세기 아이들의 다양한 학습 필요와 방식을 지원하지 못한다는 사실은 이전부터 꾸준히 제기되던 문제다. 현대의 교육 이론들은 아이들이 다양한 방식으로 배우며, 각자의 속도와 경로로 배운다는 점을 강조한다. 또, 하워드 가드너의 다중지능이론에서 몬테소리와 레지오 에밀리아의 접근법에 이르는 많은 교육 철학이 아이들의 개별성과 자기주도 학습을 중요하게 인식한다. 그렇다면 이러한 교육 철학을 지원하는 물리적 환경은 어떤 모습이어야 할까?

이탈리아 레지오 에밀리아 교육 철학에서는 공간을 '세 번째 교사'로 간주한다. 교사가 첫 번째 교사, 또래가 두 번째 교사라면 물리적 환경 자체가 세 번째 교사로서 아이들의 학습과 발달에 직접적인 영향을 미친다는 것이다. 공간은 단순한 배경이 아니라 교육 과정의 적극적인 요소이며, 특정한 가치와 기대를 암묵적으로 전달한다.

이 장에서는 전통적인 교실의 틀에서 벗어나, 아이들의 자연스러운 학습 과정을 최적으로 지원하는 교육 공간 사례들을 살펴볼 것이다. 특히 유연성과 다양성이라는 두 가지 가치에 중점을 두고, 이러한 가치들이 어떻게 물리적 환경에 구현될 수 있는지 탐구한다.

참고로 '유연성'은 공간이 다양한 활동과 용도에 맞춰 쉽게 적응하고 변형될 수 있는 능력을 의미한다. 유연한 공간은 강의, 토론, 개별 작업, 그룹 프로젝트, 신체 활동 등 다양한 형태로 이루어지는 학습 활동을 원활하게 수용하고 지원한다. '다양성'은 서로 다른 특성과 목적을 가진 여러 종류의 공간이 공존함을 의미한다. 아이들은 저마다의 학습 스타일을 갖고 있고, 각기 다른 환경을 요구한다. 다양한 교육 공간은 모든 아이가 자신에게 맞는 최적의 학습 환경을 찾을 수 있게 한다.

일본 후지 유치원: 도넛 모양의 열린 세계

도쿄 다치카와시에는 이제 막 착륙한 UFO처럼 보이는 거대한 원형 건물이 있다. 2017년, 테즈카 타카하루가 '하나의 마을을 만든다'라는 철학을 바탕으로 지은 후지 유치원이다. 보기만 해도 대담한 시도가 돋보이는 이 유치원은 현재 교육 기관을 넘어 아이들의 상상력을 자극하는 놀이터이자 소규모 사회로 기능하는 혁신적 공간의 상징으로 여겨진다.

원형의 마을, 모두가 연결된 공간

후지 유치원의 가장 눈에 띄는 특징은 중정을 품은 도넛 모양의 원형 구조다. 이 구조는 단순한 미적 선택이 아니라, 위계가 없는 평등한 공간을 상징하며 실제로 모든 교실이 중앙 마당을 향해 열려 있어 자연스러운 교류와 소통을 촉진한다.

테즈카는 "건물을 설계할 때 아이들의 움직임을 가장 먼저 생각했습니다. 아이들은 직선보다 곡선을 따라 움직이는 것을 더 자연스럽게 느끼고, 끝없이 이어지는 원형 복도는 아이들이 끊임없이 탐험하고 발견할 수 있는 환경을 만들어줍니다"라고 설명했다. 4,800㎡ 대지에 1,420㎡의 건물, 약 1,650㎡ 규모의 중앙 마당으로 설계된 이 공간에서는 어느 교실에서든 중앙 마당에서 뛰어노는 아이들의 모습을 볼 수 있다. 교실 벽면은 대부분 통유리로 되어 있어 실내와 실외의 경계가 모호하며, 아이들은 언제든 마음만 먹으면 바깥으로 뛰쳐나갈 수 있다.

소리의 풍경, 공간이 만드는 음악

후지 유치원에서는 아이들의 웃음소리와 발소리, 노랫소리가 특별한 음향 경험을 만들어낸다. 원형 구조가 소리를 자연스럽게 흐르고 공명하도록 하기 때문이다. 유치원 전체가 거대한 악기와 같다. 이게 관해 교사 미야모토 유키는 "아이들이 떠드는 소리가 공간 안에 어우러져 마치 배경 음악처럼 들리죠. 공명을 이용한 특이한 경험이라고 생각해요. 처음에는 이 소리가 시끄럽게 느껴질까 걱정했지만, 오히려 아이들의 활동에 리듬감을 주고 집중력이 향상되는 걸 발견했어요"라고 말한다.

또한, 소리의 풍경은 계절에 따라, 시간에 따라, 활동에 따라 끊임없이 변화한다. 비 오는 날 지붕을 두드리는 빗소리, 바람 부는 날 나무 사이로 지나가는 바람 소리가 더해져 아이들은 자연스럽게 소리에 대한 감각을 발달시킨다.

출처: www.tezuka-arch.com / Katsuhsa / FOTOTECA

하늘로 열린 옥상 놀이터

후지 유치원의 백미는 25m 높이의 느티나무 세 그루가 솟아 있는 옥상이다. 기존에 있는 나무를 베는 대신 건물을 나무에 맞춰 설계했기 때문인

데, 이 나무는 단순한 장식이 아니라 살아 있는 교육적 도구이기도 하다. 아이들은 봄에 새싹이 돋고, 여름에 시원한 그늘을 제공하고, 가을에 낙엽이 떨어지고, 겨울에 앙상한 가지만 남는 나무를 보며 계절의 변화를 직접 관찰하고 자연과 교감하는 법을 배운다.

또한 옥상은 평평한 지붕이 아닌, 둥근 링 형태여서 아이들이 자유롭게 뛰어놀고 달릴 수 있는 트랙이자 놀이터로 기능한다. 바닥에 특수 목재를 사용해 넘어져도 다치지 않도록 배려했으며, 이에 관해 테즈카는 "안전을 확보하면서도 아이들의 자유로운 활동을 최대한 제한하지 않는 것이 우리의 목표였다"라고 밝혔다. 운동회나 특별 행사 또한 이곳에서 진행된다. 약 500명의 아이가 원형 트랙을 따라 줄지어 달리는 모습은 마치 작은 올림픽과 같은 모습을 연상하게 한다. 이런 집단 활동은 아이들에게 공동체 의식과 소속감을 심어주는 데 도움이 된다.

Photo: Katsuhisa Kida / FOTOTECA

탐험이 가능한, 경계 없는 실내

실내 공간은 전통적인 교실 개념에서 완전히 탈피했다. 연령별로 구분되어 있는 교실이 있긴 하지만, 벽이 없어 유기적으로 연결되어 있고, 문은 항상 열려 있다. 아이들은 언제든 다른 교실에 방문하고 다양한 연령대의 친구들과 교류한다. 이는 아이들이 자신의 영역에서 벗어나 다른 공간을 탐험하고 다양한 상황에 적응하는 법을 배우도록 의도한 것이다.

그리고 교실에는 높낮이가 다른 공간들이 존재한다. 높은 곳에는 독서 코너가, 낮은 곳에는 좌석이 있는 모임 공간이, 틈새에는 아늑한 공간이 아이들에게 선택의 자유를 준다. 몇몇 교실에는 밧줄을 설치해 아이들이 실내에서도 나무를 오르내릴 수 있게 했다. 높은 곳에 오르고 싶어 하는 아이들의 본능을 존중하면서 신체 발달과 공간 인지 능력, 자신감을 키우게 하기 위함이다.

계절과 날씨를 느끼는 공간

후지 유치원은 에어컨이나 중앙난방 같은 인공적인 환경 조절 시스템을 최소화하고, 건물 구조 자체가 온도 조절과 환기를 돕도록 설계되었다. 예를 들어, 중앙 마당은 여름철에 시원한 바람길을 만들고 겨울철에는 태양열을 모아 건물을 따뜻하게 한다. 덕분에 아이들은 여름에는 약간 덥고 겨울에는 약간 쌀쌀한 것을 경험하며 계절에 맞는 신체 적응력을 키운다. 또 아이들은 비 오는 날 건물 전체에 울려 퍼지는 빗방울 소리를 듣고, 바람 부는 날 나뭇가지가 흔들리는 모습을 관찰하기도 한다. 자연의 변화를 온몸으로 체험하면서 자연스럽게 과학적 관찰력과 호기심을 키운다.

공동체 의식의 형성

후지 유치원의 원형 구조는 단순한 건축적 선택이 아니라 교육 철학의 물리적 구현이다. 원형은 시작과 끝이 없고 모든 지점이 평등하게 연결되어 있다. 이는 후지 유치원이 추구하는 평등, 소통, 공동체 의식의 가치를 상징한다. 이곳의 아이들은 매일 아침 중앙 마당에 모여 하루를 시작한다. 500여 명의 아이들이 둥그렇게 모여 노래를 부르고 인사를 나누는 것은 소속감과 유대감을 형성하는 중요한 의식이다. 원형 구조 덕분에 모두 서로를 볼 수 있고, 교사들도 전체 활동을 쉽게 진행할 수 있다.

원장은 "우리는 아이들에게 자유를 주지만, 동시에 공동체의 일원으로서의 책임감도 가르칩니다. 원형 공간에서 우리는 모두가 연결되어 있다는 걸 자연스럽게 경험합니다"라고 설명한다.

후지 유치원은 지역 사회의 중심으로도 기능한다. 저녁 시간에는 부모들이 아이들을 데리러 오면서 자연스럽게 교류하는 공간이 되고, 주말에는 다양한 지역 행사가 열린다. 이를 통해 아이들은 소속감과 함께 자신이 더 큰 공동체의 일부라는 걸 느낀다. 현재 후지 유치원은 지역의 랜드마크가 되었다. 멀리서도 쉽게 알아볼 수 있는 이 독특한 형태는 많은 방문객을 끌어들이고, 교육 공간에 대한 새로운 시각을 제시한다.

변화를 수용하는 건축

후지 유치원은 완성된 순간부터 지금까지 계속 진화하고 있다. 처음 지어졌을 때와 현재의 모습은 미묘하게 다르다. 아이들의 장난감과 그림이 벽에 더해지고 나무들은 더 크게 자랐으며, 공간은 사용자들의 필요에 맞게 조금씩 변형되었다.

이에 관해 테즈카는 "우리는 완벽하게 완성된 건물을 만들려고 하지 않았습니다. 시간이 지나면서 자연스럽게 변화하고 진화할 수 있는 유기적인 공간을 만들고 싶었어요. 마치 살아있는 생명체처럼 말이죠"라고 말했다. 이러한 접근 방식은 교육 철학과도 일맥상통한다. 아이들은 단순히 고정된 지식을 습득하는 것이 아니라, 끊임없이 변화하는 환경 속에서 적응하고 성장하는 법을 배운다.

후지 유치원은 교육 공간이 어떻게 아이들의 학습과 발달을 지원하는지, 또 건축이 어떻게 교육 철학을 물리적으로 구현할 수 있는지를 보여주는 살아있는 증거로, 교육 디자인의 새로운 표준을 제시한다. 현재 많은 교육 공간이 후지 유치원을 모델로 삼아 지어지고 있으며, 테즈카가 꿈꾸었던 '하나의 마을'이 세계 곳곳에서 실현되고 있다.

출처: www.archdaily.com / © Vinay Panjwani

인도 블루밍데일 코쿤 유치원: 춤을 추는 곡선의 공간

인도 안드라프라데시주 비자야와다의 평범한 도로를 지나다 보면 시선을 사로잡는 기묘한 건축물이 나타난다. 마치 언덕이 살아 움직이는 듯한, 혹은 자연 속에서 발견한 거대한 고치 같은 형태의 이 건축물은 블루밍데일 국제학교의 '블루밍데일 코쿤 유치원'이다.

살아 숨 쉬는 언덕 같은 건축

앤드블랙andblack 디자인 스튜디오가 설계한 이 혁신적인 유치원은 372m² 면적의 작은 공간에 담긴 거대한 상상력의 결정체다. 선명한 녹색 잔디로 덮인 구불구불한 지붕 선은 자연환경과 조화를 이루며 독특한 존재감을 드러낸다. 이에 관히 프로젝트를 담당한 건축가는 "우리는 건물이 풍경 일부가 아니라 그 자체로 풍경이 되길 원했다"라고 설명한다. 그리고 아이들이 마치 고치나 둥지 속에서 보호받는 듯한 느낌을 주는 공간을 만들고 싶었다고 밝혔다.

코쿤 유치원은 기존 학교 건물 사이에 움푹 들어간 안뜰을 활용해 설계되었다. 담당 건축가들은 현장을 방문한 후, 새로운 건물이 기존 학교 건물과 조화롭게 공존하면서도 미래 지향적인 교육 환경을 제공할 방안을 고민했고, 그 결과 이전에는 볼 수 없었던 혁신적인 형태와 기능이 융합된 유치원 건물을 탄생시켰다.

하늘을 담은 곡선, 뜨개질 패턴 지붕

코쿤 유치원의 가장 인상적인 요소는 단연 유려하게 흐르는 형상의 지붕이다. 이 물결치는 지붕은 단순한 미적 선택이 아니라 건축적 혁신의 산물이다. 지붕의 유동적인 형태는 잔디로 덮여 있고, 내부에는 천장을 지지하는 기둥이나 벽이 없는 열린 구조로 설계되었다.

지붕의 구조적 핵심은 조립식 요소, X축과 Y축을 따라 구부러진 원형

© Vinay Panjwani

중공 섹션의 각 교차점에서 접합 판을 결합하는 기술을 사용하여 제작된 점이다. 마치 거대한 뜨개질 패턴처럼 보이는 이 구조물은 필요한 곡률을 정밀하게 계산하여 접합부의 높이를 조절함으로써 만들어졌다.

외부의 매끄러운 표면을 구현하기 위해서는 고유한 금속 구조 위에 페로시멘트 쉘(철망을 보강한 복합 시멘트)을 적용했다. 이 페로시멘트 쉘은 유연한 형태를 만들면서도 견고한 구조를 제공하는 완벽한 해결책이었다.

또 천장에는 자연광을 끌어들이기 위한 타원형 천창을 설치했다. 강한 햇빛을 피하려 북쪽을 향해 배치된 이 천장은 종일 교실에 부드러운 자연광을 선사하여 공간에 생동감을 불어넣는다.

유리와 자연의 만남, 경계 없는 공간

코쿤 유치원은 전면 유리창을 통해 실내와 실외의 공간이 자연스럽게 연결된다. 그리고 바닥부터 천장까지 이어지는 통유리 패널이 아이들에게 항상 자연과 연결되어 있다는 느낌을 준다. 이는 아이들이 자연과 단절된 상자 안에 갇혀 있다고 느끼지 않길 원한 건축가의 배려다. 전체 높이의 유리창을 통해 아이들은 계속해서 바깥 세계를 보고, 자연의 변화를 관찰하며 계절의 흐름을 체험한다.

이 디자인은 내부와 외부의 경계를 모호하게 만들어 공간이 확장되는 느낌을 주기도 한다. 아이들은 실내에서도 마치 야외에 있는 듯한 개방감을 경험할 수 있으며, 이는 창의적 사고와 자유로운 표현을 촉진한다. 기능적으로는 유리창을 통해 들어오는 자연광이 인공조명의 필요성을 줄이고, 에너지 효율성을 높인다. 남쪽 외벽에서 들어오는 태양열을 줄이기 위해 지붕 가장자리를 지면에 더 가깝게 설계하고, 단열 유리를 사용해 열 획득을 조절했다.

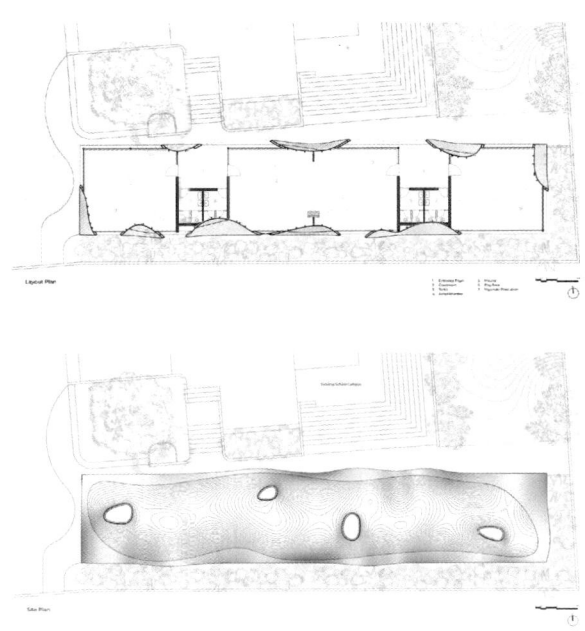

유연성의 철학을 실천한 내부 공간

코쿤 유치원의 내부 공간은 4개의 교실과 2개의 화장실로 구성되어 있다. 하지만 이 단순한 구성 속에는 교육적 혁신이 숨어 있다. 중앙의 2개 교실은 슬라이딩 접이식 칸막이로 연결되어 있어, 필요에 따라 하나의 공간으로 통합하거나 독립된 공간으로 분리할 수 있다. 이에 관해, 유치원 원장은 "우리 유치원의 가장 중요한 원칙 중 하나는 유연성입니다. 아이들의 필요와 활동에 따라 공간을 재구성할 수 있어야 한다고 생각했습니다. 때로는 집중을 위한 작은 공간이 필요하고, 때로는 함께 어울리기 위한 넓은 공간이 필요하니까요"라고 말했다. 실제 코쿤 유치원의 공간 디자인은 놀이와 학습을 완벽하게 통합하여 두 활동 사이의 경계를 모호하게 만든다. 안뜰은 기능에 따라 놀이터, 교실, 원형극장, 또는 웅덩이 풀로 변형되어 다양한 학습 경험을 제공한다.

© Vinay Panjwani

또한, 교실 내부는 따뜻한 느낌의 목재 바닥으로 마감했고, 서비스 구역은 유지 관리가 쉬운 화강암으로 처리했다. 이러한 자연 소재의 사용은 아이들이 다양한 질감을 경험하고 자연과의 연결성을 느낄 수 있게 해준다.

© Vinay Panjwani

형태가 만드는 교육 혁신

코쿤 유치원의 건축 디자인은 직사각형의 교실 대신 유기적이고 비정형

기존 학교 건물 사이에 움푹 들어간 간뜰의 372m² 면적을 사용하여 마치 언덕을 오르는 것처럼 유치원 증축 공간으로 진입하게 된다.

적인 형태를 통해 아이들의 자유로운 이동과 상호작용을 촉진한다. 실제로 아이들은 직선과 각진 모서리가 많은 전통적인 교실보다 곡선형의 교실에서 더 자연스럽고 편안함을 느낀다. 이것은 '형태가 교육적 기능을 가질 수 있다고 믿는 데에 기인한다. 또한, 시각적 관심을 유발하기 위한 원색이나 화려한 장식을 사용하지 않고 건축 형태 자체에 중점을 둔 것도 기존 학교 건축에서 벗어난 점이다. 이 접근법은 아이들이 자연스럽게 공간을 탐험하고 그 속에서 자신만의 의미를 발견하도록 유도한다.

곡선형 지붕과 푸른 잔디, 투명한 유리창이 만드는 시각적 대비는 그 자체로 교육적 도구가 된다. 아이들은 이런 형태와 재료의 조합을 통해 미학적 감각을 발달시키고, 공간이 어떻게 감정과 행동에 영향을 미치는지 자연스럽게 배운다.

빛과 그림자의 춤, 내부 공간의 변화

코쿤 유치원의 내부는 종일 빛과 그림자가 춤을 춘다. 천창을 통해 들어오는 자연광은 내부 구조물에 반사되어 다양한 패턴을 만들어내며, 시간이 지남에 따라 계속해서 변화한다. 이 빛의 움직임은 아이들에게 시간의 흐름을 자연스럽게 알려주는 역할을 한다. 아이들은 햇빛이 어디에 떨어지는지 관찰하며 하루의 리듬을 배운다. 디지털 시계보다 훨씬 더 직관적인 시간 인식 방법이다. 아이들은 천장의 구조적 패턴이 만드는 그림자로 놀이를 하기도 한다. 아이들은 그림자의 패턴 속에서 동물, 구름, 산의 형상을 발견하고 창의적인 이야기를 만든다.

코쿤 유치원이 개교했을 때 아이들의 반응은 압도적으로 긍정적이었다. 직사각형 교실에 익숙했던 아이들은 당황했지만, 곧 자연스럽게 공간을 탐색하기 시작했다. 한 교사는 "아이들이 처음이 공간에 들어왔을 때의 모습을 잊을 수 없다"라고 회상하며, "눈이 휘둥그레지고 입이 벌어졌습니다. 몇몇 아이들은 즉시 천장을 가리키며 '하늘 같아요!'라고 외쳤습니다"라고 말했다. 그리고 아이들은 구석구석 탐험하며 공간이 제공하는 다양한 가능성을 발견하며, 창밖이 자연을 관찰하고 천창으로 들어오는 빛 속에서 놀았다. 주목할 점은 아이들 행동 패턴의 변화였다. 전통적인 교실에서는 주로 자기 자리에 앉아 놀았던 반면, 이곳에서는 바닥에 앉아 그림을 그리기도 하고, 창가에서 바깥 세계를 관찰하며 더 자유롭게 학습 위치를 찾아갔다.

이는 곧 교육 방식에도 변화를 가져왔다. 교사들이 전통적인 교수법에서 벗어나, 공간이 제공하는 다양한 가능성을 활용한 교수법을 개발한 것이다. 예를 들어, 아이들이 곡선형 공간에서 자연스럽게 원형으로 앉아 모이는 것을 발견하고, 둥글게 앉아 이야기 나누는 '서클 타임' 활동을 넣어 서로의 의견을 존중하도록 이끌었다. 그리고 활동적인 학습을 선호하는 아이들에게는 넓은 공간을, 조용한 환경을 선호하는 아이들에게는 집중할 수 있는 공간을 제공해 최적의 학습 환경을 찾아주었다. 교장도 레지오 에밀리아 접근법의 원칙을 실천할 수 있음에 긍정적이다.

© Vinay Panjwani

전 세계적 인정, 혁신적 교육 공간의 모델

코쿤 유치원은 완공 이후 국제 건축상을 수상했다. 한 건축 비평가는 "이 프로젝트가 특별한 이유는 단순히 아름다운 건물을 만들어서가 아니라, 교육의 본질에 대한 깊은 고민을 건축적 언어로 표현했기 때문이다"라고 말했으며, 현재 세계 각국에서 교육자들이 이 혁신적인 공간을 견학하기 위해 방문한다.

코쿤 유치원은 자연, 건축, 교육의 경계를 허물고 이 모든 것을 하나의 조화로운 경험으로 통합한 뛰어난 사례이자, 교육 공간이 어떻게 교육 철학을 구현하고 아이들을 발달을 촉진하는 강력한 도구가 될 수 있는지를 보여주는 감동적인 증거다. 고치처럼 아이들을 품는 이 건축물은 미래 교육 공간 디자인의 새로운 지평을 열었다고 볼 수 있다.

서울독일학교: 경계를 허무는 교육 공간 리노베이션

서울 한복판에 있는 서울독일학교DSSI는 독특한 교육 철학과 함께 협소한 공간을 창의적 아이디어로 혁신해 주목받은 곳이다. 국내 대부분 외국인 학교가 상가 건물에 입주해 있어 구조적 한계가 많은데, 이곳 리노베이션은 그들에 다양한 방법으로 공간을 재구성하는 아이디어를 제시한다.

출처: www.danielvalle.com

삼각형 공간의 재발견

스페인 출신 건축가 다니엘 발레Daniel Valle가 주도한 이 프로젝트는 삼각형 형태(건물의 평면 구조)의 비효율적인 교실을 오히려 기회로 삼았다. 다니엘 발레는 "우리가 처음 이 학교를 방문했을 때, 두 가지 문제점이 즉시 눈에 띄었습니다. 첫째, 공간이 최대한 활용되지 않고 있었고, 둘째, 두 교실의 크기와 형태가 너무 달랐습니다. 우리는 이 제약을 어떻게 장점으로 바꿀 수 있을지 고민했죠"라고 회상했다. 그리고 건축가는 세 가지 주요 전략에 초점을 맞췄다.

첫째는 한정적으로 사용되는 중앙 출입구와 복도 공간을 최대한 활용하는 것이고, 둘째는 두 교실에 새로운 공간을 제공하는 것, 셋째는 아이들이 함께 공부하고 놀 수 있는 공유 공간을 마련하는 것이었다.

출처: www.danielvalle.com

회전하는 벽, 변화하는 공간

가장 큰 변화는 벽이다. 각 교실의 두 군데 벽을 회전하게끔 만들어 공간을 다양하게 변형할 수 있도록 했다. 벽을 열면 복도 일부를 포함하여 넓은 교실을 만들 수 있고, 닫으면 집중적인 학습을 위한 환경이 조성된다. 그리고 아이들은 직접 문을 회전시켜 자신의 행동이 어떻게 환경을 변화시키는지 직접 체험한다. 벽이 공간 분리를 위한 도구가 아니라, 교육적 도구로 변화하는 순간이다. 회전하는 벽은 좁은 공간에서 활동과 동선이 겹칠 때 발생하는 문제를 해결하기도 한다. 프라이버시 공간과 공유 공간 사이의 균형을 찾는 시스템인 것이다.

또한, 벽면에는 패브릭으로 마감한 원형 쿠션을 부착했다. 쿠션은 바닥에 놓고 앉을 수도 있다. 이러한 유동적 요소도 아이들이 자유롭게 공간을 재구성하는 법을 익히게 한다.

투명함이 주는 개방감

서울독일학교 리노베이션의 또 다른 특징은 투명성과 개방감을 강조한 디자인이다. 아이들이 '갇혀 있다'라는 느낌을 받지 않도록 배려했다. 우선 벽의 1.7m가량을 투명유리로 처리해 좁은 공간을 넓어 보이게 하고, 아이들에게는 자유로움과 연결성을 느끼도록 했다. 그리고 벽면에 매입 선반을, 창가 쪽에 바 테이블 등을 설치하는 섬세함으로, 제한된 공간을 최대한 사용할 수 있게 했다. 이는 공간의 효율을 넘어, 아이들이 자발적으로 탐구하고 협력하는 환경을 조성함으로써, 서울독일학교의 교육 철학을 실천하게 한다.

다니엘 발레는 "우리는 교실이 반드시 네모난 형태일 필요가 없다고 생각합니다. 공간은 배움의 과정에 적극적으로 기여할 수 있으며, 우리의 디자인은 아이들이 공간과 상호작용하며 배우도록 유도합니다"라고 말했다.

지속 가능한 디자인 접근법

서울독일학교 리노베이션 프로젝트는 제한된 예산 내에서 최대한의 변화를 이끌어내는 접근법을 보여준다. 기존 시설을 최대한 활용하면서 꼭 필요한 부분만 변형하는 전략을 취한 것이다. 이는 비용 절약뿐 아니라, 환경적으로도 지속 가능한 접근법이다. 이 접근법은 건물을 새로 짓지 않고 기존 공간을 창의적으로 재활용함으로써, 아이들에게 자원을 소중히 여기고 문제에 대한 다각도적 해결법을 찾는 태도를 길러준다. 회전하는 벽과 이동식 가구의 배치 역시 공간의 효율성과 다양성을 향상시킨 요소다.

또한 이 프로젝트는 재활용 가능한 소재를 적극적으로 활용했다. 벽면의 패브릭 쿠션은 친환경 소재로 제작되었으며, 창가 테이블과 선반은 지역에서 조달한 지속 가능한 목재를 사용했다. 자연광을 최대한 활용하도록 설계된 투명 유리 벽은 에너지 소비를 줄이는 동시에 학습 환경의 질을 높였다. 더 중요한 것은 이 리노베이션이 물리적 환경 개선을 넘어 교육적 지속가능성을 추구했다는 점이다.

다니엘 발레는 "지속 가능한 디자인은 단순히 친환경 소재를 사용하는 것이 아니라, 시간이 지나도 변화하는 교육 방식에 적응할 수 있는 유연한 공간을 만드는 것"이라고 강조한다. 아이들은 이 공간을 통해 자원의 효율적 활용, 적응성, 창의적 문제 해결과 같은 지속 가능한 사고방식을 자연스럽게 배우게 된다.

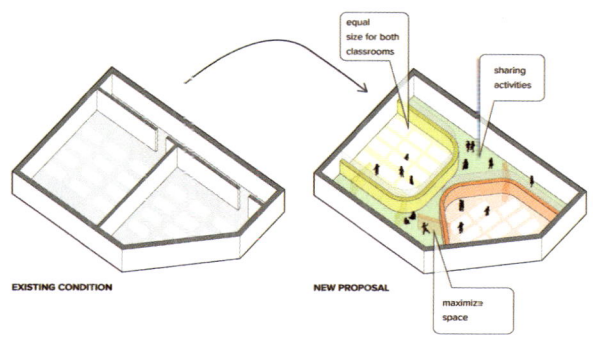

기존의 단조롭고 균일한 공간 구성(왼쪽)이 기능적으로 재구성(오른쪽)되었다. 양쪽 교실과의 시각적 연결(Visual link to both classrooms), 공유 활동 공간(Sharing activities), 상호작용 공간(Interactive space) 세 가지 주요 영역으로 나뉜다.

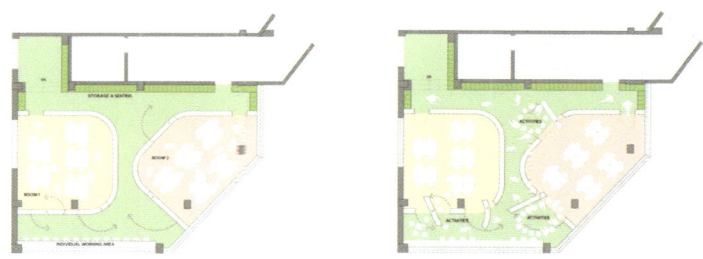

각 교실에 있는 회전하는 2개의 벽은 유연한 학습 공간 영역이자 공유할 수 있는 활동 공간을 만든다. 다니엘 발레의 학생 중심적이고 협력적인 교육환경 디자인 철학을 잘 반영하고 있다.

다목적 강당의 변신

서울독일학교의 강당 역시 혁신적인 공간이다. 아이들의 다양한 활동과 학습을 지원하는 유연한 공간으로써의 특징이 가장 잘 드러난 공간이기 때문이다. 가장 눈에 띄는 건 이동식 드럼 세트다. 드럼은 박공 모양의 바퀴 달린 보관함에 설치되어 필요할 때 원하는 위치로 쉽게 이동할 수 있다. 이는 드럼의 특성상 해체와 설치가 용이하지 않고, 고정된 위치에 놓이면 모든 행사의 방향성이 제한될 수 있다는 문제를 창의적으로 해결한 사례다.

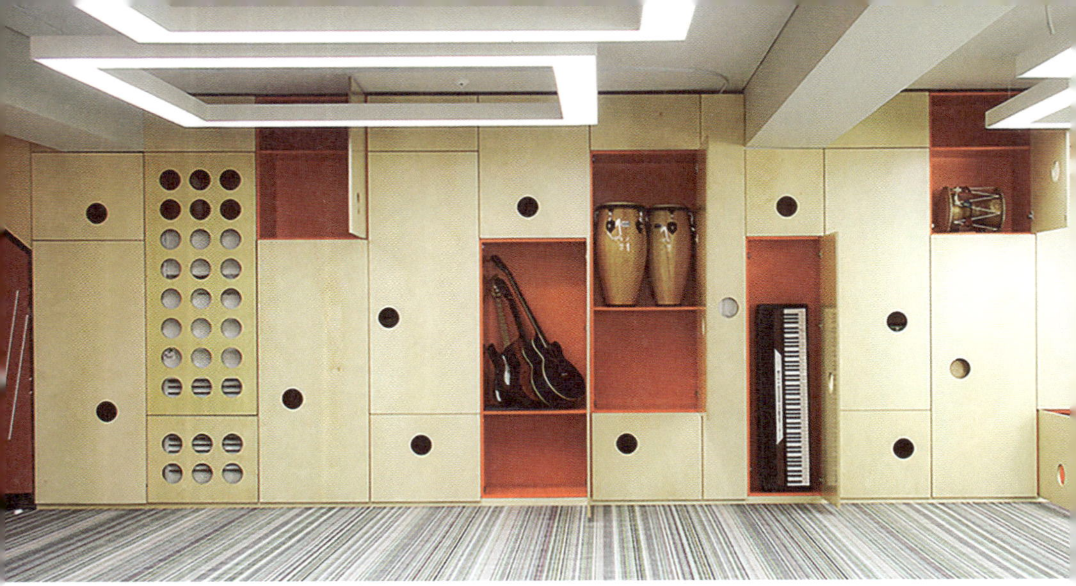

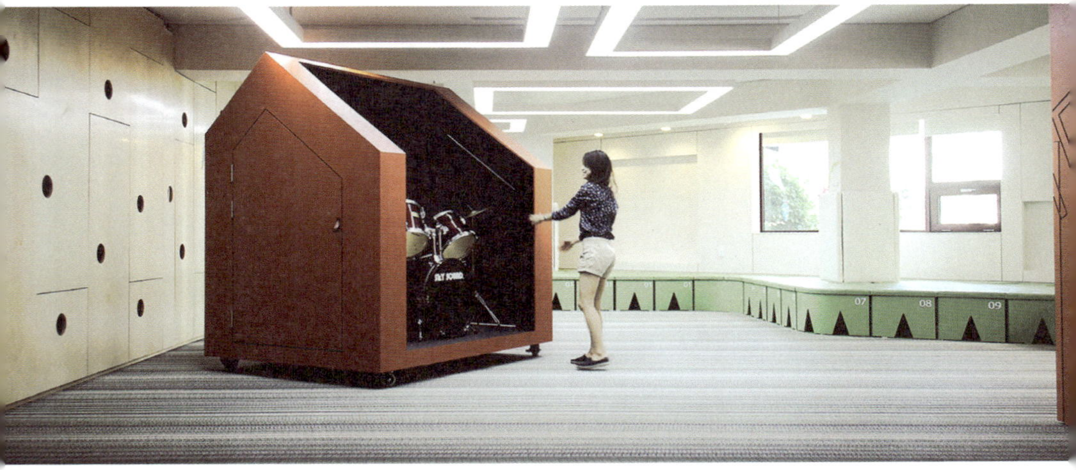
07
08
09

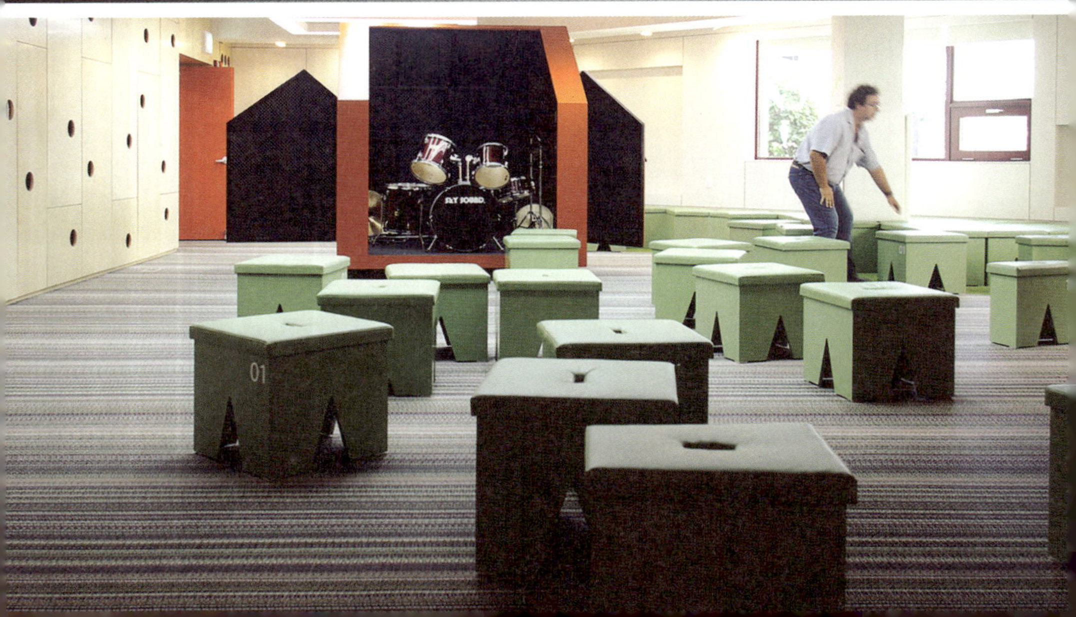
01

또 강당의 벽면에는 다양한 악기를 효과적으로 보관하고 전시할 수 있는 시스템이 마련되어 있다. 이는 단순한 수납 기능을 넘어 학교의 음악 교육 철학을 시각적으로 표현하는 요소로 작용한다.

라운지 공간에는 개별 의자를 둬서 회의, 게임, 수업, 강의 등의 다양한 활동을 유연하게 수용할 수 있게 했다. 의자들은 공간의 비정형 특성에 맞게 다양한 형태로 디자인했다.

아이들이 주도하는 교육 환경

서울독일학교 리노베이션 프로젝트는 아이들이 직접 학습 환경을 형성하고 참여할 기회를 제공한다. 회전하는 벽을 움직이고, 좌석 배치를 바꾸고, 공간의 성격을 변형하는 과정에서 아이들은 자신의 필요에 맞게 환경을 조절하는 법을 배운다. 이에 교장은 "아이들은 이제 자신들이 환경에 영향을 미칠 수 있다는 것을 그리고 그 환경이 다시 자신들의 행동과 학습에 영향을 준다는 것을 이해합니다. 이것은 매우 강력한 교육적 메시지입니다"라고 말했다. 이러한 접근법은 아이들에게 단순히 지식을 전달하는 것을 넘어, 주변 환경과 적극적으로 상호작용하고 그것을 변화시키는 주체로서 해야 할 역할을 경험하게 한다. 미래 사회에서 필요한 적응력, 창의력, 문제 해결 능력을 기르는 데 큰 도움이 된다.

출처: www.danielvalle.com

경계를 넘는 교육 공간의 미래

서울독일학교 리노베이션 프로젝트는 제한된 공간과 구조적 한계 속에서도 교육적 가치와 철학을 구현할 수 있는 창의적인 해결책을 보여준다. 이 사례는 교육 공간이 단순히 수업이 이루어지는 물리적 장소를 넘어, 교육 철학을 체현하고 학습 과정에 적극적으로 기여하는 도구가 될 수 있음을 증명한다. 다니엘 발레는 이 프로젝트의 의미를 "전통적인 교실 모델은 산업화 시대의 유산입니다. 하지만 현대 교육은 더 유연하고 협력적인 환경을 요구합니다. 우리의 디자인은 이러한 변화하는 교육 패러다임을 반영하고자 했습니다"라고 정리한다.

또한, 이 프로젝트는 경계를 허무는 교육 공간의 가능성을 보여준다. 물리적 공간의 한계를 창의적으로 극복하고, 교육 철학을 건축 언어로 표현함으로써, 아이들이 더 풍부하고 의미 있는 학습 경험을 할 수 있는 환경을 창조한 것이다. 이는 미래 교육 공간 디자인에 있어 중요한 영감과 방향성을 제시한다.

서울 삼광초등학교: 사용자 중심의 공간 디자인

1945년 개교한 서울 용산구 후암동의 삼광초등학교는 최근 서울교육청의 '꿈을 담은 교실' 사업을 통해 3학년 4개 교실에 변화를 주었다. 설계, 건축, 활용에 이르는 전 과정에 학생, 학부모, 교사 모두가 참여했으며, 결과적으로 낡은 교실을 리모델링하는 것을 넘어, 아이들의 상상력과 창의력을 자극하는 새로운 교육 공간의 패러다임을 제시했다는 평이다.

숨바꼭질이 가능한 교실, 다락방의 탄생

교실 리모델링을 통한 가장 큰 변화는 '다락방'의 탄생이다. 설계 과정에 건축가들이 아이들의 상상력을 자극할 요소를 더하고 싶어 '교실 안 놀이

출처: 서울교육 공간디자인 혁신 사업 백서 「학교, 고운 꿈을 담다」

터, 즉 숨바꼭질'이라는 디자인 콘셉트를 떠올린 결과다.

 담당 건축가 김우종은 "아이들에게 물어보니 학교에서 좋아하는 활동 중 하나가 숨바꼭질이라고 하더군요. 그런데 일반적인 교실에는 숨을 곳이 마땅히 없어요. 그래서 생각했죠. '교실 안에 숨을 수 있는 공간을 만들면 어떨까'라고요"라고 말했다. 이렇게 교실 뒤편에 계단을 오르내릴 수 있는 다락방이 만들어졌다. 아이들은 이곳에서 책을 읽거나, 친구와 대화를 나누거나, 혼자만의 시간을 보낼 수 있다. 집에서처럼 안락하게 놀 수 있는 공간이 된 것이다.

 이에 대해 3학년 담임 교사는 "다락방에 올라가면 교실 전체가 한눈에 들어와요. 그리고 복도 쪽도 내다볼 수 있어서 아이들에게는 마치 비밀 기지 같은 느낌을 주죠. 그리고 처음에는 다락방 사용 규칙을 정해야 했어요. 너무 많은 아이가 한꺼번에 올라가려고 했거든요. 지금은 아이들이 서로 배려하며 이 공간을 활용하고 있어요"라고 말한다.

다락방과 함께 눈에 띄는 또 다른 요소는 교실 뒤편의 아치형 게시판이다. 이 게시판은 학생들의 작품을 전시하는 용도뿐 아니라, 교실 자체에 리듬감을 부여해 색다른 활력을 불어넣는 디자인 요소로 기능한다. 교실마다 다른 색상의 아치형 게시판이 설치되어 있어, 복도에서 보면 각 교실의 개성을 한눈에 알아볼 수 있다. 아이들은 자신의 작품이 전시된 게시판을 보며 자부심을 느낀다. 그리고 낙서하고 자기 이야기를 표현할 수 있는 공간이 생겼다는 것만으로도 표현력이 풍부해진다.

출처: 서울교육 공간디자인 혁신 사업 백서 「학교, 고운 꿈을 담다」

교실과 복도의 경계를 허무는 설계

교실에 생긴 새로운 요소는 복도 쪽에 만든 '복도 쉼터'다. 수납함과 책장을 설치한 공간인데, 아이들은 이곳에서 교사와 친구들에게 자기 이야기를 발표하기도 하고, 폴딩 창을 열어 쉬는 공간으로 활용하기도 한다. 이러한 설계는 교실과 복도라는 전통적인 경계를 흐릿하게 만들어 학습 공간을 확장하며, 이때의 복도는 단순한 이동 통로가 아니라 또 다른 형태의 학습과 소통이 이루어지는 공간으로써 기능한다.

또한, 이 공간에 손을 씻을 수 있는 작은 세면대를 설치하기도 했다.

자연스럽게 아이들의 위생 습관을 기를 수 있었다.

출처: 서울교육 공간디자인 혁신 사업 백서 「학교, 고운 꿈을 담다」

사용자 중심의 디자인 프로세스

'꿈을 담은 교실' 사업에서 가장 주목할 점은 학생, 교사, 학부모의 참여가 이루어졌다는 점이다. 아이들이 직접 그린 꿈의 교실 그림에는 어른들이 생각하지 못한 아이디어가 많이 담겼다. 그중 '천장에 구름이 떠다니는 교실' 아이디어는 건축가에게 천장 디자인에 관한 영감을 주었고, 디자인에 많은 영향을 끼쳤다.

교사는 교육적 관점의 아이디어를 제안했고, 학부모는 안전과 편안함에 관한 아이디어가 많았다. 이러한 참여형 디자인 프로세스는 더 좋은 디자인을 위한 방법일 뿐 아니라, 그 자체로 교육적 경험이 된다. 아이들은 자신의 의견이 존중받고 실제 환경 변화에 반영되는 것을 보며 주인 의식과 책임감을 배우게 된다.

출처: 서울교육 공간디자인 혁신 사업 백서 「학교, 고운 꿈을 담다」

교실의 기능적 진화

교실의 기능적 측면도 크게 개선했다. 수납공간을 대폭 확충해 교사와 아이들의 공간이 겹치지 않도록 하는 영역별 공간 구획과 스크린을 포함한 슬라이딩 칠판으로 디지털 교육을 위한 가변형 공간을 구성한 것이다. 우선, 교사의 업무 공간에는 옷장 등 각종 수납 도구를 두고, 학생들을 관리하고 편안하게 휴식할 수 있는 공간으로 탈바꿈했다.

이와 관련해 교사는 "이전에는 수납공간이 부족해서 교구를 복도에 쌓아두기도 했어요. 그러나 지금은 수납공간이 많아져 교실이 훨씬 정돈되고 깔끔해졌어요. 공간이 정리되니 아이들의 마음도 정리되는 느낌이에요"라고 말했다.

출처: 서울교육 공간디자인 혁신 사업 백서 「학교, 고운 꿈을 담다」

리모델링 이후, 교사들은 아이들의 학습 태도와 교실 분위기에 눈에 띄는 변화가 생겼다고 전한다. 쉬는 시간마다 복도로 뛰쳐나가던 아이들이 지금은 다락방에서 책을 읽거나, 간이 학습대에서 친구들과 시간을 보낸다. 아이들이 자신의 공간을 찾아가는 것이다.

공간의 변화는 교수법의 변화도 촉진했다. 다양한 형태의 수업과 활동을 시도하고, 아이들이 더 적극적으로 수업에 참여하게 되었다. 학생들이 자율적으로 공간을 선택하고 활용하는 모습은 자기주도적 학습의 첫걸음이 되고 있다. 다락방에서 소그룹 토론 수업을 하거나, 쉼터에서 일대일 지도도 가능하다. 공간이 불러온 변화다.

교육 공간의 새로운 가능성

'꿈을 담은 교실' 프로젝트는 결과적으로 단순한 리모델링 사업을 넘어, 교육 공간에 대한 새로운 시각과 가능성을 제시했다. 그리고 물리적 환경이 아이들의 학습과 발달에 얼마나 많은 영향을 미치는지, 그리고 사용자 중심의 디자인이 얼마나 풍부한 교육적 경험을 창출할 수 있는지를 보여주었다.

주목할 점은 이 변화가 대규모 재건축이나 고가의 설비 도입 없이도 가능했다는 사실이다. 기존 교실의 구조를 유지하면서, 다락방이나 아치형 게시판 같은 창의적 요소를 더함으로써 공간의 성격과 분위기를 완전히 바꿀 수 있었다.

삼광초등학교의 사례는 다른 학교에도 영감을 주어 2022년에는 '꿈을 담은 교실' 사업이 167개 학교로 확대되었다. 이 사업을 통해 더 많은 아이가 자신들의 필요와 꿈이 반영된 공간에서 배우고 성장할 기회를 얻게 될 것이다.

틀에서 벗어나기

"왜 모든 교실은 똑같이 생겨야 하나요?"라는 아이들의 순진한 질문은 교육 디자인의 근본을 뒤흔드는 질문이자, 교육계와 건축계가 진지하게 고민해야 할 핵심 주제이다.

우리는 반듯한 직사각형의 공간, 일렬로 배치된 책상과 의자, 앞쪽의 칠판과 교탁, 뒤쪽의 수납장이라는 전통적인 교실에 너무나 익숙해져 있다. 19세기 산업혁명 시대의 노동자 양성을 위한 설계 공간이 지금까지 유지되었기 때문이다. 그러나 오늘날 우리가 추구하는 교육 가치와는 확실히 괴리가 있다. 세상은 변했다. 그리고 교육에 대한 우리의 이해도 깊어졌다. 21세기를 살아갈 아이들에게 필요한 역량은 수동적으로 전해지는 지식이 아니라 창의력, 비판적 사고, 협업 능력, 의사소통 능력, 적응력, 문제 해결 능력 등이 복합된 것들이다. 이제 공간도 변할 때다.

교육 환경의 숨은 메시지

"우리가 공간을 만들고, 공간이 우리를 만든다" 윈스턴 처칠의 명언은 물리적 환경이 우리의 행동, 생각, 감정에 끼치는 심오한 영향을 포착한다. 교육 공간 역시 마찬가지다. 교실의 물리적 구조는 암묵적으로 특정한 메시지를 전달한다. 전통적인 교실 배치는 '지식은 교사로부터 학생에게 일방향으로 전달된다', '모든 학생은 같은 방식으로, 같은 속도로 배워야 한다', '앉아서 조용히 듣는 것이 학습의 기본 형태다'라는 메시지를 내포한다. 그러나 유연하고 다양한 교육 공간은 '학습은 다양한 방식으로 일어난다', '아이들은 자신의 학습에 주도권을 가질 수 있다', '협력과 소통은 학습의 핵심 요소다'와 같은 메시지를 전달한다. 공간이 바뀌면 그 안에서 일어나는 교육의 본질도 변화하는 것이다.

교육학자 데이비드 쇼넨David Schon은 "교실 디자인은 무성의 교육 과정이다"라고 말한다. 디자인이 끊임없이 아이들에게 특정한 가치와 기대를 전달한다는 의미이다. 이를 실천한 건 앞서 언급한 후지 유치원의 '테즈카 타카하루', 블루밍데일 코룬 유치원의 '앤드블랙 디자인 스튜디오', 독일학교 리노베이션의 '다니엘 발레', 삼광초등학교 공간 혁신의 '김우종' 건축가 등이다. 이들은 100년 넘게 이어진 정형화된 교실 디자인에서 벗어나 아이들의 학습과 발달을 지원하는 최적화한 공간을 만들어냈다.

테즈카 타카하루는 "우리는 건물이 아이들의 행동과 사고를 제한하지 않고, 오히려 확장하길 원했습니다. 원형은 시작과 끝이 없는 구조로, 아이들의 무한한 가능성을 상징합니다"라고 말하며 공간과 교육 철학의 깊은 연결성을 보여주었다. 또 앤드블랙 디자인 스튜디오는 물결치는 지붕과 곡선형 공간으로 "건물은 풍경의 일부가 아니라 그 자체로 풍경이 되어야 한다"라는 철학을 구현했다.

다니엘 발레는 "공간은 고정된 것이 아니라 변화하는 유기체가 되어야 합니다. 교육도 마찬가지입니다"라는 교육 철학으로 건물의 구조적 한계를 창의적으로 재해석하고 회전하는 벽을 통해 공간의 유연성을 극대화했다. 그리고 김우종 건축가는 삼광초등학교 프로젝트로 학생, 학부모, 교사가 직접 과정에 참여하여 공동체의 꿈과 필요가 담긴 살아있는 장소를 구현했다. "교실 다락방에서 책을 읽을 때, 마법의 세계로 들어가는 기분이 들어요" 한 학생의 이 말은 새로운 공간이 아이들에게 주는 영감과 기쁨을 생생하게 전달한다.

유연성: 변화하는 학습의 춤

"학습은 정적인 활동이 아니라 역동적인 춤과 같습니다" 교육학자 켄 로빈슨Ken Robinson의 말은 학습의 본질을 잘 표현한다. 그리고 이 역동적인 학습의 춤을 지원하기 위해서는 공간 역시 유연하게 움직여야 한다.

유연한 교육 공간이란 다양한 학습 활동과 방식을 쉽게 수용하는 환경을 말한다. 강의, 그룹 토론, 독서, 창작 활동, 몸을 움직이는 놀이, 조용한 명상까지 하루 동안 일어나는 다양한 교육 활동들은 각기 다른 공간을 요구한다. 유연한 공간은 이러한 변화하는 요구에 신속하게 적응할 수 있어야 한다.

서울독일학교 리노베이션에 사용한 '회전하는 벽' 시스템은 공간의 유연성을 가장 잘 보여주는 사례다. 회전이라는 단순한 움직임만으로 공간의 성격을 순식간에 바꾸기 때문이다. 집중적인 학습을 위한 닫힌 환경에서 협력과 소통을 위한 열린 환경으로, 회전하는 벽과 함께 교육의 방향도 유연하게 변화한다. 후지 유치원의 열린 구조 또한 또 다른 형태의 유연성을 보여준다. 명확한 경계 없이 자연스럽게 흐르는 공간은 아이들이 자신의 관심과 필요에 따라 자유롭게 이동하고 탐험할 수 있게 한다. "우리 유치원에는 '이곳에서만 이것을 해야 한다'라는 엄격한 규칙이 없어요. 아이들은 자신에게 맞는 공간을 찾아 자연스럽게 이동합니다" 원장의 말은 공간의 유연성이 어떻게 아이들의 자율성과 주도성을 지원하는지를 보여준다.

블루밍데일 코쿤 유치원 또한 슬라이딩 접이식 칸막이로 두 교실을 필요에 따라 통합하거나 분리할 수 있게 했다. 이러한 유연성은 다양한 규모의 활동을 수용하고, 교실 간의 협력과 교류를 촉진한다. 그리고 삼광초등학교의 다락방과 복도 쉼터는 교실의 구조를 바꾸지 않고도 다양한 학습 공간을 창출한 사례다. 한정된 공간 안에서도 높이 차이와 창의적인 구조물을 통해 여러 종류의 활동이 동시에 이루어질 수 있는 환경을 조성했다.

다양성: 모든 아이를 위한 장소

아이들은 저마다의 특성이 있고, 저마다의 필요와 선호를 요구한다. 어떤 아이는 조용한 환경에서 집중하기를 좋아하고, 어떤 아이는 활동적인 환경에서 더 잘 배운다. 어떤 아이는 혼자 있는 시간이 필요하고, 어떤 아이는 함께하는 활동에서 에너지를 얻는다. 교육 공간은 이러한 다양성을 인정하고 존중하는 환경이어야 한다. "하나의 크기가 모두에게 맞을 수는 없습니다"라는 하워드 가드너의 다중지능이론을 공간 디자인에 적용한다면, 교육 환경은 다양한 지능과 학습 스타일을 지원할 수 있는 다채로운 공간으로 구성되어야 한다

후지 유치원의 옥상 놀이터는 대근육 활동과 신체적 탐험을 즐기는 아이들을 위한 완벽한 공간이다. 반면, 실내의 아늑한 독서 공간은 조용히 책을 읽으며 상상의 세계에 빠지기를 좋아하는 아이들에게 이상적인 환경이다. 다양한 특성의 공간이 공존함으로써, 모든 아이는 자신에게 맞는 장소를 찾아 충분히 성장하고 배울 수 있다. 그리고 블루밍데일 코쿤 유치원은 곡선형 공간으로 아이들에게 자연스럽고 편안한 환경을 제공한다. 이곳에서 아이들은 자유롭게 움직이고 사고한다. 공간의 형태 자체가 다양한 학습 경험을 창출한 사례다.

서울독일학교의 회전 벽에 부착된 원형 쿠션은 바닥에 놓고 앉을 수 있어 앉는 위치와 자세에 선택권을 준다. 아이들에게 다양성을 부여하는 작은 디테일이다. 삼광초등학교의 다락방 또한 때로는 은신처가 필요한 아이들에게 중요한 공간이 되어준다. "다락방은 마치 내 비밀 기지 같아요. 여기서는 모든 것이 평화롭게 느껴져요" 한 학생의 말은 다양한 감정적 필요를 충족시키는 공간의 중요성을 상기시킨다.

자연과의 연결: 생명이 숨 쉬는 교육 환경

인간은 본능적으로 자연과 연결되고자 하는 '바이오필리아biophilia' 성향을 보인다. 특히 자연과의 접촉은 성장기 아이들의 신체적, 인지적, 정서적 발달에 결정적인 영향을 미친다. 하지만 현대 도시 환경에서 아이들의 자연 경험은 점점 줄어들고 있다. 교육 공간은 이러한 격차를 메우고, 아이들에게 자연과 연결될 기회를 제공해야 할 의무가 있다.

이런 면에서 후지 유치원은 지붕을 뚫고 자라는 25m 높이의 느티나무 세 그루를 통해 자연과 아이들을 연결한다. 나무는 아이들에게 계절의 변화와 생명의 순환을 직접 체험할 기회를 주고 살아있는 교육 도구가 되어준다. "우리 나무들은 시간의 흐름을 알려주는 자연 시계예요. 우리 아이들은 봄의 새싹, 여름의 그늘, 가을의 낙엽, 겨울의 앙상한 가지 이 모든 변화를 직접 관찰하고 느낍니다" 원장의 이 말은 자연이 제공하는 풍부한 학습 경험을 잘 설명한다.

코쿤 유치원의 녹색 지붕 또한 생태학적 기능을 제공한다. 지붕의 잔디는 건물의 단열 효과를 높이고, 도시 열섬 현상을 줄이며, 생물 다양성을 지원한다. 아이들에게 지속가능성을 자연스럽게 가르치는 살아있는 교과서가 된다.

서울독일학교의 전면 유리창도 실내에 최대한의 자연광을 선사한다. 자연광은 아이들의 학업 성취도와 정서적 안정에 긍정적인 영향을 미친다. 유리창을 통해 바깥 세계를 관찰할 수 있는 점도 아이들에게 외부 환경과 연결된 느낌을 준다.

삼광초등학교의 다락방에서는 높은 창을 통해 하늘과 나무를 볼 수 있다. 이런 자연과의 시각적 연결은 아이들에게 안정감과 평온함을 제공한다. "다락방에서 비 오는 하늘을 보는 건 정말 특별한 경험이에요" 한 학생의 말이 자연 경험이 주는 감각적 풍요로움을 보여준다.

공동체 의식: 함께 배우는 공간

교육은 본질적으로 사회적 활동이다. 아이들은 사람들과의 상호작용을 통해 지식을 구성하고, 사회적 기술을 발달시키며 자신의 정체성을 형성한다. 그러므로 교육 공간은 이러한 사회적 학습을 촉진하고, 강한 공동체 의식을 키울 수 있는 환경이어야 한다.

후지 유치원의 원형 구조는 교사와 아이들을 하나로 연결한다. 중앙 마당은 500여 명의 아이가 함께 모이는 공동체 활동의 중심이 되고, 원형 복도는 다른 반 친구들과 자연스럽게 마주치고 교류할 기회를 만든다. "우리 유치원은 작은 마을과 같아요. 아이들은 자신이 더 큰 공동체의 일원이라는 것을 매일 경험합니다" 원장의 말이 건축 형태가 공동체 의식 형성에 미치는 영향을 보여준다. 블루밍데일 코쿤 유치원의 슬라이딩 접이식 칸막이는 두 교실이 필요에 따라 하나의 공간으로 통합될 수 있게 한다. 이는 다른 반 아이들과 함께하는 활동을 촉진하고, 더 넓은 사회적 경험을 제공한다.

또 서울독일학교의 회전 벽 시스템은 교실과 복도를 하나로 연결하기도 하고, 개별 학습 공간과 공유 공간을 창출하기도 한다. 학교 전체가 하나의 학습 공동체로 기능하도록 하는 것이다. 그리고 삼광초등학교의 복도 쉼터는 서로 다른 반 아이들이 자연스럽게 만나고 교류하는 장소가 된다. 교실과 복도의 경계를 흐리게 만듦으로써, 학교는 분리된 단위가 아닌 하나의 유기적 공동체로 기능할 수 있다.

교사의 역할 변화: 공간과 함께 진화하는 교육

교육 공간이 변화하면 그 안에서 이루어지는 교육 방식과 교사의 역할도 자연스럽게 변화한다. 전통적인 교실에서 교사는 지식의 전달자이자 활동의 통제자로 기능했다. 하지만 유연성과 다양성을 지원하는 교육 공간에서 교사는 학습의 안내자, 활동의 촉진자, 공동 탐험자로 그 역할이 확장된다.

"새로운 공간에서 가르치기 시작했을 때, 처음에는 당황스러웠어요. 전통적인 방식으로 가르치도록 훈련받았는데, 이제 그것이 불가능해졌으니까요." 후지 유치원의 한 교사는 회상한다. "하지만 점차 공간이 허용하는 새로운 가능성을 발견하게 되었고, 이제는 아이들과 함께 공간을 창의적으로 활용하는 방법을 모색하고 있어요"라며 새로운 교수법을 개발하는 데 긍정적이다.

블루밍데일 코쿤 유치원의 곡선형 공간은 교사에게 전통적인 교실과는 다른 도전과 기회를 제공한다. "처음에는 모서리가 없는 공간에서 어떻게 활동을 배치할지 고민했어요. 하지만 곧 이 유연한 환경이 더 자연스럽고 유기적인 학습 흐름을 만들어낸다는 것을 깨달았죠".

또 서울독일학교의 회전 벽 시스템은 교사에게 수업 진행 방식에 대한 유연성과 선택권을 제공한다. 벽을 여닫는 단순한 행위를 통해, 교사는 집중적인 교수 활동과 개방적인 탐구 활동 사이를 자유롭게 오간다.

삼광초등학교의 교사들은 다락방과 복도 쉼터와 같은 새로운 공간 요소를 적극적으로 교육 과정에 통합했다. "다락방에서 소그룹 토론을 하거나, 복도 쉼터에서 일대일 지도를 하기도 해요. 공간이 다양해지니 수업 방식도 자연스럽게 다양해졌어요." 이는 공간의 변화가 교수법의 혁신을 촉진할 수 있음을 보여준다.

참여적 디자인: 사용자가 만들어가는 공간

혁신적인 교육 공간의 또 다른 특징은 사용자가 직접 디자인에 참여하는 것이다. 학생, 교사, 학부모가 공간설계 과정에 직접 참여함으로써 실제 필요와 열망이 반영된 의미 있는 환경을 만든다.

삼광초등학교의 '꿈을 담은 교실' 프로젝트는 참여적 디자인의 모범 사례다. 아이들은 자신이 꿈꾸는 교실의 모습을 그림으로 표현하고, 교사들은 교육적 필요를 제안하며 건축가들은 이를 실현 가능한 디자인으로 통합했다. "아이들의 그림에서 가장 많이 볼 수 있었던 요소가 '숨을 수 있는 공간'이었어요. 이것이 다락방 아이디어의 출발점이 되었죠" 프로젝트를 담당한 건축가의 이 말은 사용자의 목소리가 어떻게 실제 디자인에 반영되는지 보여준다.

교육 건축가 피터 런피Peter Luntfi는 "교육 공간을 디자인할 때 가장 중요한 원칙은 사용자, 특히 아이들의 목소리를 경청하는 것입니다. 우리 어른들은 종종 아이들의 공간적 필요와 선호에 대해 잘못된 가정을 하곤 합니다. 아이들은 놀랍도록 명확하게 자신들이 원하는 공간을 표현할 수 있으며, 이를 진지하게 받아들일 때 가장 성공적인 교육 환경이 만들어집니다"라고 말했다.

그리고 이러한 디자인 과정의 사용자 참여는 더 좋은 공간을 만드는 데 그치지 않는다. 그 자체로 교육적 경험이 되고 주인 의식과 책임감이 길러진다. 자신의 의견이 존중받고 실제 환경 변화에 반영되는 것을 경험함으로써, 아이들은 자신이 세상에 영향을 미칠 수 있는 주체임을 배우게 된다.

디지털 시대의 물리적 공간: 기술과 환경의 조화

디지털 기술의 발전은 교육 장소와 교육 방식에 혁명적 변화를 불러왔다. 온라인 학습, 가상 현실, 인공지능 튜터 등의 등장으로 "물리적 교육 공간이 여전히 필요한가?"라는 질문이 제기되기도 한다. 그러나 최근의 혁신적인 교육 공간 사례들은 디지털과 물리적 환경이 대립하는 것이 아니라 서로를 보완하고 강화할 수 있음을 보여준다.

서울독일학교의 슬라이딩 칠판은 디지털 교육을 위한 가변적인 공간으로 구성되어 있다. 전통적인 칠판과 디지털 스크린이 공존하여 상황에 따라 적절한 매체를 선택할 수 있는 유연성을 제공한다 "디지털 도구와 물리적 도구는 각각의 장점이 있어요. 중요한 것은 교육적 목적에 맞게 이를 효과적으로 통합하는 것이죠" 교사의 말이 기술과 환경의 균형 잡힌 접근을 보여준다. 그리고 블루밍데일 코쿤 유치원은 첨단 기술로 구현된 복잡한 곡선형 구조물이지만, 그 형태는 자연에서 영감을 받은 유기적 디자인이다. 컴퓨터 설계 기술과 자연적 요소의 이러한 결합은 디지털 시대에도 인간과 자연의 연결성이 여전히 중요함을 상기시킨다.

"디지털 기술은 교육 공간의 물리적 한계를 확장하지만, 완전히 대체할 수는 없습니다. 아이들은 여전히 실제 사물을 만지고, 실제 사람들과 교류하고, 실제 공간에서 몸을 움직이는 경험이 필요합니다" 교육기술 전문가 마크 프렌스키Marc Prensky의 말은 디지털 시대에도 물리적 교육 환경의 중요성을 강조한다.

후지 유치원과 같은 혁신적 공간들도 기술을 과시하기보다 인간적 가치와 자연과의 연결에 초점을 맞춘다. 이는 디지털 기술이 발달할수록 오히려 인간의 본질적 필요와 감각적 경험의 중요성이 더욱 부각된다는 역설을 보여준다.

경제적 현실에 관한 창의적 해결책

혁신적인 교육 공간에 대한 논의에서 자주 제기되는 우려는 '비용'이다. 많은 학교가 특별한 공간을 원하지만 예산이 부족하다고 말한다. 그러나 교육 공간 혁신에 반드시 큰 비용이 드는 건 아니다.

블루밍데일 코쿤 유치원은 첨단 기술을 활용해 곡선형 구조를 구현했지만, 지역에서 쉽게 구할 수 있는 자재를 사용해 제한된 예산 내에서 문제를 해결했다. 지역적 맥락과 자원을 창의적으로 활용하는 것의 중요함을 보여주는 사례다. 그리고 서울독일학교는 회전 벽이라는 단순한 요소로 공간의 활용도를 극대화했다.

이에 다니엘 발레는 "혁신은 종종 제약에서 태어납니다. 예산이나 공간의 한계가 오히려 더 창의적인 해결책을 찾도록 만들죠"라고 말했다. 삼광초등학교도 기존 교실 구조를 크게 변형하지 않고 다락방, 게시판, 복도 쉼터 등의 창의적 요소를 추가하여 공간의 성격을 완전히 바꾼 사례다.

"교육 공간의 혁신은 물리적 변화만을 의미하지 않습니다. 때로는 기존 공간을 다르게 사용하는 방법을 찾는 것만으로도 큰 변화를 이끌어낼 수 있습니다" 교육 환경 컨설턴트 로즈마리 콘스Rosemary Cons는 말한다. 실제로, 일부 학교들은 책상 배치를 바꾸거나, 벽면을 다른 방식으로 활용하거나, 야외 공간을 교육에 통합하는 등의 저비용 전략으로 큰 변화를 만들어내고 있다.

교육 공간의 미래: 경계를 허무는 융합적 환경

교육 공간의 미래는 어떤 모습일까? 앞선 사례들에서 볼 수 있듯이, 미래의 교육 환경은 다양한 경계를 허물고 융합하는 방향으로 진화할 것으로 보인다. 구체적으로 살펴보자.

첫째, 실내와 실외의 경계가 흐려질 것이다. 후지 유치원의 옥상 놀이터나 코쿤 유치원의 녹색 지붕처럼, 건축물과 자연환경이 유기적으로 통합되는 공간이 늘어날 것이다. 이는 아이들에게 더 풍부한 감각적 경험과 자연과의 연결성을 제공할 것이다.

둘째, 학습과 놀이의 경계가 사라질 것이다. 삼광초등학교의 다락방이나 서울독일학교의 회전 벽처럼, 공간 자체가 놀이와 탐험의 대상이 되는 환경이 확대될 것이다. 이는 아이들의 내재적 동기와 호기심을 자극하여 더 몰입도 높은 학습 경험을 만들어낼 것이다.

셋째, 학교와 지역 사회의 경계가 허물어질 것이다. 후지 유치원처럼 학교가 단순한 교육 기관을 넘어 지역 사회의 중심으로 기능하는 사례가 늘어날 것이다. 이는 학교를 더 넓은 사회적 맥락과 연결하고, 아이들에게 실제적인 사회 참여 경험을 제공할 것이다.

넷째, 개인과 공동체의 균형이 중요해질 것이다. 코쿤 유치원과 같이 개인의 필요와 선호를 존중하면서도 공동체 의식을 강화하는 환경이 중요해질 것이다. 이는 아이들이 자신의 정체성을 발달시키는 동시에 다양성을 존중하고 협력하는 법을 배우게 할 것이다.

미래 교육학자 캐서린 프린스Katherine Prince는 "미래의 교육 공간은 특정한 형태나 스타일이 아니라, 변화하는 교육적 필요에 유연하게 대응할 수 있는 적응력에 의해 정의될 것입니다"라고 말했다. 미래 교육 공간 디자인의 핵심을 가장 잘 요약한 말일 것이다.

일본 후지 유치원의 원형 구조, 인도 블루밍데일 코쿤 유치원의 유기적 곡선, 서울독일학교의 회전 벽, 서울 삼광초등학교의 다락방과 같은 혁신적 사례들은 아름답거나 독특한 건축물을 만드는 것을 넘어, 교육의 본질에 대한 깊은 고민과 철학을 담고 있다. 이들은 모두 '틀에서 벗어나기'라는 공통된 주제를 공유하며, 유연성과 다양성을 통해 모든 아이가 자신만의 방식으로 배우고 성장할 수 있는 환경을 추구한다.

교육 공간은 단순한 물리적 환경이 아니라 교육 철학의 물리적 구현이다. 그리고 그 안에서는 마음껏 상상하고 놀고 함께하는 활동이 학습보다 먼저 일어난다. 궁극적으로 교육 공간의 혁신은 우리가 어떤 종류의 교육을 원하는지, 어떤 종류의 사회를 만들고 싶은지에 대한 질문과 연결된다.

"아이들이 자라는 공간을 어떻게 디자인하느냐는 우리가 미래를 어떻게 상상하느냐를 보여줍니다" 교육학자 로웰 몬티는 말한다. 틀에서 벗어난 교육 공간을 창조한다는 것은 결국 틀에서 벗어난 사고와 행동을 할 수 있는 미래 세대를 키우겠다는 약속과 같다.

3. 자연을 배우는 교실

요즘 아이들은 숨 가쁜 일상에서 하늘과 얼굴을 마주하는 법을 잊은 채 산다. 식물의 향기에 담겨 있는 위로도, 귓가를 스치는 바람의 노래도 알지 못한 채 그저 집과 학교, 학원을 오가며 메마르고 건조한 일상을 살아간다. 필자는 어릴 때 산과 들을 뛰어다니며 자연의 소리와 향기를 마음껏 느끼며 자랐다. 그러면서 나무 한 그루가 그 어떤 위대한 철학자보다 더 큰 깨달음을 주고, 꽃 한 송이가 가장 강력한 치유제가 될 수 있다는 걸 알았다. '지금 아이들에게도 자연을 느끼게 할 방법이 있을까?'라는 고민을 오래 해왔다. 그러던 어느 날 '정원이 없는 집에서 사는 것은 영혼 없이 사는 것과 같다'라는 영국의 속담 하나가 마음을 흔들었다.

한국도예고등학교: 옥상 정원 프로젝트

'문화로 행복한 학교 만들기' 프로젝트에 버려진 옥상 공간에 대한 활용성을 제기한 학교가 있었다. 우리나라 최초의 도예 전문 특성화 고등학교인 한국도예고등학교이다.

그곳은 도심에서 한참 떨어진 외곽에 있었고, 학생들은 전국에서 지원한 아이들이라 대부분 기숙사 생활을 하고 있었다. 심사 대상인 옥상을 보기 위해 건물 내부에 있는 계단을 올라가던 중 계단 벽에 붙은 학생들의 도자기 작품이 눈길을 사로잡았다. 타일 조각으로 하나의 그림을 만든 작품이었는데, 예술인이 모여 있는 학교답게 독특한 감각과 창조성이 느껴졌다. 옥상은 사면이 뚫려있는 데다 주변에 큰 건물이 없어서 탁 트인 전망을 누릴 수 있는 곳이었다. 또 애초에 공원으로 조성할 생각이었는지 도자기 작품과 공예품들이 곳곳에 올라와 있었다.

문제는 방수층이 깨진 바닥, 여기저기 놓인 시멘트 부스러기와 노출된 에어컨 실외기, 높은 콘크리트 벽 등으로 인한 산만하고 을씨년스러운 분위기였다. 공원이 주는 휴식과 여유와는 동떨어져 보였다. 우선 시각적으로 깨끗하게 할 필요가 있었다. 그리고 '삭막한 공간에 생명력을 불어넣기 위해 무엇을 해야 하나, 아이들의 숨통을 틔워주려면 이곳을 어떻게 디자인해야 하나'를 고민하며 본격적인 옥상의 작은 정원에 관한 연구와 실험을 시작했다.

늘 그렇듯 우리는 학생들에게 옥상이 어떻게 바뀌길 바라는지에 관한 설문부터 시작했다. 결과는 예상에서 크게 벗어나지 않았다. 학생들은 오롯이 휴식할 수 있는 '녹색의 힐링 공간'을 원했다. 갖가지 꽃과 나무 벤치가 어우러진 공원에서 산책하고 싶어 했다. 그리고 학생들은 옥상 정원에서 '밤하늘의 별 바라보기, 벤치에서 책 읽기, 누워서 낮잠 자기, 고기 구워 먹기, 식물 키우기' 등을 하고 싶어 했다. 외부 활동에 제약이 있는 기숙학교라 그런지 학생들은 자신들의 공간에서 주도적으로 할 수 있는 일들을 바랐다. 교사들도 마찬가지였다. "아이들과 옥상에서 고기를 구워 먹고 싶어요", "캠핑을 하면 좋겠네요", "작은 텃밭을 만들어 채소를 심고 가꾸고 싶어요"라는 바람을 드러냈다. 우리는 그 모든 희망 사항을 실현할 수 있는 현실적인 공간을 선물하고 싶었다. 일상에 지친 마음을 달래주는 사계절의 선물을.

예산이 한정되어 있어 교사와 학생들의 요구사항 중 교집합이 일어나는 부분을 우선순위에 두었다. 제일 먼저 캐노피가 있던 공간을 커다란 텐트를 칠 수 있는 정도의 넓은 공간으로 만들었다. 밤하늘의 별도 보고, 고기를 구워 먹을 수 있는 캠핑 공간으로 조성한 것이다. 평소에는 여럿이 모여 대화도 하고 자유롭게 누울 수도 있도록 나무 평상도 두었다.

사실 제일 큰일은 방수 공사였다. 바닥이 군데군데 갈라져 있어서 공사하지 않고는 나무를 심거나 포장하는 게 불가능했다. 게다가 지원받은 예산은 턱없이 부족했다. 그러던 차에 학교가 예산을 보태고, 옥상녹화전문업체인 에코앤바이오의 장성완 대표가 후원을 해주어 무사히 공사를 진행할 수 있었다. 옥상의 휑한 벽면은 계단 옆과 마찬가지로 도예 학교의 특성을 살려 학생들의 작품을 활용하여 도자기 타일을 붙였다. 그리고 즐거운 산책을 위해 바닥에 폭신한 잔디를 깔고 징검돌 형태의 걷는 길을 조성한 다음 다양한 관목과 초화류를 옮겨 심었다. 옥상에 올라와 있던 작품들은 옥외 갤러리처럼 전시 공간의 성격을 담아 재정비했다.

이렇게 옥상은 꽃과 풀 내음이 가득한 녹색의 휴식처가 되어 학생들의 몸과 마음을 건강하게 지켜주는 공간이 되었다. 학생들은 하늘과 더 가까워졌으며, 꽃잔디, 벌개미취, 수수꽃다리, 비비추, 애기기린초, 산수유, 영산홍 등이 부지런히 자라나는 소리를 들을 수 있게 됐다. 사계절의 흐름을 보면서 가장 직접적이고 친밀하게 자연을 경험할 수 있게 된 것이다. 휴식과 생태 교육을 자연스럽게 배울 수 있는 공공의 옥상 정원은 그렇게 탄생했다.

아이를 변화하게 하는 자연의 놀라운 능력

식물들을 가까이에서 돌보고 햇빛과 바람을 즐기는 아이들은 정서적으로 안정적이다. 식물들이 세균이나 벌레로부터 자신을 보호하기 위해 내뿜는 피톤치드가 인간에게는 항균 기능, 심폐 기능 강화, 면역력 강화에 도움을 주기 때문이다. 그리고 자연과 함께하는 아이들은 천천히 사는 법을 자연스럽게 터득한다. 한국도예고등학교 학생들도 답답하거나 스트레스받을 때 옥상 정원에 가 위안을 얻고는 한다. 실제로 이곳 학생들은 친구들과 함께 여유로운 시간을 보내게 되면서 서로 더 가까워졌다고 말했다. 그리고 친구와 다투더라도 옥상에 가면 금세 화해하게 된다고 말하며 함박웃음을 지었다.

그간 옥상은 학교 공간에서 화장실 다음으로 부정적으로 느껴지는 공간이었다. 일탈의 장소, 위험한 장소로 여기거나 관리가 어렵다고 여겨 옥상 출입을 금지하는 학교도 많다. 한국도예고등학교도 원래는 옥상을 개방하지 않았다고 한다. 그러나 옥상 정원을 만든 후 학교는 다양한 방면에서 만족감을 드러냈다. 우선 옥상 개방 후 아무 문제가 일어나지 않았으며, 학생들이 책임감을 느끼고 옥상 정원을 돌보기 시작했다. 그리고 옥상은 학부모 모임과 교사들의 회의 장소로 사용되며 소통의 장소로 활용되었다. 교장은 "아이들은 옥상에서 자유롭게 바비큐 파티를 하고 대화도 나눕니다. 평상에 눕기도 하고 차를 마시기도 하죠. 외부에서 손님이 오면 제일 먼저 모시고 가는 장소이기도 해요. 외부인들이 보면 얼마나 부러워하는지 우리 학교의 자랑거리예요"라고 말했다. 일상을 축제로 만드는 공간이 있다는 건 정원이 선사하는 또 하나의 기쁨일 것이다.

도시에서 자연 아이로 키우기

독일의 소설가 헤르만 헤세Hermann Karl Hesse는 정원을 가꾸는 즐거움을 이야기하며 자연과 함께하는 삶을 인생의 가장 위대한 일, 자연을 통한 삶의 성찰이야말로 인생에서 느낄 수 있는 최고의 가치로 여겼다. 그리고 영국의 낭만파 시인 윌리엄 워즈워스William Wordsworth는 "자연은 도시의 악을 씻어내는데 필수적인 해독제"라고 말하며 도시의 부정적인 영향을 극복할 방법으로 자연과의 교감, 자연으로 떠나는 여행을 추천했다. 이런 면에서 자라나는 아이들에게 생태 교육은 필수다. 자연과의 연결이 건강, 영혼의 조화, 공감 능력에 필수이기 때문이다. 삶의 풍요를 가르쳐주는 선생님이자 오감을 자극하는 놀이터로 자연만큼 좋은 게 없다.

그러나 도시에서 자연을 풍부히 느끼는 일은 어렵다. 그러므로 마당이나 옥상 공간에 작은 정원을 만들자. 그것이 어렵다면 집에 작은 화분을 들이자. 작은 화분을 들인 공간은 그 자체로 정원, 또는 치유의 공간이 된다.

베트남 농장 유치원: 급속한 산업화 시대의 생태적 대안

베트남 호찌민시 동나이 성에 자리한 '농장 유치원Farming

Kindergarten'은 급격한 산업화의 그림자 속에서 탄생한 혁신적 교육 공간이자, 생태 공간이다. VTN 건축가 그룹의 보 트롱 응이아, 니와 다카시, 이와모토 마사아키가 핵심 설계를 맡았고, 트란 티 항과 쿠니코 오니시가 함께했다. 이 농장 프로젝트는 3,800㎡ 규모로 2013년에 완공됐다.

급변하는 베트남의 환경 위기와 대안

베트남은 본래 풍요로운 농업국이었다. 비옥한 토양과 적절한 기후 조건으로 인해 수 세기 동안 농업이 번창했고, 사람들은 자연과 조화롭게 살아왔다. 그러나 1886년 시작된 '도이머이 개혁' 정책 이후 베트남은 농업사회에서 급속히 산업 국가로 변모했다. 이런 급격한 전환은 경제적 성장을 가져왔지만, 환경적 대가는 엄청났다. 무분별한 개발로 인해 산림이 파괴되었고, 공장에서 배출되는 오염물질이 강과 토양을 오염시켰다. 특히 호찌민과 하노이 같은 대도시는 하루아침에 녹지가 사라지고 서구식 높은 콘크리트 건물이 대거 들어서는 변화를 겪었다. 경제 성장은 이루었지만, 농업 중심에서 제조업 중심으로 전환되는 과정에서 심각한 환경 문제에 직면하게 된 것이다.

출처: www.archdaily.com / © Hiroyuki Oki

또 농지는 공장과 주택단지로 바뀌었고, 농촌 인구는 일자리를 찾아 도시로 몰려들었다. 호찌민에만 해도 하루 평균 800만 대가 넘는 오토바이가 도로를 가득 메우고, 이로 인한 배기가스는 대기질을 심각하게 악화시키고 있다. 2010년대 초반 베트남의 주요 도시들은 세계에서 공기 오염도가 가장 높은 도시 목록에 꾸준히 이름을 올렸다.

급격한 도시화는 기후에도 영향을 미쳤다. 삼림이 파괴되고 불투수성 표면이 증가하면서 홍수의 빈도와 심각성이 높아지고, 여름철 도시 열섬 현상에 가뭄이 심해졌다. 그래서 현재 베트남은 식량을 자급자족할 수 있었던 국가에서 식량 부족을 경험하는 국가가 되었다. 가장 큰 피해자는 아이들이다. 아이들은 푸른 하늘과 깨끗한 공기, 자연 속에서 뛰어놀 수 있는 안전한 공간을 잃었다. 특히 도시의 아이들은 자연과의 단절된 채 실내에서만 생활하는 경우가 많아 신체적, 정신적 발달에 부정적 영향을 입었다.

이러한 환경 위기 속에서 탄생한 농장 유치원은 단순한 교육 시설이 아닌, 하나의 사회적 선언이다. 동나이 성의 신발 제조 공장 근처에 자리한 이 유치원은 공장 노동자 자녀 500명을 위해 설계됐다. 이 지역은 급격한 산업화의 모든 부작용이 집약된 곳이었다. 넓은 공장 단지에 오염된 수로가 놓여 있고 녹지가 남지 않아 삭막한 환경이 그것이다. 보 트롱 응이아는 이 프로젝트를 처음 의뢰받았을 때, 단순히 아이들을 수용할 건물이 아닌 "산업화된 베트남의 아이들에게 가장 필요한 게 무엇일까"라는 근본적 질문을 던졌다. 그리고 자연과의 재연결, 식량 안보에 대한 이해, 지속 가능한 생활 방식의 체험이라는 답을 찾았다.

이렇게 탄생한 농장 유치원은 전통적인 유치원의 개념을 완전히 재정의한다. 건물 자체가 하나의 교육 도구로 기능하는 이 유치원은 열대 기후에 적합한 지속 가능한 교육 공간의 프로토타입이라 할 수 있다. 공간의 모든 요소는 아이들이 농업, 생태계, 그리고 지속가능성의 원리를 직접 체험하고 배울 수 있도록 설계되었다.

© Hiroyuki Oki

삼중 링의 녹색 지붕

농장 유치원에서 가장 눈에 띄는 건 무한대 기호 ∞를 연상시키는 연속적인 삼중 링 형태의 녹색 지붕이다. 이 녹색 지붕은 미적으로도 아름답지만, 다양한 기능적 목적이 있다. 우선, 삼중 링 형태의 지붕은 한 번의 유동적인 선으로 3개의 중정을 감싼다. 이 형태는 베트남 전통 농촌 마을의 순환적 구조에서 영감을 얻었다. 중앙의 공공 공간을 중심으로 집들이 둥글게 배치되는 전통적 마을처럼, 이곳도 중앙 안뜰을 중심으로 교육 공간이 유기적으로 연결된다. 또 지붕은 곳곳에서 지면으로 부드럽게 내려와 자연스러운 경사로를 형성한다. 이 경사로를 통해 아이들은 지붕 위 정원으로 쉽게 접근할 수 있다.

지붕 위에는 200m² 규모의 채소 정원을 조성했다. 아이들은 이곳에서 교사의 지도하에 직접 작물을 재배하고 수확하는 체험을 한다. 멜론, 고구마, 토마토, 상추, 허브류 등을 심고 가꾸어 유치원 급식에 사용하여 '밭에서 식탁까지'의 생태 과정을 함께한다.

혹독한 기후에 대응하는 지속 가능한 기술

베트남의 열대 기후는 건축에 큰 도전을 제시한다. 연평균 기온이 27도를 넘고, 우기에는 폭우가 쏟아지며, 건기에는 강렬한 햇볕이 내리쬐는 환경에서 쾌적한 실내 환경을 유지하는 건 쉽지 않은 과제다. 대부분의 현대 건물은 이러한 문제를 에어컨과 같은 기계적 시스템에 의존해 해결하지만, 농장 유치원은 전통적 지혜와 현대 기술의 융합을 통해 지속 가능한 방식으로 접근했다.

우선, 건물의 연속적인 띠 부분의 창문이 교차 통풍을 촉진한다. 이 설계는 베트남 전통 가옥의 통풍 시스템에서 영감을 받은 것으로, 덥고 습한 공기가 자연스럽게 순환하도록 한다. 또 건물의 방향을 동남아시아의 우세풍을 최대한 활용할 수 있도록 조정하고, 창문의 높이와 크기도 최적

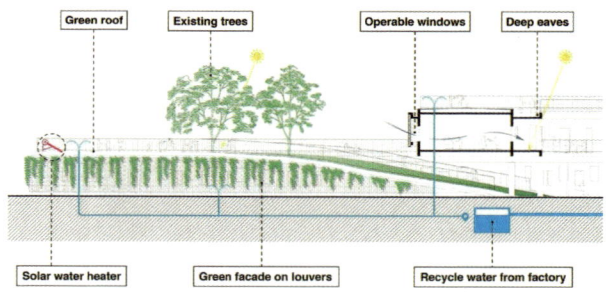

의 통풍 효과를 위해 세심히 설계했다. 녹색 지붕도 단열재 역할을 함으로써 건물 내부 온도를 낮춘다. 식물의 증산 작용과 토양층의 단열 효과는 직사광선의 열을 흡수하고 분산시켜 실내 온도를 낮춘다. 전통적인 초

가지붕의 원리를 현대적으로 재해석한 방법이다.

농장 유치원은 태양열 온수 시스템도 적극적으로 활용한다. 지붕에 태양열 집열판을 설치해 아이들의 세면과 음식 조리에 필요한 온수를 공급하여 화석 연료 사용을 줄이는 것이다. 그 외 우수를 모아 정원 관개에 활용하고, 인근 공장의 폐수와 유치원의 생활 오수를 정화해 재사용하는 시스템을 갖춰 물 자원을 효율적으로 사용한다. 이는 아이들에게 물의 소중함을 가르치는 교육적 도구이기도 하다.

이러한 통합적인 지속 가능 시스템을 완성한 후 10개월간 모니터링한 결과, 농장 유치원은 같은 규모의 일반 건물보다 에너지 사용량 25%, 물 사용량 40%를 절감했다. 열대 기후 지역임에도 에어컨 없이 쾌적한 실내 환경을 유지한다는 점은 주목할 만하다.

제한된 예산의 창의적 극복

농장 유치원 프로젝트의 또 다른 도전은 제한된 예산이었다. 건설 비용을 최소화하는 것이 중요했다. 그리고 VTN 건축가는 이러한 경제적 제약을 창의적으로 극복했다. 우선 프로젝트에는 지역에서 쉽게 구할 수 있는 재료들이 주로 사용됐다. 구조체는 경제적인 콘크리트 프레임으로 건설하고, 외벽에는 베트남 전통 재료인 적벽돌을 사용했다. 적벽돌은 지역에서 생산되어 운송 비용과 탄소 발자국을 줄이는 동시에, 그 자체로 열 조절 기능이 있어 추가적인 단열재가 불필요하다. 내부 바닥은 베트남에서 흔히 볼 수 있는 테라조 타일로 마감했다. 테라조 타일은 내구성이 뛰어나 유지보수 비용을 줄이면서도 시원한 촉감으로 열대 기후에 적합하다. 그리고 목재는 지속 가능한 방법으로 관리되는 현지 농장에서 공급받아 화학 처리를 최소화했다.

건축가들은 복잡한 기계 설비 대신 앞서 언급한 자연통풍, 녹색 지붕 등의 패시브 디자인 전략을 통해 시공 및 유지 비용을 크게 줄였다. 이러한 노력의 결과, 농장 유치원은 마감재와 설비를 포함해 1㎡당 500달러라는 놀라울 정도로 경제적인 비용으로 완공됐다. 이는 베트남 시장에서 유사한 품질의 건물 대비 30% 이상 저렴한 가격이다.

산업화 시대의 대안적 교육 모델

농장 유치원의 가치는 건축적 혁신을 넘어, 급속한 산업화 시대에 필요한 대안적 교육 모델을 제시했다는 데에 의미가 있다. 그간 베트남의 도시 아이들은 부모가 장시간 노동하는 사이 자연과 단절된 환경에서 성장했다. 그러나 농장 유치원은 아이들에게 자연과 농업을 경험하게 함으로써 베트남의 농업적 뿌리와 문화적 연결성을 회복하게 했다. 이곳의 아이들은 놀이와 기초 학습 외에 지속 가능한 식량 생산, 물 관리, 에너지 순환의 원리를 체험하고 배운다. 또 자연에서 뛰어놀고, 식물을 가꾸고, 곤충과 작은 생물들을 관찰하며 생태계를 이해한다.

농장 유치원의 사회적 가치는 공장 단지 내 다른 시설들에 미친 영향에서도 확인할 수 있다. 인근 공장들도 친환경적 요소를 도입하기 시작한 것이다. 옥상 정원, 태양광 패널, 물 순환 시스템 등이 확산하며 한때 삭막했던 공장 단지가 조금씩 친환경 사업 단지로 변모하고 있다. 그리고 농장 유치원 프로젝트는 베트남 사회에 지속 가능한 건축과 교육에 대한 논의를 촉발했다. 완공 이후 수많은 교육자, 건축가, 정책 입안자들이 이 유치원을 방문하며, 지속 가능한 개발의 실천적 모델로서 관심을 보인 것이다. 급속한 산업화와 도시화를 겪고 있는 다른 개발도상국들에 중요한 참고 사례가 되고 있다.

베트남 건축의 새로운 방향성과
글로벌 맥락에서의 이해

베트남은 20세기 후반부터 급격하게 경제 발전을 이루며 서구식 현대 건축을 무분별하게 받아들인 경향이 있다. 그 결과 전통적인 도시 경관이

유리와 철골로 이루어진 고층 건물로 대체되고, 지역의 기후와 문화적 맥락에 대한 고려는 무시되었다. 이러한 흐름에 대항하여 보 트롱 응이아는 '호흡하는 건축Breathing Architecture'이라는 건축 철학을 발전시켰다. 호흡하는 건축이란, 베트남의 전통적 지혜와 현대 기술을 융합해 베트남의 기후와 문화에 적합한 건축을 추구하는 접근법으로, 농장 유치원은 이 건축 철학을 반영한 대표적인 공간이다.

농장 유치원 프로젝트에서 두드러지는 것은 건축물과 자연환경의 경계를 허무는 시도다. 농장 유치원은 건물과 조경이 완전히 통합되어 있고, 녹색 지붕은 단순한 건축적 요소가 아닌, 살아 있는 생태계로 기능한다. 또한, 이 프로젝트는 건축이 사회적 변화의 촉매가 될 수 있음을 보여준다. 급격한 산업화와 도시화로 인한 문제에 대응하는 건축적 해결책을 제시함으로써 베트남 건축계에 사회적 책임에 관한 새로운 논의를 불러일으킨 것이다. 실제 농장 유치원의 성공은 베트남 전역과 동남아시아 지역의 건축 프로젝트에 큰 영향을 미쳤다. 그리고 VTN 건축가들은 하노이의 '뱀부 하우스', '스태킹 그린', 호찌민의 '하우스 포 트리즈' 등 생태적 지속가능성을 추구하는 혁신적 프로젝트들을 계속 발표하며 베트남 건축의 새로운 흐름을 만들어가고 있다.

© Hiroyuki Oki

농장 유치원 프로젝트는 전 세계적인 환경 위기와 기후 변화로 인해 촉발한 지속가능성 관련 논의에도 중요한 시사점을 제공한다. 고가의 첨단 기술에 의존하는 친환경 프로젝트들을 저비용으로 해결할 수 있음을 보여주는 사례이기 때문이다. 실제로 농장 유치원 프로젝트는 지역의 기후와 문화에 대한 깊은 이해, 전통적 지식의 현대적 재해석, 창의적인 접근을 통해 환경적, 사회적, 경제적 지속가능성을 동시에 달성했다.

또한, 이 프로젝트는 교육 시설이 교육의 내용과 방법론에 영향을 미칠 수 있음을 보여준다. 농장 유치원의 건축적 특징 자체가 아이들에게 지속가능성에 대한 교육을 제공하기 때문이다. 교육 공간이 기능적 요구를 충족시키는 것뿐만 아니라, 교육 과정에 적극적으로 기여하는 요소로 재정의하는 것이다.

농장 유치원은 2014년 세계 건축 페스티벌에서 학교 건축 부문 최고상을, 2015년 아키타이저 A+상을, 2016년 AIA 국제 건축상 등을 수상했다. 이러한 국제적 인정은 이 프로젝트가 지역적 맥락을 넘어 보편적 가치와 혁신을 지니고 있음을 보여준다.

일본 레이먼드 유치원: 빛으로 가득한 아이들의 세상

일본 시가현 나가하마시에 위치한 레이먼드LEIMOND 유치원은 빛을 건축의 중심 요소로 활용한 독특한 교육 공간이다. 아키비전 히로타니 스튜디오가 2011년에 설계한 이 건물은 0~5세 아이들을 위한 공간으로, '빛의 집'이라는 개념이 그대로 구현되었다.

외부에서 가장 눈에 띄는 건 지붕 위의 사다리꼴 기둥들이다. 이 기둥들은 단순한 디자인 요소가 아니라, 내부 공간에 각각 다른 빛을 전달하는 통로 역할을 한다. 거대한 빛의 깔때기처럼 하늘에서 쏟아지는 빛을 모아 아이들에게 전달하는 것이다. 또한, 이런 독특한 실루엣은 일본의 평범한 시골 풍경 속에서 강한 존재감을 드러내며 지역의 랜드마크가 되었다.

출처: archivision-hs.co.jp / © Kurumata Tamotsu

빛의 집

디자이너 히로타니 요시히로와 이시다 유사쿠는 빛을 단순한 조명이 아닌, 정서와 발달에 영향을 주는 요소로 보았다. 그래서 아이들의 일상에 빛을 선물하고자, 사다리꼴 모양의 채광창을 설치해 빛을 실내로 끌어들였다.

이 디자인의 특징은 시간과 계절에 따라 변화하는 빛의 패턴이 내부 공간에 그대로 투영되는 것이다. 시간에 따른 아침의 부드러운 빛, 정오의 강렬한 햇살, 저녁의 따뜻한 황혼빛이 실내에 펼쳐지고, 계절에 따른 겨울의 차가운 빛, 봄의 생동감 있는 햇살, 여름의 뜨거운 광선, 가을의 황금빛이 아이들에게 매일 다른 경험을 선사한다. 아이들은 이런 빛의 변화를 통해 자연의 변화를 직접 체험하며, 시간과 계절의 흐름을 자연스럽게 배운다.

높은 천장의 개구부는 자연스럽고 효과적인 공기 순환까지 가능하게 한다. 더운 공기는 위로 올라가고 시원한 공기는 아래로 내려오는 자연적인 대류 현상을 활용해 별도의 공조 시스템 없이도 쾌적한 실내 환경을 유지한다. 이는 친환경적인 설계 방식으로, 아이들에게 지속 가능한 환경에 대한 무언의 교육이 된다.

색채, 자연, 빛으로 완성한 실내 공간

내부 공간은 색채를 통해 기능을 구분했다. 화장실은 노란색으로 밝고 활기찬 분위기를, 놀이방은 분홍색으로 따뜻하고 안정감 있는 분위기를 조성한 것이다. 하얀색 식당은 깨끗하고 정갈한 느낌을 주어 아이들이 식사에 집중할 수 있게 돕는다. 실제로 아이들은 색에 따라 공간을 쉽게 인식했다. 이것은 색이 아이들의 방향 감각과 공간 인지 능력을 키우는 교육적 도구로 활용된다는 것을 뜻한다. 또 교실 벽면은 삼나무로 마감하여 자연적인 따뜻함을 더했다. 나무의 질감과 향기는 아이들에게 자연과의 연결성을 제공하며, 촉각적인 경험까지 풍부하게 한다. 조명 계획 역시 세심하게 이루어졌다. 낮에는 천장의 자연광과 넓게 열린 창문이 주된 조명원이

© Kurumata Tamotsu

되고, 벽면의 레일 조명으로 보완하는 방식이다. 구름이 많거나 비가 오는 날에는 레일 조명을 충분한 밝기를 유지할 수 있다.

이 유치원의 또 다른 특징은 문이 없고, 벽의 높낮이로 공간을 구분한 점이다. 이는 각 공간이 유기적으로 연결되는 느낌을 준다. 항상 열려 있는 공간은 아이들에게 자유로움을 주며, 다양한 크기의 창문은 다른 공간

© Kurumata Tamotsu

을 들여다보는 즐거움을 선사한다. 문의 부재는 단순한 디자인 선택이 아니라 교육 철학의 반영이다. 경계와 제한을 최소화하여 아이들이 자신의 호기심에 따라 자유롭게 탐험하고 발견할 수 있는 환경을 만들고자 했다.

아이들은 이곳에서 빛의 변화를 느끼고 심지어 빛을 쫓아다니며 논다. 빛이 만드는 그림자와 춤을 추거나, 바닥에 떨어진 빛의 패턴 위에서 뛰어논다. 아이가 빛의 패턴에 따라 이동하는 모습은 빛과 숨바꼭질하는 것처럼 보인다. 그렇게 아이들은 일상에서 빛을 즐기며 자연의 리듬을 배운다.

이에 대해 원장은 "아이들은 천장의 채광창을 통해 들어오는 빛이 달라진 걸 즉시 알아차립니다. 비가 오면 '오늘은 빛이 다르게 춤을 춰요'라고 말하는 아이들의 감수성이 놀랍습니다."라고 말하며 아이들이 시간, 날씨, 계절의 변화에 민감하게 반응한다고 전했다.

히로타니 스튜디오는 단순히 건물을 짓는 것이 아니라, 아이들이 성장할 수 있는 환경을 조성하는 것을 강조하며, 빛, 색, 재료 등 공간을 구성하는 요소를 아이들의 발달과 학습을 촉진하는 교육적 도구로 기능하게 했다. 이런 면에서 레이먼드 유치원은 건축을 통해 교육적 가치를 담아낸 훌륭한 사례이다. 공간이 어떻게 아이들의 감각, 인식, 학습에 영향을 미칠 수 있는지를 보여주는 아름다운 실험이자, 미래 교육 공간 디자인에 영감을 주는 모델이다.

출처: www.archdaily.com / © Ryuji Inoue

일본 KN 유치원: 자연과 어우러진 배움의 공간

일본 가고시마현 미나미큐슈에 자리한 KN 유치원은 '원래의 풍경을 매료시키고 진정한 경험의 기회를 제공하는 시설'이라는 개념을 바탕으로 2022년, 히비노세케이, 유지노 시로, 키즈 디자인 라보Kids Design Labo 가 함께 디자인한 유치원이다. 1,244㎡ 규모로 지어졌으며, 자연환경을 최대한 활용하여 아이들에게 풍부한 경험을 제공하는 공간으로 설계되었다.

자연과의 경계를 허물다

KN 유치원의 특징은 내부와 외부의 경계를 최소화한 디자인이다. 홀에 대형 폴딩 도어를 설치해 폴딩 도어를 열면 내부 공간이 외부의 마당,

조경, 수영장이 연결되도록 했다. 그리고 폴딩 도어를 중심으로 내부는 실내용 마루로 마감하고, 외부는 우드데크로 마감했으며, 도어의 바닥 레인은 매입해 공간의 흐름을 방해하지 않게 했다.

외부 데크는 내부의 거실과 홀의 면적에 비례할만큼 넓다. 같은 비율로 펜스까지 잔디가 깔려 있어 폴딩 도어를 열면 실내가 광활하게 확장되는 효과를 준다. 이런 설계는 아이들이 자연스럽게 실내외를 오가며 계절의 변화, 날씨의 흐름을 직접 경험할 수 있게 한다.

© Ryuji Inoue

디자이너들은 KN 유치원이 위치한 지역의 산과 들이 펼쳐진 전형적인 시골 풍경에 주목했다. 이런 환경은 하루 내 변화하는 자연의 색과 계절의 아름다움을 직접 경험할 수 있는 소중한 유산이다. 그래서 식당에는 '본래의 풍경을 포착한 큰 창문'을, 보육실과 외부를 연결하는 복도는 '바람이 들어오는 베란다형 복도'로 만들어, 언제나 아이들이 사계절의 변화와 시간의 흐름을 경험할 수 있게 했다. 이런 경험은 고향에 대한 사랑, 외부 세계로의 관심을 유도한다.

다채로운 놀이 공간

KN 유치원의 또 다른 특징은 놀이 공간을 강화해 아이들의 신체 활동 기회를 늘리고, 직접 경험을 통해 배울 수 있는 환경을 조성한 점이다. 이는 스마트 기기 사용량이 증가하고 주로 자동차로 이동하여 신체 활동량이 줄어드는 시골 지역 어린이에게 맞춤한 방식이다.

우선 다목적 홀은 평평하고 넓은 정면과 높은 계단 층이 대조성을 이루며, 한쪽에는 미끄럼틀이, 반대편에는 그물 놀이 공간이 있어 강당의 역할과 놀이 공간의 역할을 동시에 수행한다. 그중 개미집처럼 사방으로 펼쳐지는 그물 놀이 공간은 아이들의 활동을 단면적으로 보여주어 보호자가 아이들을 쉽게 관찰할 수 있게 하고, 아이들에게는 높은 곳을 오르는 성취감을 제공한다. 이런 디자인은 아이들이 사방팔방으로 자유롭게 탐험하는 공간이 되어 주기도 한다.

그리고 미나미큐슈는 불교 제단으로 유명한 지역이다. 디자이너들은 놀이를 통해 지역의 문화적 매력을 경험하도록 옻칠, 금박, 거울 등 제단과 관련된 실내 소재를 활용한 놀이터를 만들었다. 이러한 디자인은 지역의 문화적 정체성을 자연스럽게 터득할 기회가 된다. 또한, 정원에는 화려한 놀이기구를 의도적으로 배제하여 주변의 논과 산과 자연스럽게 어우러지도록 했다. 이는 아이들이 정형화된 놀이기구에 의존하지 않고, 자연 속에서 뛰어다니며 스스로 놀이 방법을 발견하고 창의력을 키울 수 있게 한다.

© Ryuji Inoue

© Ryuji Inoue

© Ryuji Inoue

자연, 놀이, 지역 문화, 신체 활동을 위한 공간

KN 유치원의 디자인 철학은 아이들이 어린 시절에 경험하는 환경이 그들의 성격 발달과 신체적 성장에 지대한 영향을 미친다는 인식에 기반한다. 또한, 지역 자연환경의 아름다움을 느끼는 것은 고향에 대한 사랑과 감수성을 키울 뿐 아니라, 아이들의 외부 세계에 대한 관심을 돕는 촉매가 된다. 다양한 활동을 자극하는 환경은 신체 운동의 기회를 제공할 뿐만 아니라, 아이들이 자신만의 놀이 스타일을 고안하고 실제 경험을 통해 배우도록 격려한다. KN 유치원은 자연, 놀이, 지역 문화, 신체 활동이 유기적으로 연결된 공간으로, 아이들의 전인적 성장을 도모하는 새로운 교육 환경의 모델을 제시한다.

미나미큐슈의 KN 유치원은 현대 사회에서 점점 잃어가고 있는 자연과의 연결, 실제 경험을 통한 학습, 신체 활동의 중요성을 상기시키는 공간이다. 대도시의 상업 공간 중심 개발과는 다른 방향성을 보여주며, 미래 세대를 위한 교육 환경의 중요성과 가능성을 제시한다. 이 유치원은 우리에게 "아이들을 위한 공간에 대한 투자가 얼마든지 사업성이 좋을 수 있지 않을까"라는 의미 있는 질문을 던진다.

자연과 문화가 스며든 교육 공간

베트남의 농장 유치원, 일본의 레이먼드 유치원과 KN 유치원은 각기 다른 문화적 배경과 환경 속에서 자연을 교육 공간의 중심에 두는 혁신적 접근을 보여주며, 모두 아이들이 자연과 어떻게 교감하고 무엇을 배우는지에 대한 깊은 통찰을 제공한다.

구체적으로, 베트남의 농장 유치원은 급속한 산업화로 인한 환경 위기에 대응하는 생태적 대안을 제시한다. 삼중 링 형태의 녹색 지붕이 아이들이 직접 농작물을 재배해 볼 수 있는 공간으로, 자연통풍 시스템과 물 순환 시스템이 열대 기후에 적응하는 지속 가능한 해법을 보여준다. 산업화 시대의 아이들에게 자연과의 연결성을 회복하고, 체험을 통해 농업과 생태계에 대해 배울 수 있게 한다.

레이먼드 유치원은 빛이 교육의 주인공이 되어 아이들에게 시간과 계절의 변화를 가르친다. 사다리꼴 모양의 독특한 기둥들은 다양한 방향과 색상의 빛을 내부 공간으로 끌어들이며, 아이들은 이 빛의 변화를 따라 놀고, 움직이고, 관찰한다. '빛의 집'이라는 개념은 단순한 건축적 요소를 넘어 아이들의 감각과 인식을 자극하는 교육적 도구로 승화된다. 또한, KN 유치원은 '원래의 풍경을 매료시키고 진정한 경험의 기회를 제공하는 시설'이라는 철학 아래, 자연환경과 건축물 사이의 경계를 허물었다. 대형 폴딩 도어를 통해 내부와 외부가 자연스럽게 연결되며, 아이들은 산과 들판의 풍경을 일상에서 접한다. 그리고 높은 계단 층을 활용한 다목적 홀과 그물 놀이 공간은 아이들의 모험심과 신체 능력을 발달시키는 장으로서 기능한다.

세 사례는 각기 다른 방식으로 건축에 자연을 들였지만, 아이들의 감각적 경험과 자연과의 관계를 중심에 둔다는 공통점이 있다. 농장 유치원은 식물의 성장 과정을, 레이먼드 유치원은 빛의 변화를, KN 유치원은 주변 경관을 직접 경험하게 함으로써 자연의 리듬과 순환을 체득하게 한다.

현대 사회에서 아이들은 점점 자연과 단절된 환경에서 성장하고 있다. 실내 활동 중심의 생활 방식, 디지털 기기에 대한 의존도 증가, 도시화로 인한 녹지 공간의 감소는 아이들의 신체적, 정신적 발달에 부정적 영향을 미친다. 이러한 상황에서 세 유치원의 사례는 교육 공간이 어떻게 아이들과 자연의 관계를 회복시킬 수 있는지에 대한 가능성을 보여준다.

주목할 점은 이 건축물들이 단순히 아름답거나 기능적인 것을 넘어 그 자체로 교육적 도구가 된다는 것이다. 농장 유치원의 녹색 지붕과 물 순환 시스템, 레이먼드 유치원의 리듬감 있는 빛, KN 유치원의 개방적 공간은 모두 지속가능성, 생태적 사고, 자연과의 조화를 일깨우는 3차원적 교재로 기능한다.

또한, 이 유치원들은 지역의 문화적, 환경적 맥락을 섬세하게 반영한다. 농장 유치원은 베트남의 농업적 전통을 현대적으로 재해석했고, 레이먼드 유치원은 일본 시골 풍경에 독특한 실루엣을 더하며, KN 유치원은 지역의 불교 제단 문화를 놀이 요소에 통합했다. 이는 글로벌한 교육 철학을 지역적 맥락에 맞게 적용한 좋은 사례이다.

흥미로운 것은 세 유치원 모두 비슷한 시기에 설계되었음에도 각기 다른 접근 방식을 취했다는 점이다. 일본의 사례들(2011년, 2022년)과 베트남 사례(2013년)는 같은 동아시아 지역이지만, 기후와 문화적 배경의 차이에 따라 전혀 다른 형태로 자연 요소를 통합한다. 이는 자연친화적 교육 공간이 단일한 모델이 아니라, 각 지역의 특성과 필요에 맞게 다양하게 발전할 수 있음을 시사한다. 이 세 유치원의 사례가 주는 가장 큰 교훈은 어쩌면 교육 공간이 단순히 지식을 전달하는 장소가 아니라, 아이들의 감각, 인식, 가치관을 형성하는 적극적인 매개체가 될 수 있다는 점일 것이다.

공간이 어떻게 설계되고 어떤 경험을 제공하느냐에 따라 아이들의 세계관과 자연에 대한 태도가 크게 달라질 수 있다. 현대 사회에서 점점 더 심각해지는 환경 위기와 자연 단절 현상을 고려할 때, 이러한 교육 공간의 혁신은 단순한 건축적 실험을 넘어 미래 세대를 위한 교육적, 생태적 대안이 될 수 있다. 아이들이 어린 시절부터 자연과 교감하고, 생태적 감수성을 키우는 것은 지속 가능한 미래를 위한 토대가 된다.

또한 교육 공간은 콘크리트 벽과 인공조명으로 이루어진 폐쇄적 환경이 아닌, 빛과 바람, 식물과 물이 자유롭게 흐르는 열린 체험의 장이어야 한다. 이러한 공간에서 자라는 아이들은 자연을 두려워하거나 통제해야 할 대상이 아닌, 함께 호흡하고 조화를 이루며 살아가야 할 동반자로 인식하게 될 것이다.

4. 미래의 교실을 디자인하다

"내일 학교에 가기 싫어요". 전 세계 어디서나 들을 수 있는 아이들의 이 한마디에 교육자들은 이런 질문을 던지기 시작했다. "만약 학교가 아이들이 가고 싶어 하는 곳이 된다면 어떨까?"

디지털 원주민인 우리 아이들에게 이제 산업혁명 시대의 공장식 학교는 맞지 않는다. 지금의 아이들은 손가락 하나로 전 세계 정보에 접근하고, 가상 현실을 여행하며, 인공지능과 대화한다. 세상은 빠르게 변하고 있다. 생각해보자. 현재의 스마트폰은 불과 15년 전만 해도 상상할 수 없었던 슈퍼컴퓨터의 능력을 보유했다. 인공지능은 의사부터 변호사까지 전문직의 영역을 넘본다. 그런데 우리의 교육은 어떤가? 학교 시스템은 여전히 50분 단위로 쪼개진 시간표와 과목별로 분절된 지식을 고집한다. 미래라고 학교가 얼마나 바뀌겠냐는 회의적인 말이 들리는 이유다.

그러나 "만약 학교가 아이들이 가고 싶어 하는 곳이 된다면 어떨까?"라는 질문에 대한 답을 얻기 위한 실험은 세계 곳곳에서 시행되고 있다. 구글의 엔지니어가 설계한 미래학교가 있는가 하면, 벽과 교실이 사라진 열린 공간의 학교도 있다. 이들은 마치 미지의 행성을 탐사하듯 미래 교육의 새 지도를 그리고 있다.

이번 장에서는 교육 혁신의 두 극단을 탐험한다. 우선, 구글 출신 엔지니어가 설계하고 실리콘밸리의 거물들이 후원한 '알트스쿨AltSchool'은 모든 학생의 학습 경험을 데이터로 트래킹하고 최적화하는 기술 중심 접근법을 택했다. 반면, 스웨덴의 '비트라 텔레폰플랜 학교'는 전통적인 교실과 복도를 모두 없애고, 아이들이 자유롭게 움직이며 배울 수 있는 개방적 공간으로 재탄생시켰다. 한 곳은 천문학적인 자금과 첨단 기술로, 다른 한 곳은 교육 공간의 창의적 재해석을 통한 혁신으로 대담한 도전을 한 것이다. 흥미롭게도 그 결과는 사람들의 예상을 빗나갔다. 테크놀로지의 물결과 공간 혁신의 바람이 만나는 두 지점에서 미래학교는 어떤 모습이어야 할지 함께 생각해보자.

학교의 변화, 천천히 그러나 과감하게

미래학교는 '구름 속의 학교'라고 불린다. 이는 클라우드 기술을 기반으로 한 학교가 될 것이라는 예상 때문이기도 하지만, 아직 구체적인 방법과 모습이 명확히 예측되지 않기 때문이기도 하다. 손에 잡히지 않는 구름처럼 그 실체는 여전히 모호하다.

이번 집필을 위해 여러 연구와 조사를 접했다. 그리고 학교에 대한 인식이 국가별, 세대별로 무척 다르다는 사실을 알았다. 우선, "내가 학교 다닐 때는 말이야"로 시작되는 1980~1990년대의 학교를 떠올리면 '선생님의 발음대로 배우던 외국어 수업', '끝없이 반복되던 외국어 테이프'가 생각난다. 이어서 '시청각 교육실에서 보던 비디오'가 떠오르고, 빨간 펜으로 채점되던 답안지가 'OMR 카드'로 대체된 것이 생각난다. 그러나 이 오래된 기억을 살펴보면 학교라는 곳은 (형식적이었을지언정) 교육에 필요한 첨단기기와 자료가 존재하는 공간이었다. 학교에는 각 가정에 컴퓨터가 보급되기 전부터 전산실이 있었고, 집에서는 보기 힘든 인체 모형과 표본을 갖춘 과학실이 있었고, 세상의 모든 지식을 담은 백과사전이 꽂힌 도서관이 있었다. 즉, 가정보다 세대를 앞서간 곳이 바로 학교였다.

그러나 휴대전화가 보편화된 1996년 이후에 태어나 스마트폰을 사용하며 학교에 다니는 세대들은 학교를 '기술 변화의 갈라파고스섬(외부 세계와 고립된 상태의 비유)'처럼 느낀다. 이들에게 학교는 집에서는 쉽게 접속할 수 있는 인터넷의 불통 구역이자, 자기 방의 컴퓨터보다 사양이 낮은 컴퓨터, 부모 세대가 배웠던 것과 같은 형태의 교과서와 프린트물이 있는 곳이다. 인터넷과 컴퓨터 사용은 최대한 자제해야 하고, 수업시간에는 당연히 휴대전화를 반납해야 한다. 그리고 예전이나 지금이나 변함없는 사실은, 학교란 정해진 과목을 시간표대로 완수하고, 선생님으로부터 무언가를 배우고 공부하기 위해 가는 곳이라는 것이다. 그래도 이렇게 비교적 명확하게 학교에 대한 세대별 인식을 서술할 수 있음은 학교라는 공간을 '이해'할 수 있기 때문이다. 교실 내 전자칠판, 코딩 AI 보조 교사 등이 낯설긴 하지만 아예 예측하지 못한 건 아니었고, 수업 방식도 모둠 학습, 조별 과제 등을 통해 학부모 세대도 익숙해질 수 있을 정도로 변화가 이루어졌으며, 학부모도 아이들에게 스마트폰 사용을 제한하긴 하지만 또 그것이 학습을 돕는다면 기준에 따라 허용해왔다.

그러나 먼 미래의 학교를 예측하는 건 쉽지 않다. 클라우드 기반 학습, 디지털 기기를 적극적으로 활용한 학습이라는 개념을 구체적으로 그려내지 못하기 때문이다. 예를 들어, 디지털 기기를 활용한 수업에서 아이들은 교사가 아닌, 인공지능 튜터에게서 배우게 된다. 그렇다면 교사는 어떤 역할을 하게 되는 걸까? 교사가 존재하기는 할까? 미래의 학교에서도 여전히 '가르치는 교사'와 '배우는 학생'이라는 구분이 유지될까? 국어, 수학, 영어, 사회 대신 '문제 해결 능력' '창의성', '협업' 같은 새로운 과목으로 바뀐다면? 더 나아가 교단이 사라지고 교사가 아이들 사이를 오가며 학습을 돕는 조력자 형태로 변화한다면, 아이들에게 학교는 어떤 의미가 있을까?

스웨덴 비트라 텔레폰플랜 학교:
맞춤형 수업을 위한 공간 실험

교실, 학급, 학년이 없는 학교가 있다. 바로 스웨덴 스톡홀름에 위치한 비트라 텔레폰플랜 학교다. 이 학교는 '자유학교Free School'로 불리는 사립학교로 면적은 1,900m² 이다.

스웨덴 정부는 1990년대 초 교육법을 개정하여, 학생들이 거주지와 상관없이 원하는 학교를 선택할 수 있도록 했다. 이에 따라 국가에서는 공립학교뿐만 아니라 사립학교에도 초·중학교 학생 1인당 약 800만~1,200만

원의 교육비를 지원하며, 원칙적으로 학생들에게 추가 비용을 청구할 수 없게 했다. 우리나라처럼 학생들이 거주지에 따라 배정된 학교에 진학하는 것이 아니라 직접 학교를 선택하는 구조이기 때문에, 공립과 사립학교 모두 교육 콘텐츠와 시설 경쟁이 매우 치열하다. 이러한 교육 정책을 바탕으로, 기존의 학급 구분 없이 개방된 공간에서 자유로운 개별학습이 가능한 '미래형 학교'가 스웨덴 전역에서 만들어지고 있다. 특히 비트라 사립학교는 이러한 혁신적인 학교를 30곳이나 운영하며, 학생 중심의 유연한 교육 환경을 선도하고 있다.

학교 공간의 기본 구조

비트라 텔레폰플랜 학교를 방문한 사람들은 '겉과 속이 다른 학교'라고 말한다. 처음 건물을 마주하면 창고 같다는 느낌을 받을 정도로 삭막하다. 실제로 이 학교는 네모반듯한 콘크리트 건물로 공장지대에 위치하며, 예전에 전화기를 만드는 공장이 있던 자리에 있던 텅 빈 공장 내부를 개조해 2011년 완공한 학교다. 하지만 건물 안으로 들어서면 학교 전체가 뻥 뚫린 듯한, 하나의 개방된 공간을 마주하게 된다. 그리고 개방된 공간에는 모양도 크기도 제각각인 다양한 공간이 구석구석 배치되어 있다. 이는 디자이너 로잔 보쉬Rosan Bosch가 창의적 사고를 돕는 공간에 관한 연구 끝에 설계한 공간이다. 우선 전형적인 학교 구조인 긴 복도와 교실을 없앴다. 그리고 창의력을 방해하는 제일 큰 요소를 '칠판'으로 보고 전면 칠판을 없앴다. 또한 초기 단계에서부터 학생들의 의견을 반영해, 학생들이 원하지 않는 시설은 최대한 배제했다.

로잔 보쉬는 "학교는 아이들이 인간으로서 존중받을 수 있는 창의적인 공간이어야 한다"라고 강조한다. 이렇게 교실이 없는 개방된 구조 덕분에 비트라 텔레폰플랜 학생들은 최대한 많이 움직이면서 공부한다. 학습 목표에 도달하기 위해 학생들은 자신에게 필요한 방법으로, 자신이 원하는 공간에서 공부한다. 어디든 오갈 수 있으며, 어디든 드나들 수 있다. 이것은 '창의성은 공간에서 나온다'라는 관점이 반영된 결과이다.

이곳의 학생 활동에는 다섯 가지 원칙에 따른다. 개별학습, 공동작업, 그룹 활동, 놀이학습, 발표 및 공연이 바로 그것이다. 그리고 공간들은 다섯 가지 원칙 중 한 가지 이상의 성격을 지닌다. 이 공간들에 관한 중요한 관점은 학습자의 학습 성향을 고려한 공간 구성이라는 점이다.

☑ **개인별 활동 공간: 케이브** the cave

조용히 혼자 있고 싶어 하는 학생을 위한 공간이다. 개별 활동을 통해 문제를 해결해야 할 때 사용한다. 물론, 혼자가 아닌 함께 무언가를 해야 할 때도 사용할 수 있다.

☑ **공동작업 공간: 랩** the lab

실험 또는 탐구 활동 등 공동으로 문제를 해결할 때 이용하는 공간이다. 개방형 공간으로 학교 곳곳에 마련되어 있다.

☑ **그룹 활동 공간: 캠프파이어** campfire

개별 맞춤형 학습을 최우선으로 강조하지만, 무학년제로 동료들과 협력 학습을 하는 수업 방식도 무척 중요하다. 이 공간에서는 해결해야 할 과제를 다른 학생들과 함께 토론하고 협업하면서 학습한다.

☑ **놀이터 공간: 워터링 홀** the watering hole

학습 중간중간에 마음껏 놀이 활동을 할 수 있는 공간이다. 특히 나무 모양의 공간은 모임 장소이자 놀이 장소이다. 학교 건물 중앙에 있는 산 모양 공간 the Mountain 역시 토론과 발표 장소이자 쉬는 공간이다.

☑ **공연장: 쇼 오프** the show off

학교 건물 내의 중앙에 위치한 공간으로 수업을 통해 갈고닦은 실력을 발표하는 공간이다. 물론, 프로젝트 학습 결과를 공유하고, 생각을 나누거나 토론할 때도 이용한다.

출처: www.archdaily.com

이 외에 학교에는 두세 명의 학생이 생각을 나누거나 대화할 수 있는 공간인 '소통의 가구Conversation Furniture' 공간이 구석구석 배치해 있다. 또, 검은색 칠판으로 벽을 꾸민 집 모양의 '분필 하우스Chalk House', 마음껏 춤추고 신체 활동을 할 수 있도록 방음 처리된 '댄스 홀dance hall' 등이 있다.

기본적으로 이곳 학교는 학급 단위로 구성되지 않는다. 그래서 학생들은 학습 수준을 고려하여 개인 팀 단위로 수업에 참여한다. 공간이 이러한 무학년제 교육 과정을 원활하게 하는 것이다.

학교 구성 및 수업 방식

유치원생부터 9학년(우리나라의 초등학교에서 중학교까지) 학생까지 다니는 비트라 텔레폰플랜 학교의 수업은 모두 온라인 수업 모듈에 근거해 이루어진다. 개인별로 온라인에 접속하여 자신의 학습 계획을 설계하고 그에 맞춰 학습하는 것이다. 자신이 진행하는 프로젝트의 과제에 따라 개별 학습 또는 팀별 학습을 하게 되며, 교사의 도움은 언제든 받을 수 있다.

학생들은 모두 개인 노트북 혹은 태블릿으로 친구들과 아이디어 및 학습물을 게시할 수 있으며, 프로젝트 내용이나 학습 과정 또는 결과물을 인터넷상에 저장할 수 있다. 또한, 학습 결과물을 친구들과 공유해 의견을 나눌 수 있으며, 교사는 결과물을 평가하고 개별 피드백한다. 학년이 없으므로 항상 팀별로 학습을 계획하고, 교사는 팀 티칭을 활용한다. 개인도 중요하지만, 함께 문제를 해결하는 집단지성을 강조하기 때문이다. 그렇다면 학생들은 교실과 네모반듯한 벽 하나 없는 공간에서 어떻게 수업을 받을까? 구체적으로 수업 사례를 분석해보자.

|브레인스토밍 활동 (4학년)|
본 수업에 들어가기 전에 편안한 분위기를 조성하며 뇌를 활성화하는 활동이다. 보통 '비밀의 코드'라는 게임을 활용하는데, 이 게임 과정은 창의적 사고를 요한다.

|자기계발 계획 수업 (4학년)|

'자기계발 계획IUP, Individuel Utvecklings Plan'은 6세부터 실시하는 필수 과정이다. 학생들은 학습을 관리할 수 있도록 끊임없이 자기계발 계획을 세워야 하며, 자신이 세운 목표 설정이 올바른지 교사와 이야기해야 한다. 이때 교사는 학생의 능력, 특성, 흥미를 고려하여 지원한다.

학생이 세운 목표를 보면 '놀면서 공부하기, 너무 서두르지 않기, 맡은 일에 항상 집중하기, 발표를 더 많이 해서 알고 있는 지식을 표현하기' 등 학습 능력, 사회성, 집중력과 같은 능력을 기르기 위한 목표뿐 아니라, '스웨덴어 지문 핵심 파악하기, 공부할 수 있는 환경 만들기, 네 가지 계산법으로 수학 문제 풀기'와 같은 교과 관련 자기계발이 포함된다. 또한, 학생은 목표를 세웠어도 문제가 잘 해결되지 않으면 휴식 시간을 가질 수 있다. 휴식도 학습 계획에 포함된 사항인데, 비트라 텔레폰플랜 학교의 경우에는 놀이도 계획에 포함되었다. 즐겁고 행복한 학교생활을 위해서다.

|코딩 수업 (3학년)|

앱을 이용해 직접 게임을 만들고, 실행하여 놀이할 수 있는 수업이다. 개별수업이지만, 친구의 도움을 받거나 친구에게 도움을 주는 등의 소통이 많이 일어나는 활동이기도 하다. 또한, 게임 만들기는 여러 교과와 연계된다. 실제로 스웨덴은 게임 강국이다. 유능한 앱 개발자가 많고, 유튜브를 활용한 콘텐츠 개발에 강세를 보인다. 이는 7세부터 코딩 수업을 시작해 15세 정도가 되면 간단한 프로그램을 개발할 수 있는 정도의 교육을 시행하기 때문이다.

|영어·미술 통합수업 (8학년)|

영어와 미술 통합수업의 경우, 영어 교사와 미술 교사의 팀 티칭으로 진행된다. 예를 들어, 수업의 주제가 '롤 모델'이라면, 각자 정한 롤 모델에 대해 발표한 뒤, 사진이나 글을 바탕으로 포스터를 제작한다. 그러고 나서

제작한 포스터를 친구들 앞에서 영어로 발표하고, 영어로 질의응답을 하는 식이다. 여기서 미술 교사는 사진 위에 컴퓨터 그래픽으로 글씨를 쓰거나 디자인하는 법을 가르치며 이미지 저작권과 법을 지켜야 함을 안내한다(스웨덴 학교의 경우, 과제 시 저작권을 위반하거나 백과사전을 그대로 베껴서 제출하면 퇴학 조치를 받을 수 있다). 그리고 영어 교사는 영어로 발표할 때의 평가 기준을 정확히 안내하고 충분히 연습하고 발표할 것을 이야기한다. 이러한 통합수업은 하루 내내 진행된다.

이 모든 수업의 학습 장소는 각자 다르다. 어둡고 조용한 공간을 좋아하는 학생은 '케이브' 공간에서, 좁은 공간에서 안락함을 느끼는 학생은 작은 방에서 학습할 수 있다. 또 혼자서 학습할 수도 있고, 좋아하는 친구와 서로 조언하면서 학습할 수도 있다. 집중력이 떨어지는 학생은 드물다. 어릴 때부터 자신이 세운 학습 계획에 맞춰 책임감 있게 해내는 연습을 했기 때문이다. 그리고 교사의 역할은 매우 중요하다. 구석구석 학생들을 찾아다니며 대화하고 조언한다. 교사는 수업의 성공 여부를 결정하는 주요 요소다.

이렇게 스웨덴의 교육과 비트라 텔레폰플랜 학교의 수업을 분석해 보았다. 그렇다면 우리는 '열린 공간'에 대해 어떤 결론을 내릴 수 있을까?

첫째, 비트라 텔레폰플랜 학교는 무학년제 형태의 개인별 필요와 성장에 부합하는 교육 과정을 운영할 수 있는 공간을 구성했다. 학급 단위의 학습 공간은 존재하지 않았으며, 학생들은 자유롭게 자신만의 공간을 찾아 학습에 참여했다.

둘째, 비트라 텔레폰플랜 학교의 열린 공간은 학생들이 학습하는 공간 외에 '삶의 공간'으로써의 역할을 다하고 있었다. 삶의 공간은 어느 정도 편안함과 쉼의 공간이 있어야 한다. 이에 학생들은 소파가 있는 공간 등에 앉거나 엎드려 노트북을 사용하고 친구들과 협업하며 자유로운 학습과 쉼을 연결했다. 스트레스를 마음껏 풀 공간이 있다는 것도 학교가 학생들을 배려하고 있음을 알게 한다.

그 외에 교사들의 적극적인 안내자와 조력자 역할, 교과 융합 수업을 위한 팀 티칭 교수법, 개별 또는 모둠별 학습자의 곁에서의 지속적인 학습 컨설팅 모두 열린 공간에서 펼쳐지는 모습들이었다.

그렇다면 비트라 텔레폰플랜 학교의 사례가 우리나라 교육 공간에 시사하는 점은 무엇일까? 우리나라의 신설학교 설계 상황과 기존 학교 재구조화 상황에 대해 제언하면 다음과 같다.

우선 신설학교의 경우, 공간을 처음부터 새롭게 만드는 것이므로 창의적인 아이디어를 적극적으로 적용해볼 수 있겠다. 학교의 규모는 18~24학급 정도로 작은 규모로 설계해야 할 것이다. 규모가 클수록 열린 공간 효과가 떨어질 것이기 때문이다. 그리고 학급 단위가 아니라 학년 또는 학년군 단위로 운동장, 체육관, 급식실 등 독립된 커뮤니티 공간을 구성하면 좋을 것이다.

교육 과정 운영 역시 학년 또는 학년군 단위가 적당하다. 커뮤니티는 방음이 필요한 별도 공간을 제외하고는 모두 열린 공간으로 설계한다. 특히 소규모로 활동할 수 있는 공간은 자유로운 학습 공간으로 최적화할 수 있다. 가변적 공간 구성도 가능하다. 수업에 따라 수시로 공간을 변형하여 사용하는 것이다. 이는 교육 과정의 다양성을 포용하고 학생들의 다양한 활동을 지원한다.

기존 학교 공간 재구조화의 경우에는 기존 시설을 최대한 활용하되, 다양한 학습 공간 형태로 변형하려는 노력이 필요하다. 특히 기존 교실 재구조화는 학생 수가 감소하는 추세이므로 교실의 여유 공간이 충분한 학교부터 실행하는 게 바람직하다. 현재의 교실은 유지하되 여유 교실을 열린 공간으로 활용하면 좋을 것이다. 또한, 교실과 복도가 기본 형태이므로, 여유 교실과 복도를 터서 넓은 공간을 확보하고, 여기에 가변형으로 크고 작은 공간을 만들어도 효과적이다. 교육 과정을 학년 단위로 운영하는 시스템을 만들어 기존 교실에서는 학급 단위의 기본 학습을 하고, 재구조화한 공간에서 자기 일정에 따른 프로젝트 수업에 참여할 수 있게 하는 것도 방법이다. 물론, 학교 공간이 바뀐다고 곧바로 학교 수업이 바뀌는 것은 아니다. 학교 공간을 구성할 때부터 교육 과정에 기반하여 학생 참여형 수업을 적극적으로 실행하고자 하는 학교, 학생, 교사들의 노력이 함께할 때 빛을 발할 것이다.

알트스쿨의 흥망성쇠: 실리콘밸리의 IT 교육 실험

2013년 초여름, 구글의 수석엔지니어 출신 맥스 벤틸라Max Ventilla가 샌프란시스코의 한 콘퍼런스장에서 "아이 한 명의 교육을 위해 우리는 세상의 모든 기술을 총동원할 것입니다"라고 선언했다. 바로 알트스쿨의 시작이었다. 메타페이스북의 마크 저커버그와 프리실라 챈, 페이팔의 피터 틸, 넷스케이프의 마크 안드레센과 같은 실리콘밸리의 거물들이 총 1억 7,500만 달러(약 2,300억 원)라는 천문학적인 금액을 투자한 이 교육 혁신 프로젝트는 당시 교육계와 기술계에 엄청난 반향을 일으켰다. 사람들은 열광했고, 이 새 프로젝트가 기존 산업혁명 시대의 교육 모델을 완전히 뒤엎을 거라고 여겼다.

알트스쿨의 교실은 마치 미래 SF 영화의 한 장면 같이 디자인되었다. 교실의 벽면 전체가 디지털 스크린으로 둘러싸여 있고, 천장에 달린 수십 대의 카메라가 학생들의 움직임과 표정을 포착해 분석했다. 이렇게 매일 100GB의 데이터를 수집하고, 수집된 데이터를 통해 학생들에게 맞춤형 교육을 제공했다.

전통적인 학년제는 폐지되었다. 대신 학생들은 자신의 관심사와 성취도에 따라 자유롭게 수업을 선택했다. 5세 아이가 개인 노트북으로 코딩을 학습했고, 8세 아이가 5학년 수준의 수학을, 10세 아이가 3학년 수준의 읽기를 배웠다. 학생들은 매일 아침 자신의 학습 목표를 설정하고, '플레이북'이라 불리는 개인화된 학습 플랫폼을 통해 자신만의 학습 여정을 설계했다. 또 알트스쿨은 아이들이 직접 세상을 디자인할 수 있게 하는 것을 목표로 했다. 이에 6세 아이들은 3D 프린터로 자신의 장난감을 디자인하고, 9세 아이들은 VR 헤드셋을 쓰고 고대 로마를 가상 체험했다. 블록체인 기술을 이용한 디지털 배지 시스템이 학생들의 성취를 기록했으며, 인공지능 튜터링 시스템은 학생이 문제를 해결하는 과정에서 맞춤형 힌트를 제공했다.

그러나 2015년, 한 학부모가 "우리 아이는 마치 실험실의 쥐처럼 끊임없이 관찰당한다고 느꼈어요"라고 고백하며 알트스쿨의 어두운 이면을 드러내기 시작했다. 수십 대의 카메라가 학생들의 표정 변화를 분석하는 것은 조지 오웰의 『1984』를 연상케 한다. 알트스쿨에서 3년간 근무한 교사도 "기술이 교육자들의 교수법을 훼손했다"라고 고발했다. 교사들이 콘텐츠 큐레이터와 기술 조력자의 역할에 치중하게 되어, 교육자로서의 정체성과 교수법을 발휘할 수 없던 것이다.

2017년에는 충격적인 뉴스가 전해졌다. "8세 아이가 제대로 읽고 쓸 줄도 모른다"라는 학부모의 증언이 있던 것이다. 결과적으로 알트스쿨은 개인화된 학습 경로와 자율성을 지나치게 강조한 나머지 전통적인 학교 학생들과 비교해 현격히 낮은 학습 능률을 보였다. 실제 알트스쿨 4학년 아이는 "뭘 해야 할지 몰라 그냥 컴퓨터로 게임을 했어요"라고 말했고, 과학 수업에 참관한 교육 전문가는 "허리케인을 조사하라는 과제에 크롬북을 열어 위키피디아의 내용을 그대로 복사해 슬라이드를 만드는 걸 보았고 프레젠테이션은 멋있었지만, 그 내용에 관해 질문하면 제대로 설명하지 못하는 경우가 많았다"라고 말했다. 결국 알트스쿨은 2019년, 샌프란시스코와 뉴욕에 설립했던 9개 캠퍼스 중 일부를 폐교했다. 그리고 학교를 직접 운영하지 않고, 교육 플랫폼과 기술을 다른 학교에 제공하는 B2B^{Business-to-Business} 모델로 전환했다. IT에 기반한 교육 실험이 6년 만에 사실상 종료된 것이다.

1억 7,500만 달러의 투자, 실리콘밸리 최고 천재들의 지원, 그리고 무한한 가능성에 대한 약속에도 불구하고, 알트스쿨은 교육의 본질을 간과한 대가를 혹독하게 치렀다.

실패에서 배우는 미래 교육의 방향

알트스쿨의 실패는 우리의 미래 교육이 갈 방향에 대해 중요한 교훈을 남긴다. 우선, 미래 교육에도 '교육학Pedagogy' 중심의 접근이 필요하다는 점이다. 아무리 첨단 기술로 무장한다 해도 건전한 교육 이론에 바탕을 두지 않으면 그 효과는 제한적일 수밖에 없다. 또한, 교사의 역할이 중요하다는 점이다. 미래 교육에서 교사는 기술의 보조인이 아니라 여전히 학습 가이드이자 코치로서 존재해야 한다. 교사의 지도, 영감, 관계 형성 능력은 어떤 기술로도 대체할 수 없다.

미래에는 기술과 인간성의 균형, 개인화된 학습과 공동체적 경험의 균형, 데이터와 프라이버시의 윤리적 균형이 더욱 중요해질 것이다. 이 균형점을 어떻게 맞추어 나갈까?

첫째, 기술과 인간성의 균형을 위해서는 '테크 하이터치High-Tech High-Touch 접근법'이 유용하다. 인공지능을 활용해 아이들에게 맞춤형 교육기술을 선보이는 것이다. 첨단 기술과 깊이 있는 인간성의 균형은 디지털 네이티브 세대에게 특히 중요하다.

둘째, 개인화된 학습과 공동체적 경험 사이의 균형을 위해서는 동료와 협력하고 소통하는 기술을 함양해야 한다. 맞춤형 교육기술로 개인화된 학습을 해왔더라도 얻은 지식을 활용하는 데는 결국 다른 사람과 함께해야 한다.

셋째, 데이터와 프라이버시의 균형은 학생들에게서 수집한 데이터를 활용하는 것과 개인 정보를 보호하는 것 사이의 균형을 뜻하며, 윤리적 가이드라인이 필요하다. 투명하고 책임감 있게 데이트를 활용해야 할 것이다.

지속 가능한 모델과 접근성 고려도 필요하다. 미래학교는 첨단 기술을 활용하면서도 경제적으로 지속 가능하고, 다양한 배경의 학생들이 접근할 수 있어야 한다. 알트스쿨의 실험은 실패했지만, 그 실험이 남긴 교훈은 오히려 미래 교육의 올바른 방향을 알려주는 등대가 되었다. 알트스쿨의 이야기는 진정한 교육 혁신은 기술이 아닌, 아이들의 성장과 학습에 대한 깊은 이해에서 출발해야 함을 강력하게 상기시킨다.

미래 교육을 위한 균형점 찾기

플라톤은 "가장 중요한 일은 아이들이 무엇을 직업으로 삼을 것인가가 아니라, 어떤 인간이 될 것인가를 고민하는 것이다"라고 말했다. 이 질문은 2500년이 지난 오늘날에도 유효하다. 그렇다면 급변하는 기술 환경 속에서 미래 세대는 어떤 교육을 받아야 할까? 우리가 알던 '학교'라는 공간이 미래 세대에게도 의미 있는 공간일까?

우리는 "미래라고 학교가 얼마나 바뀌겠어?"라는 질문에 명확한 답을 내놓아야 할 시점에 도달했다. 표준화된 지식을 효율적으로 전달하는 데 초점을 맞춘 산업화 시대의 학교 모델은 이제 맞지 않는다. 그러나 미래의 학교는 '구름 속의 학교'라고 불리며 아직 실체가 없고, 교육 방법 또한 명확히 예측되지 않는다. 이에 교육 혁신을 향한 두 가지 흥미로운 실험이 있었다. 앞서 서술한 스웨덴 '비트라 텔레폰플랜 학교'의 실험과 미국의 '알트스쿨' 실험이다. 방향은 같지만, 극단의 결과를 맞이한 두 학교를 비교하며 미래 교육에 관한 중요한 단서를 가늠해보자.

첫째, 기술은 수단이지 목적이 아니다. 알트스쿨은 기술 중심 접근으로 교육의 본질을 놓쳤다. 반면 비트라 텔레폰플랜 학교는 공간과 교육 철학을 먼저 정립하고, 이를 지원하기 위한 도구로 기술을 활용했다. 기술은 교사와 학생을 보조하는 역할이어야지, 그들을 대체할 수 없다.

둘째, 교육학 중심의 접근이 필요하다. 알트스쿨은 기술의 가능성에 집중한 반면, 비트라 텔레폰플랜 학교는 공간설계부터 교육 과정 운영까지의 모든 것에 교육학적 원리를 바탕에 두었다. 학생의 발달 단계, 학습 특성, 동기 부여 전략이 설계의 중심에 있었다.

셋째, 자율성과 구조의 균형이 중요하다. 지나친 자율성은 일부 학생들에게 혼란을 줄 수 있다. 비트라 텔레폰플랜 학교에서는 자율성을 부여하되, '자기계발 계획'과 같은 분명한 구조와 교사의 지속적인 지원이 있었다.

자유는 방임이 아니라 안내된 탐험이어야 한다.

넷째, 공간이 교육에 깊이 관여한다는 사실을 알아야 한다. 비트라 텔레폰플랜 학교의 핵심 혁신은 공간 재구성에 있었다. 열린 공간, 다양한 활동 구역의 배치, 유연한 가구 배치는 학생들의 자율성과 창의성을 자연스럽게 끌어냈다. 교육 공간은 단순한 물리적 환경이 아니라 교육 철학의 구현체다.

다섯째, 교사의 역할이 재정의되어야 한다. 두 학교 모두 교사의 역할을 지식 전달자에서 학습 촉진자로 바꾸고자 했지만, 그 방식은 달랐다. 알트스쿨에서 교사는 기술 시스템의 관리자로 축소된 반면, 비트라 텔레폰플랜 학교에서는 학생과의 관계와 상호작용이 더욱 강화되었다.

이러한 교훈은 우리나라 교육현장에도 중요한 시사점을 제공한다. 바로 우리 교육부가 추진 중인 '미래형 학교 공간 혁신' 사업이 성공하기 위해서는 단순히 최첨단 시설을 갖추는 것이 아니라, 교육의 본질에 대한 깊은 성찰이 선행되어야 한다는 사실이다.

"미래라고 학교가 얼마나 바뀌겠어?"라는 질문에 대한 답은 이제 분명하다. 학교는 바뀌어야 하고, 바뀔 것이다. 그러나 그 변화는 기술 그 자체가 아니라, 기술이 지원하는 교육적 가치와 철학에서 시작되어야 한다. 미래학교는 전자칠판과 태블릿이 가득한 첨단기기의 전시장이 아니다. 미래학교는 아이들이 자신의 속도와 방식으로 배우며 성장할 수 있는, 인간 중심의 공간이어야 한다. 알트스쿨과 비트라 텔레폰플랜 학교의 실험이 보여주듯, 미래학교의 성공은 화려한 기술이 아닌 교육의 본질을 회복하는 데 있다. 또한, 진정한 교육 혁신은 천천히, 그러나 과감하게 이루어져야 한다. '천천히'란 아이들의 본성과 학습의 본질을 깊이 이해하는 과정을 건너뛰지 않는 것이고, '과감하게'란 익숙한 틀을 벗어나 새로운 가능성에 열린 자세로 도전하는 것이다. 구름 속에 숨어 있던 미래학교의 모습이 이제 조금씩 우리 앞에 모습을 드러내고 있다. 그것은 기술과 인간성, 자율과 구조, 개인화와 공동체 가치 사이의 섬세한 균형을 찾는 여정이다. 이 균형점에서 모든 아이가 자신만의 빛으로 빛날 수 있는 진정한 미래학교가 시작될 것이다.

5. 지구를 지키는 작은 실천들

우리는 지금 기후 위기의 한가운데에 서 있다. 북극의 얼음은 녹고 있고, 극단적인 폭염과 한파, 가뭄과 홍수가 반복되며 생태계를 붕괴하고 있다. 이런 위기 앞에서 우리는 무엇을 할 수 있을까? 아마 거대한 산업 시스템을 혁신하는 건 어렵지만, 우리의 일상, 특히 아이에게 제공하는 교육 공간에 변화를 주는 일은 할 수 있을 것이다. 교육 공간의 혁신을 강조하는 이유는 교육 공간은 단순히 지식을 전달하는 장이 아니라, 미래 세대의 가치관과 생활 습관을 형성하는 주요 터전이기 때문이다. 친환경적으로 설계된 학교는 그 자체로 살아있는 교과서가 되어 학생들에게 지속 가능한 삶의 방식을 가르친다.

이번 장에서는 교육 공간의 친환경적 혁신이 어떻게 지구를 지키는 작은 실천으로 이어지는지 살펴본다. 서울 공항고등학교의 사례를 중심으로, 자연광을 활용한 아트리움, 태양광 발전과 자연 환기 시스템, 지역 사회와 함께 호흡하는 마을결합형 학교 모델까지 교육 환경의 친환경적 변화가 가져오는 혁신적 영향력을 탐색한다. 또한, 프랑스의 불로뉴-비앙크루 학교, 핀란드의 알토 대학교의 사례를 통해 세계적인 친환경 교육 공간의 흐름을 살펴보고, 이러한 공간들이 어떻게 학생들과 지역 사회에 영향을 미치는지 알아본다.

서울 공항고등학교: 친환경 교육 공간으로의 진화

강서구 마곡동에 자리한 공항고등학교는 30개 학급과 3개 특수학급의 일반 고등학교다. 2020년 현재의 위치로 이전하면서 여러 혁신적 시범사업의 집합체로 재탄생했으며, 2019년 대한민국 공공건축상을 시작으로 2020년 녹색건축물 대상, 서울시 건축상 최우수상 등 쟁쟁한 건축상을 받았다. 이 학교의 특별함은 '디자인 중심의 설계공모 확대 사업, 마을결합형 학교 시범사업, 에너지 자립 학교 시범사업' 세 가지 사업으로 탄생했다. 획일적인 학교 건축에서 벗어난 창의적 디자인의 추구, 학교와 지역 사회의 경계 허물기, 제로 에너지를 지향하는 친환경 기술의 적극적 도입이 있었다.

그중 '디자인 중심의 설계공모 확대'는 2016년 서울시 교육청이 학교 공간 혁신을 목표로 시행한 사업으로, 신축 학교로는 공항고등학교에 처음 적용되었다. 설계 용역비 5,000만 원 이상이면 의무적으로 설계 공모 방식을 취하고, 심사위원을 외부 전문가로 구성하여 심사의 공정성과 투명성을 높이며 제출물 간소화로 공모 참여의 문턱을 낮추는 게 목표였으며, 당시 공모에는 대체로 과감하고 모험적인 안들이 제출되었다.

몰MALL 타입의 학교

건물의 배치는 땅의 형상에 따랐다. 공항고등학교가 이전할 부지는 'ㄱ'자 형태였고, 이는 곡선형의 몰 타입 건물 배치가 가능한 형태였다. 구체적으로 살펴보자.

우선, 곡선형의 몰 타입 건물은 학생들이 가장 많은 시간을 보내는 교실을 남향에 두기 위한 노력이었다. 처음에는 'ㄱ' 자 부지의 머리 부분이 인접 학교 건물에 가로막혀 채광과 개방성이 좋지 않아, 머리 부분을 제외한 부지에 30개 교실과 운동장을 배치하고자 했다. 그러나 모든 교실을 남향에 두기에는 폭이 좁았고, 건물을 5층으로 올리자니 부담스러웠다. 그래서 최종적으로는 운동장을 좌측에 놓는 'Z'자 형태의 교실 배치가 도출되었다. 마을결합형 학교로서 개방성과 면학 분위기 조성이라는 다소 상충적인 학교의 성격을 충족할 방안이기도 했다.

학교를 보통 '도심 속 외딴섬'으로 비유하고는 하는데, 그 이유는 아무래도 마을과 학교 사이의 경계와 그로 인한 단절 현상 때문일 것이다. 이에 공항고등학교는 마을결합형 학교로서 개방성과 연계성을 확보하는 동시에 학습권을 보장하는 것이 최우선이었다. 그래서 마을결합형 시설과 학습 시설을 적절히 분리하는 이분법적 공간이 탄생했다. 인접 학교와 공원으로 이용되고 있는 나대지와 공동주택 등과 마주하는 정면부에 교실 등의 학습 영역을 배치하고, 중·소규모의 근생시설과 주거가 있는 동·북측의 거리에 면하여 개방적 성격의 마을결합형 시설을 배치한 것이다.

그리고 분리된 두 공간은 몰 타입의 공간으로 적절하게 연계했다. 이 방법은 학습 영역과 마을결합형 시설은 서로 각각의 영역을 갖되, 단절되지 않도록 학교의 시간대별 운영 방안에 따라 개폐가 가능한 출입문으로 적절히 차단하거나 연결할 수 있다.

자연광이 춤추는 아트리움: 소통과 교류의 중심지

공항고등학교에 들어섰을 때 가장 먼저 눈에 띄는 공간은 웅장한 아트리움이다. 유리 천장을 통해 쏟아지는 자연광이 기존 학교의 어두컴컴한 복도와는 완전히 다른 경험을 선사하며, 태양 입사각을 고려해 비스듬히 설치한 천창 루버는 계절과 시간에 따라 적절히 빛을 조율한다. 천장이 유리로 된 아트리움은 기존 일률적으로 길게 배치된 교실과 인공조명의 복도에서 벗어나기 위한 시도였다. 자연광의 복도와 언제나 하늘을 볼 수 있는 유리 천장이 학생을 반긴다.

아트리움 공간은 미적인 요소도 있지만, 궁극적으로는 소통과 교류를 위한 공간이다. 점차 확대되는 교과 교실제의 특징은 학생들이 홈베이스를 중심으로 계속 이동하면서 수업을 받는다는 것이다. 따라서 학교생활에서 학생 간 또는 교사와 학생 간의 커뮤니티의 비중과 중요성은 점점 증가하고 있다. 아트리움과 학교 내 모든 시설을 아우르는 다방향의 입체적인 동

출처: www.aurum.re.kr

선은 학생들 간의 다양하고 우연한 만남을 촉진한다. 거대한 쇼핑몰을 연상시키듯 학생들은 마치 몰킹malling을 하듯이 교과별 이동 수업을 받으러 이리저리 이동하면서 서로 마주치기도 하고, 개방적인 아트리움 건너편의 복도나 위아래 층에 있는 친구들의 모습을 보면서 자연스럽게 교감할 기회를 얻게 된다.

에너지 자립을 위한 첨단 기술의 향연

공항고등학교의 친환경성은 학교 건물의 지붕과 남쪽 방향 전면에 설치된 태양광 패널을 통해 상당량의 전력을 생산하는 데서 찾아볼 수 있다. 또한, 지붕과 벽면에 설치한 태양광 발전 설비와 아트리움의 온도 차를 이용한 자연 환기 시스템, 지열을 이용한 바닥 복사 냉난방 시스템 또한 공항고등학교의 제로 에너지 지향의 원칙을 기술적으로 해결한 방법이다.

출처: www.aurum.re.kr

아트리움의 온도 차를 이용한 자연 환기 시스템은 별도의 에너지 소비 없이 건물 내부의 공기 순환을 촉진한다. 온도가 높아진 공기는 자연스럽게 상승하여 아트리움 상부의 환기구를 통해 배출되고, 이로 인해 신선한 외부 공기가 유입되는 굴뚝 효과를 활용한 것이다. 지열을 활용한 바닥 복사 냉난방 시스템도 주목할 만하다. 지하 100~200m 깊이의 일정한 지중 온도를 활용하여 겨울에는 따뜻하게, 여름에는 시원하게 실내 온도를 조절한다. 이는 기존 에어컨이나 보일러 시스템보다 에너지 효율이 훨씬 높으며, 쾌적한 실내 환경을 조성한다.

이런 기술적 요소들은 단순히 에너지 절약만을 위한 것이 아니다. 이는 교육적 자원으로써 학생들에게 친환경 기술과 지속가능성에 대한 생생한 학습 기회를 제공한다. 학교 곳곳에 설치된 에너지 사용량 모니터링 시스템을 통해 학생들은 실시간으로 학교의 에너지 생산과 소비를 확인

출처: www.aurum.re.kr

할 수 있으며, 환경 보전의 중요성을 체감한다. 공항고등학교는 이렇게 에너지 자립 신축 시범학교로 최초로 선정되기도 했다.

마을과 함께 숨 쉬는 학교

공항고등학교는 마을결합형 학교로서 지역 사회와의 연계성을 높이면서, 학교의 면학 분위기를 해치지 않는 균형을 추구했다. 사실 공공기관 발주의 설계 공모 지침은 기존 지침을 짜깁기하거나 두루뭉술하게 내려오는 경우가 종종 있다. 그러나 공항고등학교의 경우에는 지침이 간결하지만 명확했다. 학교 공간을 마을결합형 시설과 학습 시설을 구분하고 몰 타입의 공간으로 연결할 수 있었던 것도 명확한 지침 덕분일 것이다.

구체적으로, 공항고등학교의 출입문은 시간대별로 개폐되며 도서관, 체육관, 다목적 홀 등은 마을결합형 시설에 포함되어 방과 후나 주말에는 지역민들에게 개방된다. 특히 체육관은 지역민을 위한 공공체육관의 역할을 겸하고 있어, 학교와 지역 사회의 경계를 허무는 데 큰 역할을 한다. 옥상 정원과 생태 학습장 또한 지역민에게 개방되어 도심 속 자연을 경험할 수 있게 하고, 소중한 휴식 공간을 제공한다. 이는 단순한 시설 공유를 넘어 학교와 지역 사회가 함께 성장하는 '공유된 경험의 장'을 만든다.

실제 공항고등학교 2학년 학생은 "학교 도서관에서 주말에 독서 모임을 했는데 처음에는 어색했지만 즐거웠어요. 할머니, 할아버지가 과거의 자연환경을 얘기해주시면 저는 우리가 아는 기후 변화와 과학적 지식을 얘기해드렸어요. 환경에 대한 대화는 이런 데서 비롯된다고 생각했어요"라고 말했다.

프랑스 불로뉴-비앙크루 초등학교: 지역 사회와 친환경을 고려한 학습 공간

파리 근교 오드센주에 있는 불로뉴-비앙쿠르 공립 유치원과 초등학교는 획일적이고 통제 가능한 건축이 아닌, 개방적이고 소통이 가능한 구조로 디자인되었다. 이는 곡선 형태의 옥상 정원, 학교와 체육관이 결합된 입체적 구조를 보면 알 수 있다. 각 교실은 놀이터 및 생태 정원에 접하여 둘러싸여 있으며, 테라스와 옥상 정원에는 다양한 식물이 식재되어 학생들의 생태 학습장이 된다. 교육의 현장에 자연을 포함한 '도시 속의 자연 체험'이 강조된 학교로 볼 수 있다.

또한, 불로뉴-비앙크루 학교는 지역 공공시설과의 복합화를 통해 지역사회와 교육현장의 자연스러운 교류를 추구한다. 기획 단계부터 지역민을 위한 공공체육관과 유치원, 초등학교의 18개 학급 활동을 고려하고 의견을 수렴하여 시공한 것이다. 이는 학교가 지역민과 상생하는 공동의 장이자 공유된 경험의 장으로서 더불어 성장하는 가치를 담아내야 하는 곳임을 알게 한다. 또한 비교적 밀도가 높은 주변 환경에 대응하도록 독립된 하나의 매스Mass로 계획하였다는 점이 차별화된다.

핀란드 알토 대학교:
적극적인 친환경과 지역 연계를 실천하는 공간

핀란드 알토 대학교Aalto University는 디자이너 알바 알토의 이름을 딴 대학으로, 정부 주도하에 헬싱키 기술대학교, 헬싱키 경제대학교, 헬싱키 디자인예술대학교를 합병해 출범한 종합대학이다. 세계적인 디자인 대학으로 꼽히며, 지역 도시의 디자인에 기여하는 대표적인 대학이기도 하다.

알토 대학교의 특징은 지역 사회와의 적극적인 연계다. 지역민이라면 누구든 알토 대학교의 콘텐츠를 활용할 수 있고, 실험실과 강의실을 사용할 수 있으며 네트워크를 공유할 수 있다. 또한, 알토 대학교는 스타트업 준비생을 돕는다. 공간 지원, 인적 지원을 통해 창업 분위기를 조성하고 기반을 마련해준다. 이러한 대학과 지역의 협력 상생 프로젝트는 '지역연계

조협력'이라 하며, 지역의 이해관계, 지역에 맞는 연구 개발, 지역 구성원 (기업, 연구기관, 주민)들 간의 포괄적인 연계 협력을 돕는다.

알토 대학교는 친환경을 추구하는 대표적인 대학이기도 하다. 그린 캠퍼스 추진을 위해 '지속 가능한 캠퍼스 및 시설 서비스Sustainability, Campus and Facility Service'를 부총장 직속부서로 운영하고, 그 하위 부서로 '지속 가능 경영실Sustainability Office', 이 안에 에너지관리팀Energy Efficiency Team 등의 행정조직이 범주별로 추진을 담당하고 있으며 이는 행정, 네트워킹, 교육, 연구, 에너지, 캠퍼스 종합계획, 교통, 건물, 구매, 폐기물과 재활용, 식품과 건강, 실천과 행사의 12개 범주로 구분된다. 대표적으로 알토 대학교는 기후변화, 에너지, 친환경 교통, 재생 가능한 에너지 등의 다학제 프로젝트와 에너지 효율 연구 프로그램을 지원한다. 또한, 친환경 원칙에 따른 캠퍼스 장기종합계획에 따라 '생물종 다양성을 고려한 캠퍼스 가든'을 조성하고, 물 관리를 위해 '물 소비량 데이터화', '분산형 빗물 관리' 등을 추진하고 있다. 실제로 2015년 ISCN 보고서에 따르면, 알토 대학교는 폐기물의 90%를 재활용 및 에너지로 사용했다. 모두 사회적 책임과 친환경에 관한 모든 활동을 핵심가치로 둔 알토 대학교의 노력이다.

이러한 친환경에 관한 혁신 사례는 점차 늘고 있다. 덴마크의 그린 스쿨 코펜하겐은 원형 건물 구조로 에너지 효율을 극대화하고, 건물 중앙의 대형 정원에서 학생들이 직접 채소를 기르며 생태 교육을 실천한다. 또 미국 시애틀의 케스케이디아 초등학교Cascadia Elementary School와 버치 스쿨The Bertschi School 같은 LEED 인증을 받은 친환경 학교는 빗물 수집 시스템과 태양광 패널을 통해 자체적으로 물과 전기를 공급하며, 이를 교과과정과 연계해 학생들에게 지속 가능한 생활 방식을 가르친다. 학교 건물 자체가 살아있는 교과서 역할을 하는 것이다. 싱가포르의 난양 초등학교는 열대 기후에 적합한 친환경 설계로 자연 환기와 빛 유입을 극대화하면서도 에너지 사용을 최소화한다. 학교 곳곳에 설치된 수직 정원은 도시 속 생물 다양성을 높이는 동시에 학생들에게 식물 관찰의 기회를 제공한다.

도시에서 자연과 공존하는 법

친환경 교육 공간이 중요한 이유는 도시화된 공간에서 조금 더 자연과 가까이하고 어린 시절부터 자연을 접할 기회를 늘리는 데에 있다. 도시 속 친환경 교육 공간은 아이들에게 자연과 교감할 소중한 기회를 제공한다. 가장 좋은 방법은 아이들이 가장 많은 시간을 보내는 학교가 친환경적으로 변화하는 것이다. 학교 내 생태 정원, 옥상 녹화, 실내 정원 등은 학생들이 자연과 교감할 수 있는 공간이 된다. 자연을 발견하고 탐색하는 공간이 많을수록 좋다. 그리고 지붕이나 벽면의 태양광 패널, 빗물 재활용 시스템, 자연 환기 시스템, 지열 냉난방 등의 설치는 에너지 절약을 위한 실천뿐 아니라, 지속 가능한 생활 방식을 체험하게 하고, 자연 보호의 중요성을 알게 한다.

또한 지역 공동체와의 결합한 교육 공간은 사회적 책임감을 배울 수 있는 생생한 교과서다. 지역민들과 함께 사용하는 공간을 통해 학생들은 공유의 가치를 배우고, 지역 사회의 일원으로서 책임감을 키울 수 있다. 학교가 지역 사회와 소통하고 환경을 생각하는 공간으로 설계될 때, 학생들은 도시에서도 자연과 조화롭게 살아가는 방법을 자연스럽게 배우게 된다.

실제로 공항고등학교의 신입생들은 햇살이 쏟아지는 아트리움에서 "선생님, 왜 우리 학교는 창문이 이렇게 높아요?", "저기 천장의 유리는 뭐예요? 비가 새지 않아요?", "이 벽에 달린 모니터는 우리 학교가 얼마나 전기를 쓰는지 보여주는 거예요?" 등의 질문을 한다. 이 호기심 어린 질문은 바로 친환경 교육 공간이 학생들에게 던지는 첫 번째 교육적인 질문들이다. 이곳의 학생들은 친환경적 공간에서 사고방식과 가치관을 형성하고, 지속 가능성의 가치를 발견한다.

6. 아이들에겐 마을이 필요하다

　　　　　　금요일 오후, 마포구의 한 초등학교 도서관. 평일임에도 이곳은 활기로 가득하다. 교복을 입은 중학생, 노트북을 든 대학생, 퇴근길에 잠시 들른 회사원, 손주를 기다리는 노인들이 한 공간에 모여 있다. 학교 건물 한쪽에서 동아리 활동을 마친 학생들이 나오자, 요리 수업에 참여하려는 주민들이 들어선다. 또, 옥상에는 청년들이 가꾸는 도시농업 텃밭이 있고, 지하에는 주민과 학생이 함께 사용하는 수영장이 있다. 한편, 도서관에서는 초등학생이 자원봉사자 할머니와 함께 도서관 이용자들을 돕고 있고, 70대 노인이 어린이들에게 옛날이야기를 들려주고 있다. 테이블에서는 중학생들이 그룹 스터디를 하고, 은퇴한 과학 교사가 실험 동아리를 지도하고 있다. 이것은 바로 '학교복합화'의 생생한 모습이다. 한 지역 주민은 이렇게 말한다. "제가 젊었을 때는 상상도 못 했던 모습이에요. 학교는 아이들만 가는 곳이라고 생각했거든요. 그런데 지금은 이곳에서 매일 책도 읽고, 아이들에게 옛날이야기도 들려주며 다시 젊어지는 기분이 들어요. 아이들 덕분에 우리 동네가 살아있다는 느낌이 듭니다"

　이러한 학교복합화는 일본과 네덜란드 등 일부 국가에서는 이미 실현되고 있으며, 우리나라에서도 점차 확산하는 중이다. 단순히 공간을 함께 쓰는 것을 넘어, 지역 사회와 학교 간의 벽을 허물고 진정한 '마을'을 만드는 새로운 패러다임인 것이다.

학교복합화의 필요성

　　　　　학교복합화는 4차 산업혁명 시대, 빠르게 변화하는 사회에 대응하기 위해 탄생했다. 지식과 기술이 빠르게 바뀌는 지금, 아이들에게는 가정, 학교, 지역 사회가 유기적으로 연결된 환경이 필요하다. 그래서 지역과 복합화된 학교는 아침, 저녁, 주말에도 불이 꺼지지 않는다. 하교 후에는 주민들의 생활체육과 문화 프로그램이, 방학 중에는 아이들과 노인을 위한 교육이 함께 운영된다. 학교가 교육 시설을 넘어 '마을 교육 공동체'의 중심으로 자리 잡는 것이다. 이렇게 학교와 마을이 하나의 유기체처럼 작동할 때, 아이들은 더 풍부한 경험을 쌓고, 어른들은 배움과 소통을 통해 활력을 얻으며, 지역은 세대가 어우러진 연대감을 만들어간다. 이러한 '지역 사회 학교Community School'는 평생교육, 지역 발전, 민주주의 실천이라는 4차 산업혁명 시대의 핵심 가치를 담고 있다. 그렇다면, 우리는 왜 이런 사업을 추진해야 할까? 이번 장에서 알아보자.

사라지는 미래, 축소되는 도시들

2020년대 우리 사회가 마주한 가장 심각한 위기 중 하나는 급격한 인구 감소다. 통계청의 「장래인구특별추계」에 따르면 우리나라 인구는 2020년 5,184만 명을 정점으로 감소하기 시작했으며, 2070년에는 3,766만 명까지 줄어들 전망이다. 특히 대도시 외곽과 지방은 2067년까지 경기도의 한 지자체를 제외한 모든 지역이 소멸할 심각한 위기에 처해 있다.

그러나 여전히 도시 기본 계획은 인구 증가를 전제로 한다. 인구 소멸 위험 지역으로 지정된 80여 곳도 '인구를 늘리겠다'라는 계획뿐 구체적이지 않다. "3배까지 늘리겠다"라고 말하는 곳도 있는데, 막무가내 공약에 불과하다. 더 심각한 문제는 이러한 무리한 계획에 시설이 중복적으로 건립된다는 점이다. 수영장, 도서관, 체육관, 문화시설 등이 부서에서 따로따로 만들어지고 있으며, 유지 관리비는 지자체의 재정을 압박한다. 대부분이 시설이 적자를 면치 못하고 있다. 그렇다면 이런 상황을 어떻게 해결해야 할까?

지금은 양적 팽창이 아닌 질적 향상을 추구할 때라고 생각한다. 미국의 '스마트 축소smart shrinkage' 정책처럼 도시의 규모를 현실적으로 조정하고, 핵심 지역에 자원을 집중하는 전략적 접근이 필요하다. 미국 오하이오주에 있는 영스타운Youngstown의 사례를 살펴보자. 영스타운은 한때 제철 산업으로 번영했으나, 산업이 쇠퇴하면서 인구가 17만 명에서 6만 5천 명으로 급감했다. 이에 영스타운은 2010년 도시 계획을 수립할 때 인구를 8만 명 수준으로 줄이는 방안을 채택하고, 특정 지역에 예산을 투입하여 내실 있게 시설을 조성했다. 교통 시설을 중심으로 축소하여 지역민들의 삶의 질을 높이는 방향으로 정책을 전환한 것이다. 이러한 전략적 축소는 상당한 성과를 거두었다. 버려진 건물을 철거하고 그 자리에 녹지 공간을 조성함으로써 지역민들의 삶의 질이 개선되었으며, 집중 투자 지역의 주택 가치는 안정세를 보였다. 또한, 도시 유지 비용이 감소하면서 재정 건전성이 향상되었고, 주민들의 생활 인프라에 대한 접근성과 질이 개선되었다. 무엇보다 중요한 것은 도시가 현실을 인정하고 축소를 긍정적인 전환의 기회로 삼았다는 점이다. 이는 양적 성장만을 추구하던 기존의 도시계획 패러다임에서 벗어나 질적 개선에 초점을 맞춘 새로운 접근법의 성공 가능성을 보여준다. 우리나라도 이러한 스마트 축소를 시행해 사람들이 찾고 싶은 마을로 전환해야 한다. 그리고 그 핵심에 바로 '마을 공동체'와 '학교 복합화'가 있다.

잃어버린 마을 공동체를 되찾다

마을은 사전적으로 '여러 집이 모여 사는 곳'이라는 행정구역 또는 주거 지역의 의미가 있지만, 사회적으로는 '함께 살아가는 사람들이 서로 신뢰하고 협력하는 공동체적 삶의 터전'을 의미한다. 과거에는 자연스럽게 형성되어 공동체적 성격을 띠었다면, 현대 사회는 산업화, 도시화, 핵가족화로 점차 해체되었다.

아이들이 뛰놀던 골목길은 주차장이 되었고, 이웃과 나누던 정담은 SNS의 '좋아요'로 대체되었다. 지금 사람들은 이웃을 알지 못한 채 고립되어 살아가고, 아이들은 학교와 학원을 오가며 지역 사회와 단절되어 성장한다. 그 결과는 무엇인가? 외로움, 소통의 부재, 공동체 의식의 상실, 아이들의 사회성 발달 저하 등이다. 마을 공동체를 회복하고자 하는 움직임은 이러한 문제의식에서 출발했다. 서울의 성미산 마을, 제주의 동광마을, 전북 완주의 삼례마을 등에서는 주민들이 스스로 품앗이 육아, 공동 텃밭, 마을 축제, 마을 기업 등 다양한 활동을 통해 공동체를 복원하고 있다. 이곳의 아이들은 여러 어른의 보살핌 속에서 자라고, 어른들은 아이를 돌보며 생기를 되찾는다. 서로의 필요를 충족시키는 호혜적 관계가 형성되는 셈이다.

그렇다면 아이들에게는 왜 마을이 필요할까? 그것은 '한 아이를 키우려면 온 마을이 필요하다'라는 아프리카 속담에서 찾을 수 있다. 아이를 온전히 성장시키기 위해서는 절대 부모만의 노력이 아닌, 다양한 관계와 경험이 필요하다. 구체적으로 살펴보자.

첫째, 마을은 아이들에게 다양한 어른들과 교류하게 함으로써 '삶의 모델'을 제공한다. 핵가족 내에서는 부모라는 제한된 어른 모델만 접할 수 있지만, 마을 안에서는 다양한 직업과 가치관, 생활 방식을 가진 어른들을 만나며 자신의 미래를 상상할 수 있다.

둘째, 마을은 또래 집단이 아닌 다양한 연령대의 친구들과 어울릴 기회를 제공한다. 학교에서는 동일 연령 집단만 만나지만, 마을에서는 여러 연령대의 아이들과 폭 넓게 어울리며 배려, 리더십, 책임감 등을 자연스럽게 배울 수 있다.

셋째, 마을은 아이들에게 소속감과 안정감을 제공한다. 어른들이 나를 알고 관심 가져 준다는 것은 아이들에게 심리적 안전망이 된다. 이런 안전망은 불안과 우울 같은 정신건강 문제를 예방하고, 자존감과 정체성 형성에 긍정적 영향을 미친다.

넷째, 마을은 학교와 가정에서 경험할 수 없는 다양한 배움의 장이다. 마을 장인으로부터 전통 기술을 배우거나, 공동 텃밭에서 농사를 경험하거나, 지역 문제 해결에 참여하는 과정에서 교과서로는 얻을 수 없는 살아있는 지식을 얻게 된다.

학교, 마을의 중심이 되다

사실 과거에는 학교가 지역 사회의 중요한 거점이었다. 특히 농촌 지역에서 학교는 교육 기관일 뿐만 아니라, 마을 공동체의 구심점이자, 문화의 중심이었다. 그리고 최근, 이러한 학교의 역할을 되살리려는 여러 시도가 있다. 전국 각지에서 '마을교육공동체' 운동이 확산하며 함께 아이를 키우고, 아이들을 마을의 일원으로 성장하는 교육 생태계를 만들려는 움직임을 보인 것이다. 그리고 이는 학교, 마을, 지자체, 교육청이 협력하여 아이들의 성장을 지원하는 새로운 교육 모델이기도 하다. 전북 완주군의 '씨앗학교', 경기도 화성의 '에코스쿨', 서울 도봉구의 '마을학교' 등이 대표적이다.

이런 마을교육공동체에서는 마을 주민들이 방과후 수업의 강사로 참여하거나, 마을의 일터와 문화공간이 배움터가 되기도 한다. 아이들은 마을 축제에 주체적으로 참여하고, 지역의 문제를 탐구하는 프로젝트를 수행하며 민주시민으로 성장한다.

주목할 것은 '마을결합형 학교'의 개념이다. 학교의 담장을 허물고 마을 전체를 배움터로 활용하는 접근법으로, 학교의 시설을 방과 후나 주말에 주민들에게 개방하고, 마을의 자원은 학교 교육에 적극적으로 활용하는 방식이다. 그리고 공유의 과정이 학교와 마을을 유기적으로 결합해 하나의 교육 생태계를 형성한다.

또 다른 주목할 점은, 마을 교육공동체가 공동육아와 육아 품앗이 활동을 확산한 점이다. 그중 '공동육아'는 핵가족화로 육아 부담이 고스란히 부모에게만 쏠리는 현상을 일부 해소했고, 부모가 주체적으로 교육 철학과 방향을 고민하고 실천하는 교육 운동의 하나가 되었다. 이들은 아이들에게 생태, 평화, 공동체의 가치를 중심으로 자연과 더불어 사는 삶의 방식을 전하는 특징이 있다.

'육아 품앗이'는 공동육아보다 조금 더 가벼운 형태로, 몇몇 가정이 돌아가며 아이들을 돌보거나 부모의 특기를 살린 프로그램을 진행하는 방식이다.

예를 들어 월요일에는 A 가정에서 미술 활동을, 화요일에는 B 가정에서 음악 활동을 진행하는 식이다. 이런 품앗이를 통해 부모들은 육아의 부담을 나누고, 아이들은 다양한 경험과 관계를 형성할 수 있다.

공동육아와 육아 품앗이의 가치는 '함께 키움'을 회복하는 데 있다. 아이를 키우는 일이 개별 가족의 책임이 아닌 공동체의 책임이라는 인식 전환은, 결국 '아이들에겐 마을이 필요하다'라는 명제로 귀결된다.

국내 학교복합시설 활성화 정책

현재 국내 학교복합시설 활성화 정책은 교육 인프라와 지역사회 발전을 통합적으로 추진하기 위한 국가적 전략으로 자리 잡았다. 2023년 3월, 교육부가 발표한 학교복합시설 활성화 방안은 학령인구 감소와 지방 소멸, 인구구조 변화라는 사회적 도전에 대응하기 위한 핵심 정책으로, 교육 시설의 효율적 활용과 지역 정주 여건 개선이라는 두 가지 목표를 동시에 추구한다. 이 정책은 도시형, 신도시형, 농어촌형 등 지역별 특성을 고려한 맞춤형 모델을 제시하여 전국적으로 균형 있는 교육 및 문화 인프라 확충을 도모한다.

우선, '도시형 학교복합시설'은 고밀·복합개발 유형으로 도시 공간의 제약을 고려한 수직적 개발 방식을 채택하고 있다. 이 모델은 도시 일반형과 고밀·복합개발 유형으로 구분되는데, 주로 교사, 지역 관장, 운동장, 교육 문화 시설을 유기적으로 연결하여 한정된 도시 공간 내에서 최대한의 활용도를 추구한다.

평생교육시설, 주민 커뮤니티 공간, 체육시설 등을 학교와 결합하여 도시민들의 접근성을 높이고, 공공 인프라의 효율성을 극대화하는 방향으로 설계된다.

'신도시형 학교복합시설'은 스쿨파크형과 복합커뮤니티 연계 유형으로 발전했으며, 신도시 개발계획 단계부터 학교와 지역시설을 통합적으로 고려한다. 이 유형은 학교 내 복합시설 설치와 지역 운동장 스쿨파크 활용을 중심으로, 학교 인접 부지와 복합커뮤니티를 연계하는 방식이 특징이다. 신설되는 학교와 지원시설, 체육시설, 문화센터 등을 통합적으로 설계하여 시설 간 연계성을 극대화하고, 새롭게 조성되는 도시 지역의 교육 및 문화 수요를 효과적으로 충족시키는 데 중점을 둔다.

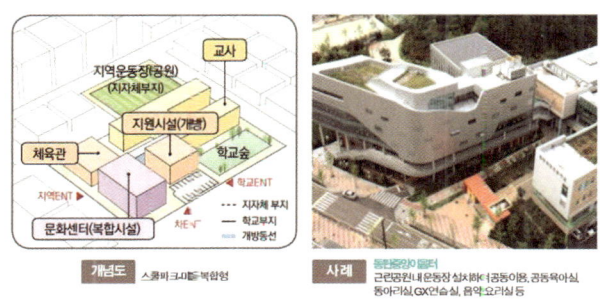

'농어촌형 학교복합시설'은 중심학교형과 일반복합 유형으로 발전했으며, 인구 밀도가 낮은 지역의 특성을 고려하여 타 지역 학교와 공동 활용할 수 있는 복합센터 형태로 구축된다. 인구 감소와 학생 수 감소에 대응하여 학교시설을 지역 커뮤니티 센터로 확장 활용하는 방식이 주로 적용되며, 초등학교와 중학교의 공용 시설, 수영장, 체육시설, 지역 커뮤니티 공간 등을 통합적으로 운영하여 농어촌 지역의 교육 및 문화 인프라 부족 문제를

해소하고 지역 활성화에 기여한다.

교육부의 발표에 따르면, 2023~2027년까지 5년간 연평균 40개교씩 총 200개교를 공모·선정하여 학교복합시설 사업을 추진할 계획이다. 이를 위해 연평균 3,600억 원(총 1조 8,000억 원)의 지방 교육 재정 교부금이 지원될 예정이며, 학교당 평균 90억 원의 예산이 반영된다. 이러한 대규모 투자는 방과 후 돌봄 프로그램 운영이 가능한 늘봄학교와 수영장을 포함한 평생교육시설 건립을 포함하여, 지역 사회의 교육·돌봄 인프라를 획기적으로 개선하는 데 중점을 두고 있다.

세계의 학교복합화 모델들

일본, 절실함이 만든 창의적 솔루션

일본은 1980년대부터 학교복합화를 추진해왔다. 초기에는 단순히 다기능화와 고기능화를 위한 방편이었으나, 2000년대에 들어서 인구 감소와 지역 소멸 문제가 심각해지면서 체계적으로 추진되었다. 일본 학교복합화의 특징은 '실용성'에 있다. 여러 학교복합화 사례가 있지만, 공통적으로 학생과 지역민의 동선 분리, 효율적인 공간 활용, 복합적 기능 통합의 특징을 보인다. 대표적인 사례를 통해 구체적인 모습을 살펴보자.

☑ 사이타마현 요시카와 시립 미나미 초등학교

'인접/분리를 통한 복합화'로 1층에 주민 이용 시설을, 2층 이상에 학교시설을 배치한 수직적 분리 형태의 대표적 사례다. 1층에는 도서관, 다목적 홀, 커뮤니티 센터 등 주민 이용 시설이 있으며, 학생들은 별도의 출입구와 2층으로 바로 연결되는 전용 계단을 통해 등하교한다.

☑ 지요다 구립 창평초등학교 콤플렉스

'밀집된 복합화'로 빌딩 내에 학교와 다양한 공공시설을 수직적으로 배치한 혁신적 사례다. 지하 1층부터 지상 9층까지의 고층 건물에 유치원, 중학교, 아동관, 노인복지센터, 도서관 등이 층별로 배치되어 있다. 가장 큰 특징은 정교한 층별 기능 분리와 접근 통제 시스템을 구축한 점이다

☑ 도쿄도 다이토 구립 우에노 초등학교

'입체화 복합화'로 운동장을 지상에 그대로 두는 대신 인공지반을 활용해 2층에 배치하고, 그 하부 공간을 다양한 시설로 활용한 혁신적 사례다. 1층에는 체육관, 수영장, 다목적 홀 등이 위치하고, 2층에는 인공지반을 이용한 운동장이, 3층 이상에는 학교시설이 배치되어 있다.

네덜란드, 경계 없는 커뮤니티의 탄생

네덜란드의 지역사회학교Brede School는 1990년대 초반에 추진되어 현재는 국가 교육 시스템의 핵심 요소로 자리 잡았다. 일본의 학교복합화 모델이 시설 공유와 효율성에 초점을 맞췄다면, 네덜란드의 학교복합화 모델은 '경계 없는 교육'과 '통합적 커뮤니티 형성'이라는 더 근본적인 교육 철학에서 출발한다.

네덜란드는 체육관과 공연장 등의 시설을 학교 옆에 함께 짓는 방식을 선호한다. 한정된 예산으로 저품질 체육관 여러 개를 분산 건립하기보다, 예산을 모아 하나의 고품질 시설을 만들어 학교와 주민이 공유하는 방식

이다. 주목할 사례는 '초등학교와 노인주택 결합' 모델이다. 이 모델은 학교 활동에 참여하고 아이들과 교류할 수 있는 수준의 건강 상태를 유지하는 노인들을 위한 주택을 학교 인근에 배치하고, 주택 거주 노인이 학교 활동 자원봉사자로 참여하는 방식이다. 노인은 방과 후에 목공, 요리와 같은 기술을 가르치거나 돌봄에 참여할 수도 있다. 이는 세대 간 단절이 심각한 현대 사회에 아이들과 노인 세대가 자연스럽게 교류하는 새로운 커뮤니티 모델을 제시한다. 이러한 통합형 마을 모델은 세대 간 단절을 극복하고 함께 어울려 사는 공동체를 지향한다.

미국의 '인터제너레이션 빌리지', 네덜란드의 '후마니타스', 우리나라의 '세대융합형 복합시설' 등이 대표적인 사례이다. 이러한 시설에서는 노인 요양 시설과 유치원이 한 공간에 있거나, 노인주택이 학교와 인접해 있어 자연스러운 세대 간 교류가 일어난다. 실제 한 연구에 따르면, 노인과 아이들의 정기적 교류는 노인의 외로움과 우울감을 줄이고 인지 기능을 향상시켰으며, 아이들의 사회적 기술을 발달시키고 노인에 대해 긍정적으로 인식했다. 노인들은 아이들에게 삶의 지혜와 경험을 전수하고, 아이들은 노인들에게 활력과 새로운 시각을 제공하는 호혜적 관계가 형성되는 것이다. 이러한 세대 통합형 마을은 돌봄이 일방적인 시혜가 아닌 상호적인 관계이자 공동체의 책임이라는 돌봄의 의미를 재정의한다. 이런 마을에서는 모든 구성원이 돌봄의 주체이자 객체가 되어, 진정한 의미의 '함께 살아감'을 실현한다.

학교복합화가 가져올 미래

학교복합화는 인구 감소 시대에 선택이 아닌 필수가 되었다. 학교복합화로 얻을 수 있는 구체적 미래를 살펴보자.

첫째, 예산을 효율적으로 사용하고 공간 활용을 극대화한다. 학교복합화는 각 부처와 지자체가 개별적으로 시설을 건립하는 게 아니므로 예산을 절약하고 중복 투자를 방지할 수 있다. 또 방학과 방과 후 시간대에 텅 비게 되는 학교 공간을 지역민에게 개방함으로써 공간 활용도를 대폭 높일 수 있다.

둘째, 지역을 활성화하고 사회적 자본을 형성할 수 있다. 학교는 과거부터 지역 사회의 구심점 역할을 해왔다. 지금도 마찬가지다. 지역 커뮤니티의 허브로 만들면, 아이들이 방과 후에도 학교에 머물며 다양한 프로그램에 참여하여 돌봄을 받을 수 있고, 주민들은 평생교육의 기회를 얻을 수 있다. 또, 노인들은 봉사로써 지혜를 나눌 수 있다. 이는 자연스럽게 지역을 활성화하고, 사회적 자본을 축적하게 한다.

셋째, 교육의 질이 향상하고 미래 인재 양성에 긍정적이다. 지역 사회와 연계된 학교는 아이들에게 풍부한 교육 경험을 제공한다. 다양한 배경의 지역민들의 가르침에 교과서에서 배울 수 없는 실질적 지식과 경험을 터득하며, 진로에 구체적인 영감을 얻는다.

넷째, 지역 격차를 해소하고 평등한 교육의 가치를 제고한다. 학교복합화는 사교육 시설과 문화시설이 부족한 지역의 아이들에게 다양한 교육 경험을 제공함으로써 지역 간 격차를 완화한다.

다섯째, 아이들의 정서적 안정과 정체성 형성에 긍정적이다. 마을 공동체에서 자라는 아이들은 더 안정적인 정서 발달을 보인다. 다양한 어른들의 관심과 보살핌 속에서 소속감과 정체성을 형성하며, 아동·청소년기의 정서적 문제를 예방한다.

우리의 미래는 결국 우리가 아이들에게 어떤 마을을 물려주느냐에 달렸다. 우리는 아이들이 어른들의 관심과 사랑 속에서 다양한 삶의 모습을 경험하며 자라게 해야 한다. 공동체의 일원으로 자랄 수 있도록 학교와 마을의 벽을 허물어야 한다. 이것이 바로 '아이들에겐 마을이 필요하다'라는 명제가 우리에게 주는 과제다. 또한 교육의 미래, 도시의 미래, 공동체의 미래는 학교와 지역 사회가 얼마나 긴밀하게 결합해 시너지를 내느냐에 달려 있다. 지금 우리에게 필요한 것은 새로운 가능성을 모색하고 실천하는 것이며, 학교복합화는 그 첫걸음이 될 것이다.

교육 공간의 경계 넘어서기

1. 교육 공간에 관한 글로벌 트렌드와 한국적 변용

'교실의 한쪽 벽면을 유리로 바꾸면 어떻게 될까?', '책상과 의자를 모두 치우고 바닥에 푹신한 카펫을 깔면 아이들의 학습은 어떻게 달라질까?', '복도와 교실 사이의 벽을 허물고 경계를 흐릿하게 만든다면 학교문화는 어떻게 변할까?' 이러한 질문들은 단순한 건축적 호기심이 아니라 교육의 본질에 대한 깊은 성찰에서 비롯한다.

학교라는 공간은 그 자체만으로도 강한 교육적 메시지를 전한다. 네모난 교실, 일렬로 배치된 책상, 교단과 칠판이 있는 전면부, 복도를 따라 늘어선 폐쇄적 공간 배치 이 모든 요소가 학생들에게 특정한 행동 방식과 사고 패턴을 조용히 가르친다 그래서 교육 공간을 학습자의 경험과 발달에 영향을 끼친다고 하여 '침묵의 교사'라고 하는 것이다.

아이들은 교사의 말보다 자신을 둘러싼 공간에서 더 많은 것을 배운다. 교실의 책상 배치, 복도의 너비, 천장의 높이, 빛의 각도, 바닥의 재질 이 모든 요소가 아이들에게 "여기서는 이렇게 행동해야 해", "이곳은 조용히 하는 곳이야", "여기서는 마음껏 뛰어도 돼"라고 말을 건다.

이 장에서는 사회적, 기술적 변화에 발맞춰 교육 공간을 재해석하고 혁신하는 다양한 글로벌 사례를 알아보고, 우리나라에서의 변용 방법 그리고 공간, 교육 과정, 교수법이 어떻게 유기적으로 통합되는지를 살펴본다. 교육 공간이 단순한 건축물이 아니라 교육 철학과 방법론이 구현되는 총체적 환경으로 진화하고 있음을 알 수 있을 것이다.

핀란드의 성공적 교육과 교육 공간

　　　　　세계 각국의 교육 공간은 21세기에 들어 급격히 변화하기 시작했다. 특히 핀란드, 덴마크, 스웨덴 등 북유럽 국가들은 학습자 중심 교육을 위한 공간 혁신에 앞장서고 있으며, 이들 국가의 학교는 기존의 복도와 교실이 기본인 구조에서 벗어나 '러닝 랜드스케이프Learning Landscape'로 불리는 개방적이고 유연한 공간으로 진화했다.

　북유럽에서는 교실이라는 고정된 개념 자체가 사라지고 있다. 대신 다양한 규모와 성격의 학습 공간이 존재하고, 학생들은 그날의 학습 활동에 따라 가장 적합한 공간을 선택한다. 큰 소파가 놓인 열린 광장, 반원형 계단식 토론장, 소규모 팀 작업을 위한 반 폐쇄적 공간, 집중이 필요할 때 사용하는 조용한 공간 등을 활동의 성격에 따라 선택하는 것이다. 그중 핀란드는 가장 성공적인 성과를 낸 국가다. 핀란드의 교육 공간에 대해 언급하기 전에 핀란드 교육의 기본과 성공 요인부터 알아보자.

　우선, 핀란드가 세계 최고의 교육 선진국이 된 데는 제2차 세계대전 당시 모든 학생에게 무상급식을 역사적 경험에서 비롯한다. 76년간 끊임없이 이어진 무상급식 제도는 전쟁 중에 발생하는 학생들의 영양 부족 상태를 해결함과 동시에 '평등'이라는 개념을 자리 잡게 했다. 부모의 재력, 지위, 거주지와 무관하게 모든 학생이 동등하게 교육받을 권리를 가진다는 것이 핀란드의 기본 교육 개념으로 설정된 것이다.

　또한, 핀란드는 '교사 양산국'이라 불릴 만큼 우수한 교사를 꾸준히 배출하는 나라로 잘 알려져 있다. 특별한 비결이 있는 건 아니다. 핀란드의 교사들은 매일매일, 한 명의 낙오자도 없이 모두를 이끌겠다는 마음으로, 지루하고 단조로울 수 있는 교육을 묵묵히 실천할 뿐이다. 학습부진아를 지원하기 위해 학생들과 능동적으로 소통하는 교수법을 채택하며, 학생 참여 중심 수업, 현상 기반 학습(여러 교과를 통합해 현상을 다양한 관점으로 탐구하는 것을 목표로 한 방법), 교과 간 통합을 지향하는 교육 과정을 운영한다. 또한, 핀란드의 교사들은 교육 계획부터 평가에 이르기까지 수업 전반에 대한 자율권을 폭넓게 보장받으며, 사회적으로 전문가로서 깊은 존중을 받는다. 즉, 평등한 교육 기회 보장과 교사에게 부여된 광범위한 자율권이 핀란드의 성공적인 교육을 이끌었다고 볼 수 있다.

이러한 핀란드의 교육 기조를 알면 핀란드의 교육 공간이 왜 이토록 혁신적인지를 알 수 있다. 2013년 완공 이후 교육 공간 혁신의 대표적 사례로 꼽히는 사우날라흐티 학교Saunalahti School를 살펴보자.

이곳에 처음 방문한 사람들은 "교실이 어디에 있나요?"라고 묻는다. 전통적인 의미의 교실이 존재하지 않고, 구석구석 학습자의 자율성을 존중하는 공간과 다양한 활동이 동시에 일어날 수 있는 공간만 있기 때문이다. 이는 핀란드의 새로운 교육 과정을 물리적으로 구현한 결과다. 핀란드는 2016년 개정교육과정에 따라 '주제 중심 학습, 현상 기반 학습, 디지털 리터러시'를 강조했는데, 이런 교육 철학에는 학생들이 자기주도적으로 학습하고, 협업하고, 디지털 도구를 활용할 수 있는 환경이 필요하다. 또한, 학교의 한쪽에는 '상상력 공작소'라고 불리는 미디어 스튜디오가 마련해 있다. 이곳에서 학생들은 그린 스크린 앞에서 촬영하고 편집 소프트웨어로 영상을 다듬고 내레이션 녹음 작업을 한다. 이 과정은 현상 기반 학습의 일환이다. 학생들은 이런 과정을 통해 기후변화라는 복합적인 주제를 여러 과목을 넘나들며 탐구한다. 과학, 지리, 윤리, 모국어, 미디어, 기술 교과가 별개로 존재하지는 않지만, 이 모든 것을 복합적으로 해결한다.

핀란드의 학교 건축은 지난 20년간 혁신적인 변화를 겪었다. 특히, 2000년대 들어 '열린 학습 환경open learning environment'이라는 개념을 적극적으로 도입하며, 경직된 교실 구조에서 벗어나 유연하고 다목적으로 활용할 수 있는 공간으로 재구성되었다. 핀란드의 새롭게 지어진 학교들은 전통적인 복도식 구조나 일렬 배치된 교실의 구조에서 탈피해, 다양한 크기와 형태의 학습 공간들이 유기적으로 연결된 구조를 갖추고 있다.

인상적인 것은 '소규모 수업, 개별화 수업, 역순 학습' 등의 다양한 교수법을 물리적으로 지원하는 공간설계다. 한 교실 안에서도 대그룹 활동, 소그룹 협업, 개별학습이 동시에 이루어질 수 있도록 영역이 구분되어 있고, 필요에 따라 빠르게 재구성될 수 있는 유연한 가구와 설비가 갖춰져 있다. 사후날라호티 학교의 경우, 다양한 높이와 크기의 학습 공간, 커뮤니티의 허브 역할을 하는 중앙 식당, 예술과 공예를 위한 공방 등이 유기적으로 연결되어 있다. 가장 눈에 띄는 건 경계의 투명성이다. 유리 벽으로 구분된 공간들은 시각적 연결성을 유지하면서도 필요한 경우 독립된 활동이 가능하다. 이러한 구조는 교사의 자율성과 학생 중심 교육을 공간적으로 구현한 것으로 볼 수 있다.

또한, 핀란드의 대부분 학교는 자연광을 적극적으로 도입하고, 자연환경과의 연결성을 강조하며, 지속 가능한 건축자재를 활용한다. 이는 학생들의 웰빙 증진과 환경 의식 함양, 그리고 현상 기반 학습이 효과적으로 이루어지기 위해서는, 자연과 연결된 다양한 학습 경험이 가능한 공간이 필요하다는 교육 철학이 반영된 결과이다. 흥미로운 점은, 이러한 교육 공간의 혁신이 '특별한 비결 없이' 진행되었다는 사실이다. 거창한 구호나 단기적 성과를 위한 급격한 변화가 아닌, 학습자 중심의 교육 철학을 꾸준히 반영한 결과이다. 또한 교사, 학생, 학부모, 건축가가 함께 참여하는 협력적 설계 과정은 핀란드만의 독창적인 교육 공간 문화를 자리 잡게 했다.

이러한 사실이 우리나라에 제공하는 시사점은 명확하다. 바로 교육의 성공에는 교육 내용이나 교수법의 혁신뿐 아니라, 그것을 담아내는 '그릇', 즉 교육 공간의 혁신이 함께 이루어져야 한다는 점이다. 그리고 이러한 변화가 공교육 전반에 일관적으로 추진되었다는 점 또한 주목해야 한다.

그렇다면 우리나라의 현실은 어떨까? 앞서 지적했듯이, 공교육에서는 '그린스마트 미래학교' 사업 등 다양한 정책적 시도가 이루어지고 있지만, 사교육 영역은 여전히 과거의 공간 패러다임에 갇혀 있는 게 사실이다. 핀란드처럼 교육 내용과 방법의 혁신을 공간 혁신과 함께 추진한다면, 우리 교육의 질적 도약이 가능할 것으로 보인다.

핀란드의 사례가 시사하는 또 하나의 중요한 점은 '한 명의 아이도 포기하지 않는' 교육 철학이 공간설계에도 반영되어 있다는 것이다. 다양한 학습 스타일과 속도를 가진 학생들이 각자에게 맞는 환경에서 학습할 수 있도록, 하나의 획일화된 공간이 아닌 다양한 특성을 가진 여러 공간이 유기적으로 연결되었다. 우리 사교육 기관들이 수익 극대화를 위해 똑같은 크기와 형태의 교실만을 반복적으로 배치하는 관행과는 대조적이다.

핀란드의 사례를 통해 우리는 교육 공간이 단순한 물리적 환경이 아니라 교육 철학과 가치를 구현하는 강력한 도구임을 다시 한번 확인할 수 있다. 우리도 교육의 본질적 가치를 실현하는 공간 혁신에 관심을 기울일 때가 되었다. 그것이 결국은 더 나은 교육 성과와 경쟁력으로 이어질 것이라는 점을 핀란드의 성공 사례는 분명히 보여주고 있다.

각국의 교육 혁신 공간

영미권에서는 STEM/STEAM 교육과 메이커 운동의 영향으로 '메이커 스페이스'와 '이노베이션 랩'이 교육 공간의 핵심 요소로 자리 잡고 있다. 미국 샌프란시스코에 있는 노바 학교Nueva School를 살펴보자.

노바 학교는 '이노베이션 랩'을 중심으로 학교 전체를 재구성했다. 2,800㎡ 규모의 이 거대한 창작 공간에는 목공 공방, 금속 작업실, 3D 프린팅 스튜디오, 직물 작업장, 요리 실험실, 바이오 랩 등 다양한 제작 공간이 모여 있다. 이 공간에서 학생들은 아이디어를 떠올려 프로토타이핑, 테스트까지의 디자인 씽킹 전 과정을 물리적으로 구현해낸다. 이러한 공간은 단순한 기술 교육 공간이 아니라, 전 교과 학습의 중심이 된다. 역사 시간에는 고대 문명의 건축 양식을 직접 제작해 보고, 문학 시간에는 소설 속 한 장면을 구현해보는 것이다. 이러한 접근법은 직접 손으로 만들며 배우는 것을 강조한다. 즉, 추상적 지식과 실제 경험 사이의 벽을 허무는 것이 해당 교육 공간의 핵심이다.

아시아 지역에서는 싱가포르와 일본이 교육 공간 혁신을 주도하고 있는데, 그중 싱가포르의 난양 초등학교는 생태학적 접근을 통해 건물과 자연의 경계를 허문 사례로 꼽힌다. 이 학교의 건물은 마치 거대한 온실처럼 설계되어 있어, 자연광이 풍부하게 들어오며 옥상 정원, 수직 녹화, 실내외 연결 공간 등을 통해 학생들이 수시로 자연과 교감하며 배운다. 예를 들어, '에코 파빌리온'이라 불리는 3층 높이의 반개방형 중앙 공간에는 열대 식물들이 자라고, 빗물을 모아 순환시키는 물 시스템과 곤충과 작은 동물들의 서식지가 마련되어 있다. 학생들은 이곳에서 생태계의 작동 원리를 직접 관찰하고 경험한다. 교과서로 배우는 것과 실제 생태계를 관찰해 배우는 것은 완전히 다른 경험일 것이다.

일본의 경우는 앞서 설명한 '후지 유치원'의 사례를 들 수 있다. 교실 간 경계가 최소화되어 자유롭게 이동하며 놀고 배울 수 있는 환경, 세 그루의 나무를 보존하여 사시사철 나무를 관찰하고 높이 오르고 배울 수 있는 환경, 뛰어놀며 탐험할 수 있는 옥상 등은 아이들에게 자연과 인공 환경의 공존과 생태적 감수성을 가르친다.

아이들에게 중요한 것은 완벽한 통제가 아니다. 중요한 것은 자연과 마주하고 그 속에서 창의적으로 놀고 배울 수 있는 자유다. 모두 공간을 통해 아이들에게 자율성과 책임감을 가르치는 사례로 볼 수 있다.

한국적 맥락과 글로벌 트렌드의 충돌

글로벌 교육 공간 혁신 트렌드를 우리의 교육 공간에 들여올 수 있을까? 우리나라 교육 시찰단으로 해외 혁신학교를 방문한 교육자들은 대부분 "멋진 공간이지만 우리 상황에서는 불가능할 것 같다"라고들 말한다. 현실적인 제약 조건이 많기 때문이다.

첫째, 공간적 제약이 있다. 우리나라 학교 대부분은 도심 내 제한된 부지에 위치한다. 북유럽식의 넓은 개방 공간을 확보하기가 어렵고 교실 하나를 비우는 것조차 큰 결단이 필요하다. 학생 수가 많은 과밀 학교와 운영을 대규모로 하는 학교는 개인화된 학습 공간을 만들기가 어렵다. 즉, 한 학급당 20~30명의 학생을 수용해야 하는 우리나라 학교에서 북유럽식의 소규모 학습 공간을 도입하기란 불가능에 가깝다. 대도시 지역에서는 학교 부지 확장도 현실적으로 쉽지 않다.

둘째, 문화적 충돌을 간과할 수 없다. 우리나라의 교육문화는 여전히 교사 중심, 성적 중심이다. 유연한 학습 공간에 대한 이해와 수용도가 낮을 수 있다. 특히 대학 입시를 중시하는 고등학교에서는 학생들의 자유로운 움직임과 소통을 촉진하는 개방형 공간이 집중력 저하로 이어질 것을 우려하는 시각도 있다. 예를 들어, 교실 벽을 허물어 개방형 공간으로 만들면 학부모들은 '산만해지지 않을까', '다른 반 수업 소리가 방해되지 않을까'를 걱정한다. 입시가 중요한 우리나라에서 이런 걱정은 자연스럽다.

셋째, 행정적, 제도적 장벽이 존재한다. 학교 건축과 시설에 관한 엄격한 규정과 표준화된 지침은 창의적인 공간 디자인을 제한한다. 교육부와 교육청의 학교시설 기준은 안전과 효율성을 최우선으로 하며, 혁신적 디자인보다는 검증된 표준 모델을 선호하는 경향이 있다. 여기에는 재정적인 문제도 포함된다. 한정된 교육 예산으로 건물을 대대적으로 리모델링하거나, 신축하는 건 쉽지 않은 결정이다. 우리나라 학교는 노후한 공간의 유지보수도 어려운 게 사실이다.

그러므로 글로벌 교육 공간 혁신 트렌드를 참고하는 데는 우리 상황에 맞게 재해석하고 적용하는 과정이 필요하다. 물론, 이러한 제약과 충돌에도 불구하고, 한국의 교육현장에서도 글로벌 트렌드를 창의적으로 재해석한 성공 사례들이 늘어나고 있다. 그 중심에는 기존 자원의 효율적 활용, 점진적 변화, 그리고 한국적 맥락에 맞는 공간 혁신 전략이 있다.

제약을 넘어선 한국적 변용

우리나라도 여러 제약을 창의적으로 해결하는 시도가 이어지고 있다. 이 과정에서 드러나는 몇 가지 특징적인 전략과 전근법을 알아보자.

첫째, 전면적 변화 대신 '점진적 변형'을 선택하는 경우이다. 북유럽 국가나 미국의 혁신학교들이 종종 전체 건물을 완전히 새로운 개념으로 설계하는 반면, 우리나라 학교들은 기존 건물 구조 내에서 특정 공간을 선택적으로 변형하는 접근법을 취한다. 한 예로, 서울의 한 중학교는 복도 끝 공간을 활용해 '꿈터'라는 소규모 창의 공간을 만들었다. 이 공간은 기존의 직사각형 교실과는 달리 둥근 테이블, 이동식 가구, 화이트보드 벽면 등으로 구성되어 토론과 협업을 촉진한다. 비록 학교 전체를 바꾸지는 못했지만, 이 작은 공간은 교사와 학생들에게 새로운 학습 방식을 경험할 기회를 제공했다.

둘째, '마이크로 스페이스'를 전략적으로 활용한다. 공간이 제약된 상황에서 작은 공간을 효율적으로 활용하는 미니멀한 접근법으로, 교실 안에 '집중 코너, 독서 쿠션, 미디어 스테이션' 등 다목적 소규모 공간을 배치하는 방식이다. 부산의 한 초등학교는 각 교실 뒤편에 낮은 책장으로 구분된 '꿈자람터'를 만들었다. 이 공간은 수업 중 개별 활동이나 소그룹 활동을 위한 공간으로, 기존 교실 구조를 유지하면서도 다양한 학습 방식을 수용할 수 있게 했다.

셋째, 공유 공간의 재발견과 재구성이 이루어지고 있다. 이동 통로로 사용되던 복도, 휴식 공간이었던 현관, 특별한 날에만 사용되던 강당 등의 공유 공간을 일상적 학습 공간으로 재해석하는 시도가 늘고 있다. 서울의 한 초등학교는 넓은 복도를 '배움 갤러리'로 변형했다. 벽면에 학생들의 작품을 전시하고, 복도 중간중간에는 독서와 토론을 위한 소파와 테이블을 배치했다. 이를 통해 기존에 활용도가 낮았던 공간을 새로운 학습 영역으로 확장했다.

넷째, 공간을 시간대에 따라 다른 용도로 활용하는 지혜를 발휘한다. 경기도의 한 중학교는 점심시간과 방과 후 시간에 교실 구조를 재배치하는

'플립 클래스룸' 개념을 도입했다. 책상 배열을 원형이나 모둠형으로 바꾸고, 이동식 칸막이를 활용해 공간을 나누거나 확장한 것이다. 이를 통해 한정된 물리적 공간을 다양한 목적으로 활용할 수 있게 됐다.

다섯째, '디지털-물리적 공간의 융합'을 통해 공간 경험을 확장한다. 우리나라는 세계 최고 수준의 디지털 인프라를 갖추고 있으며, 이를 교육 공간 혁신에 효과적으로 활용하고 있다. 울산의 한 고등학교는 교실 한쪽 벽면 전체를 대형 디스플레이로 구성한 '이머시브 러닝 월Immersive Learning Wall'을 설치해 가상 현장 학습, 해외 학교와의 실시간 교류, 몰입형 시뮬레이션 등을 가능하게 했다. 물리적으로는 제한된 교실이지만, 디지털 기술을 통해 무한한 학습 환경으로 확장한 것이다.

여섯째, 지역 사회 자원의 연계를 통해 지역 사회의 다양한 공간을 학습 환경으로 활용한다. 실제 서울의 한 혁신학교는 인근 도서관, 미술관, 공원, 주민센터 등과 배움 동맹을 맺고 일주일에 하루는 학교 밖 공간에서 학습한다. 교육 공간의 개념을 학교 담장 너머로 확장한 사례다.

이러한 한국적 변용 사례들은 글로벌 트렌드의 핵심가치와 원리를 존중하면서도, 우리나라의 특수한 맥락과 제약 조건 속에서 실현 가능한 해법을 모색한 결과다. 완전 모방이 아닌 창의적인 재해석을 통해, 우리나라의 교육현장은 자신만의 공간 혁신 모델을 발전시키고 있다.

교육 공간과 커리큘럼의 공진화

교육 공간과 커리큘럼은 서로 깊은 영향을 주고받는 관계다. 공간이 특정한 교육 과정을 지원하기 위해 설계되기도 하고, 반대로 혁신적인 공간이 새로운 커리큘럼의 발전을 촉진하기도 한다. 그리고 우리는 이런 상호 영향 관계를 '공진화co-evolution'라고 부른다.

물리적 환경이 교육 과정 운영에 미치는 영향은 생각보다 크다. 예를 들어, 전통적인 교실 구조는 강의식 수업을 자연스럽게 유도하고 규율과 규칙을 준수하게 한다. 그리고 유연한 공간은 학생 간 협업, 자유로운 토론,

다양한 활동을 기반으로 한 프로젝트 학습을 가능하게 하고, 다양한 교수법을 개발하게 한다. 서울 금천구의 한 초등학교는 교실 벽면을 따라 이동식 화이트보드와 책상을 배치하고 중앙은 비워둔 '지능형 교실'을 도입했다. 이 공간에서는 전체 학급 활동, 소그룹 토론, 개별학습이 유기적으로 전환된다. 공간의 유연성이 수업 방식의 다양화를 자연스럽게 이끈 사례다. 특히 STEAM 교육, 프로젝트 기반 학습PBL, 현상 기반 학습 등 통합적 교육 과정은 적합한 물리적 환경 없이는 실현이 어렵다. 이에 대구의 한 중학교는 과학, 기술, 예술 교과를 통합한 'STEAM 스튜디오'를 구축했다. 실험 장비, 제작 도구, 디지털 미디어 장비가 한 공간에 통합되어 있어, 학생들이 다양한 교과 영역을 넘나들며 창의적 프로젝트를 수행할 수 있게 됐다. 또한, 공간은 평가 방식에도 영향을 미친다. 예를 들어, 개별 책상 중심의 교실은 필기시험 중심의 평가를 유도하지만, 발표 공간, 전시 공간, 제작 공간이 마련된 환경에서는 포트폴리오, 프로젝트 결과물, 발표, 협업 과정 등의 다양한 평가 방법을 도입하게 한다.

커리큘럼이 공간에 미치는 영향

교육 과정의 변화는 필연적으로 공간 혁신을 요구한다. 예를 들어, 2015 개정 교육 과정에서 강조된 '과정 중심 평가'와 '학생 참여형 수업'은 토의·토론 중심 수업, 협동 학습, 프로젝트 학습 등을 효과적으로 실행하기 위한 공간의 재구성이 필요했고, 공간의 구조적 한계를 드러내며 공간 혁신 운동으로 이어졌다. 그리고 이번 2022 개정 교육 과정은 '역량 중심 교육'으로 더욱 다양한 형태의 학습 공간을 요구하고 있다. 학생들의 비판적 사고력, 창의력, 협업 능력, 의사소통 능력 등을 기르기 위한 '실험하고, 만들고, 공유하고, 발표할 수 있는' 복합적 공간이 필요하게 된 것이다.

경기도 성남의 한 고등학교는 AI 교육 과정을 도입하면서, 기존의 컴퓨터실을 '인공지능 랩'으로 재구성해 협업 코딩과 프로젝트 작업이 가능한 모듈형 테이블, 아이디어를 공유할 수 있는 디지털 화이트보드, 프로토타입을 제작할 수 있는 메이커 공간을 통합했다. 커리큘럼의 변화가 공간 혁신을 이끈 대표적 사례로 볼 수 있다.

진로교육의 강화 역시 새로운 공간의 등장을 촉진한다. 많은 학교가 기존의 진로상담실을 다양한 직업 체험과 진로 탐색이 가능한 '진로 융합공간'으로 확장하고 있다. 서울의 한 중학교는 직업 체험 부스, 화상 멘토링 시스템, 진로 관련 도서와 미디어가 통합된 '진로 프라자'를 구축했는데, 이는 교육 과정에서 진로교육의 비중이 확대된 것과 밀접한 관련이 있다.

공간과 커리큘럼의 순환적 구조와 전망

혁신적 공간이 만들어지면 교사는 그 공간의 특성을 최대한 활용할 수 있는 교육 과정을 개발하게 되고, 이 과정에서 개발된 새로운 교육적 가능성은 다시 공간설계에 반영된다. 이것이 바로 교육 공간과 커리큘럼의 순환적 구조이다.

부산의 한 초등학교는 '교실 숲 프로젝트'를 통해 교실 안에 작은 정원을 조성했다. 원래는 환경 교육의 하나로 조성한 공간인데, 작은 정원은 곧 국어 수업의 관찰일기 쓰기, 과학 수업의 생태계 알기, 미술 수업의 자연물을 활용한 활동과 같은 다양한 교과 활동에 활용되었다. 이러한 경험에 이 학교는 옥상 정원과 학교 텃밭과 같은 생태 학습 공간을 확장하고 교육 과정 또한 전반에 생태 교육을 접목하는 방향으로 발전했다. 이러한 순환적 발전은 단위학교 차원을 넘어 교육 정책 수준에서도 나타난다. 교육부의 '그린스마트 미래학교' 사업은 미래 교육 과정을 선제적으로 지원할 수 있는 학교 공간을 구축하는 것을 목표로 한다. 디지털 기반 교육, 환경생태 교육, 학생 중심 교육 등 미래 교육의 방향성을 공간에 먼저 반영함으로써, 새로운 교육 과정의 도입을 앞당기는 효과를 기대하고 있다.

그러나 공간과 커리큘럼의 효과적인 공진화를 위해서는 몇 가지 과제가 해결되어야 한다. 먼저, 공간설계와 교육 과정 개발 과정에 교사, 학생, 학부모 등 다양한 주체의 참여가 보장되어야 한다. 현장의 요구와 아이디어가 반영되지 않은 공간은 아무리 첨단 시설을 갖추었더라도 제대로 활용되기 어렵다. 또한, 공간 혁신과 교육 과정 혁신을 지원하는 정책이 필요하다. 현재는 공간 개선 사업과 교육 과정 지원 사업이 별도로 진행되는 경우가 많아 시너지 효과를 내기 어렵다. 공간과 교육 과정을 함께 고려하는 통합적 접근이 요구된다.

교사의 역량 강화 역시 중요한 과제다. 혁신적 공간이 마련되어도, 이를 효과적으로 활용할 수 있는 교수법과 교육 과정 운영 능력이 갖춰지지 않으면 의미가 퇴색된다. 공간 활용 연수, 교육 과정 재구성 역량 강화 등 교사 지원 방안이 동반되어야 한다. 또한, 디지털 전환 시대에 맞게 물리적 공간과 가상 공간의 융합도 중요한 과제다. 증강현실AR, 가상현실VR, 메타버스 등 가상 환경이 교육에 도입되면서, 물리적 교실 공간과 디지털 학습 환경을 어떻게 유기적으로 연계할 것인가가 새로운 도전으로 떠오르고 있다. 이미 일부 학교에서는 디지털 트윈 기술을 활용해 물리적 교실과 동일한 가상 교실을 구축하고, 두 공간을 넘나들며 학습하는 시도를 하고 있다. 앞으로의 교육 공간과 커리큘럼은 더욱 밀접하게 연계되어 발전할 것으로 전망된다.

교육 공간 설계를 위한 교육 과정 분석

효과적인 교육 공간을 설계하기 위해서는 먼저 해당 학교나 기관의 교육 과정을 심층적으로 분석할 필요가 있다. 교육 과정 분석은 단순히 교과목 목록이나 시간 배당을 살펴보는 것을 넘어 교육의 철학과 접근 방식, 핵심 교수학습 방법, 평가 방식 등을 종합적으로 이해하는 과정이다. 구체적으로 살펴보자.

첫째, 교육 철학과 비전을 분석한다. 학교나 기관이 추구하는 교육의 방향성과 핵심가치를 파악해야 한다. '학생 중심 교육을 강조하는가, 지식 전달에 중점을 두는가, 사회정서 학습을 중시하는가' 등에 따라 필요한 공간의 특성이 달라진다.

둘째, 주된 교수학습 방법을 알아야 한다. 프로젝트 기반 학습, 문제 중심 학습, 탐구 학습, 협동 학습, 개별화 학습 등 다양한 방법론이 요구하는 공간적 조건을 파악한다.

셋째, 주된 평가 방식을 알아야 한다. 지필 시험으로 평가하는지, 과정 중심으로 평가하는지, 포트폴리오와 수행 과제로 평가하는지 분석해야 서로 다른 공간 요건을 충족할 수 있다.

넷째, 교과 간 통합 및 융합 정도를 파악해야 한다. 교과 간 경계가 뚜렷한 교육 과정과 통합적 접근을 강조하는 교육 과정은 각각 다른 공간 구성을 요구한다.

다섯째, 교육 과정에서의 디지털 기술의 활용도와 방식을 분석해야 한다. 1인 1기기 환경과 협업 도구를 활용하는 환경, 또는 디지털 콘텐츠를 제작해야 하는 환경 모두 공간의 기술적 요건이 다르다.

교육 과정 분석 또한 다양한 방법을 통해 이루어지는데, 다음과 같은 방법으로 분석할 수 있다.

첫째, 문서 분석이다. 학교 교육 과정 계획서, 교과별 교육 과정, 연간 교육계획 등의 문서를 검토하는 기본 방법이다.

둘째, 교사 인터뷰 및 설문이다. 실제 교육 과정을 운영하는 교사들의 경험과 요구사항은 무척 중요하다. 특히 현재 공간의 한계점과 개선 필요성을 면밀하게 조사해야 한다.

셋째, 실제 수업이 어떻게 진행되는지 관찰하는 방법이다. 교육 활동의 흐름과 공간 활용 패턴을 파악하는 것이 중요하다.

넷째, 학생 참여 워크숍을 개최한다. 학생들이 생각하는 이상적인 학습 환경과 공간 요구사항을 수집한다. 학생들의 관점은 종종 성인들이 간과하는 중요한 요소를 드러내기도 한다.

이러한 방법으로 경기도의 한 혁신학교는 '배움의 여정learning journey'이라는 공간설계 개념을 도출했다. 이 학교의 교육 과정은 '질문 생성 → 자료 탐색 → 협력적 문제 해결 → 성찰 및 공유'라는 학습 사이클을 중심으로 구성되어 있었고, 학교는 이를 반영해 균일한 교실 구조 대신 각 학습 단계를 지원하는 연속적 공간을 설계했다. 설계 공간은 다음과 같다.

☑ **원더링 존** Wondering Zone

호기심을 자극하고 질문을 생성하는 공간. 다양한 자극물과 전시물이 배치되어 있다.

☑ **리서치 랩** Research Lab

자료 조사와 정보 수집을 위한 공간. 디지털 기기와 다양한 참고 자료가 구비되어 있다.

☑ **콜라보레이션 스튜디오** Collaboration Studio

팀 활동과 토론을 위한 공간. 다양한 크기의 모듈형 테이블과 이동식 칠판이 갖춰져 있다.

☑ **리플랙션 코너** Reflection Corner

학습 내용을 정리하고 성찰하는 조용한 공간.

☑ **프레젠테이션 광장** Presentation Plaza

학습 결과를 공유하고 발표하는 공간. 디지털 프로젝터와 음향 시스템, 다양한 전시 장치가 설치되어 있다.

2.   교육 공간 혁신의 현실적 과제
: 공교육과 사교육의 간극

            지금까지 교육 공간의 글로벌 트렌드, 공간과 커리큘럼의 공진화, 그리고 교육 과정을 바탕으로 한 공간설계 방법에 대해 살펴보았다. 그런데 이 모든 논의가 우리나라 교육현장에 어떻게 적용되고 있을까? 공교육 시스템 내에서는 그래도 다양한 교육 공간 혁신을 시도하고 있다고 보는 게 타당하다. 교육부가 주도하는 '그린스마트 미래학교' 사업은 2021년에 시작되어 현재까지 2,835개 학교를 대상으로 진행되었고, 예산도 18조 5천억 원이 투입되었다. 또 각 시도교육청에서 '학교공간 혁신사업', '꿈꾸는 학교', '미래형 교실 구축 사업' 등 다양한 이름으로 학교 공간을 변화시키려는 노력을 기울이고 있다.

  그러나 우리나라의 현실에서 무시할 수 없는 게 사교육 시스템이다. 2023년 통계청 자료를 보면, 초중고 학생의 78.3%가 사교육을 받고 있으며, 특히 초등학생은 83.5%라는 높은 비율을 보인다. 이것은 학생들이 주당 평균 6.5시간이라는, 학교에서 보내는 시간 못지않게 사교육 기관에서 보낸다는 뜻이다.

  또한, 공교육이 아닌 대안학교, 국제학교 진학 형태의 사교육을 선택하거나 홈스쿨링, 언스쿨링을 선택하는 가정도 늘고 있다. 2023년 교육부 자료에 따르면, 의무교육 대상자 중 5만 명 이상이 매년 학교를 떠난다. 5년 전보다 2배 증가한 수치이다.

    그렇다면 이런 사교육 기관들의 교육 공간은 어떤 모습일까? 안타깝게도 대부분의 사교육 기관의 교육 공간에 대한 투자와 혁신은 매우 부족한 실정이다. 2022년 한국교육개발원이 서울시 주요 학원가의 100개 입시학원을 조사한 결과, 무려 87%가 여전히 전통적인 일방향 강의실 형태를 유지하고 있었다. 또 학생 1인당 평균 공간은 0.98㎡에 불과했는데, 이는 학교 설립 기준에서 권장하는 교실 면적인 2.5㎡의 절반도 안 되는 수준이다. 그나마 영어나 예체능 분야의 학원들은 상대적으로 다양한 공간 구성을 시도하는 편이다. 그러나 이마저도 눈에 띄는 인테리어 또는 마케팅 효과를 위한 표면적 변화에 그쳤다. 심각한 문제는 대안학교나 국제학교 같은 기관마저도 교육 공간에 관한 혁신적인 시도가 부족하다는 점이다. 교육 철학과 커리큘럼은 새로운 접근을 내세우지만, 그것이 구현되는 공간은 여전히 과거의 형태에서 벗어나지 못했다.

구체적으로 2023년 서울 소재 비인가 대안학교 38곳 중 86%가 전통적 교실 구조를 유지하고 있다. 이유가 무엇일까?

첫째, 수익성과 효율성에 집중하기 때문이다. 사교육 기관 운영자 대부분이 임대료나 강사료 같은 직접 비용을 줄여야 해 공간 혁신에 투자할 여력이 되지 않는다. 교육 공간 개선에는 최소한의 투자만 하는 경향이 있다.

둘째, 사교육 기관 운영자는 해당 과목 전문가이거나 경영인이므로 교육 환경 설계에 대한 지식은 부족한 경우가 많다.

셋째, 「학원의 설립과 운영 및 과외교습에 관한 법률」상 사교육 기관은 교습 목적에 맞는 시설과 설비를 갖추어야 하지만, 기준은 면적, 안전, 위생 중심일 뿐 교육적 효과를 고려한 기준은 존재하지 않는다. 심지어, 각종 규제와 인허가 절차는 공간 변형과 혁신적 시도를 어렵게 만드는 요인이기도 하다.

실제 한 영어 학원이 개방형 학습 공간과 다양한 활동 영역을 구성하려 시도한 적이 있다. 그러나 1인당 최소 면적 기준을 충족하기 위해 결국 칸막이로 구분된 교실 형태로 돌아갈 수밖에 없었다. 한 코딩 학원도 층간 이동이 가능한 복합 공간을 계획했으나 안전 규제 문제로 포기해야 했다.

사교육 기관의 공간 혁신이 필요한 이유

그럼에도 불구하고, 사교육 기관의 공간 혁신은 중요하다. 학생들이 학교 못지않게 사교육 기관에서도 많은 시간을 보내기 때문이다. 주 6.5시간, 즉 하루 평균 1시간 이상을 사교육 공간에서 보내는 학생들에게 그 공간의 질은 학습 경험과 교육 효과에 지대한 영향을 미친다. 또한, 미래 역량을 기르려면 모든 교육 환경에서의 일관된 경험이 필요하다. 학교에서는 창의적이고 협력적인 환경에서 배움을 경험하다가 사교육 기관에서 일방향적이고 획일화된 공간에서 학습하게 되면 교육적 혼란이 발생하고 미래 역량 발달이 저해될 수 있다.

또한 사교육 기관에 있어 공간 혁신은 새로운 경쟁력이 될 수 있는 요인이다. 많은 학원이 유명 강사, 대학 합격률, 저렴한 수강료 등을 내세우며 경쟁하고 있지만, 앞으로는 학습 경험의 질과 교육 환경의 차별화가 중요한 선택 기준이 될 것이다. 실제로 일부 성공적인 사교육 기관들은 이미 혁신적 교육 공간을 경쟁 우위 요소로 활용하고 있다.

성공적인 사교육 공간 혁신 사례

일부 선도적인 사교육 기관들의 주목할 만한 공간 혁신 사례를 알아보자. 모두 교육 철학과 방법론에 맞는 창의적 공간을 설계한 사례이다.

우선 강남의 한 영어유치원은 전통적인 교실 구조가 아닌 '영어 마을 Language Village'이라는 콘셉트를 도입했다. 학원 이사장과 이견을 조율한 끝에 이루어졌으며, 기본 기획안을 만드는 데만 6개월이 걸렸다. 그 결과 카페, 슈퍼마켓, 병원, 공항 등 실생활 공간을 재현한 여러 구역이 설계되고, 아이들은 그 속에서 자연스럽게 언어를 학습할 수 있게 되었다. 초기 비용이 많이 들었지만, 해당 지역 학원들보다 등록률과 재등록률이 월등히 높다. 성공한 비즈니스 모델이다.

'수학 탐구 랩'을 구축한 수학 학원도 있다. 기존의 문제 풀이 중심 교실에서 벗어나, 수학적 개념을 직접 만지고 조작할 수 있는 교구, 3D 프린팅 설비, 디지털 모델링 도구 등을 갖춘 공간을 만들었다. 그리고 코딩 수업을 병행해 '테크 스튜디오'라는 이름의 복합 공간을 조성했다. 개별 코딩 작업을 위한 집중 공간, 팀 프로젝트를 위한 협업 존, 하드웨어 제작을 위한 메이커 스페이스, 완성 작품을 전시하고 공유하는 쇼케이스 영역 등이 유기적으로 연결되어 있다. 실제 이 학원의 학생들은 수학에 대한 흥미와 개념적 이해도가 크게 향상했고, 단순한 코딩 기술이 아닌 창의적 문제 해결 능력과 협업 역량을 함께 기르는 데 성공했다. 새로운 시도의 결과는 지역 내에서 독보적인 평판을 얻게 되었고 전국적으로 많은 브런치 캠퍼스를 진행되었다.

필자가 이들 사례에서 공통적으로 의도한 것은 공간설계가 '교육 목표와 교육 철학을 명확히 반영하는 것'과 공간 혁신을 비용이 아닌 '교육적 가치와 장기적 투자'로 접근한 점이다. 그렇다면 더 많은 사교육 기관들이 교육 공간 혁신에 나서려면 어떤 변화가 필요할까?

첫째, 사교육 기관 운영자들의 인식 전환이 필요하다. 교육 공간은 단순한 수업 장소가 아니라 교육 철학과 방법론을 구현하는 핵심 요소이며, 학습자의 경험과 성과에 직접적인 영향을 미치는 교육적 도구다. 공간설계에 대한 투자는 단기적으로는 비용이지만, 장기적으로는 교육의 질과 기관의 경쟁력을 높이는 전략적 선택이 될 수 있다.

둘째, 사교육 공간에 대한 규제 체계의 개선이 필요하다. 현행 제도는 최소한의 양적 기준과 안전 규정 중심으로 구성되어 있어, 창의적인 공간 구성을 오히려 제한하는 측면이 있다. 기본적인 안전과 위생은 유지하되, 교육적 효과를 고려한 유연한 기준과 가이드라인이 마련되어야 한다. 예를 들어, 학생 1인당 최소 면적 기준을 유지하더라도, 그 공간의 구성과 활용 방식에는 더 많은 자율성을 부여할 필요가 있다.

셋째, 사교육-공교육 간 협력 모델을 개발할 필요가 있다. 일부 해외 국가에서는 학교시설을 방과 후 시간대에 지역 사교육 프로그램에 개방하는 방식으로 자원을 효율적으로 활용하고 있다. 이런 접근은 사교육 기관의 공간 투자 부담을 줄이면서, 학생들에게 일관된 양질의 교육 환경을 제공할 수 있는 장점이 있다.

넷째, 교육 공간 설계에 관한 전문적인 지원 체계가 필요하다. 사교육 기관 운영자 대부분이 공간설계에 대한 전문성이 부족해 교육 목표에 맞는 공간을 구현하기 어려워한다. 교육 공간 전문가들이 컨설팅을 제공하거나, 공간 혁신 관련 가이드라인과 성공 사례를 공유하는 플랫폼을 구축하는 것이 도움이 될 수 있다.

다섯째, 학부모와 학습자들의 교육 공간 리터러시를 높이는 노력이 필요하다. 많은 학부모가 사교육 기관을 선택할 때 강사의 명성, 광고 실적, 비용 등만을 고려한다. 교육 공간이 학습 경험과 성과에 미치는 영향에 대한 인식이 높아지면, 소비자들이 더 나은 교육 환경을 요구하게 되고, 이는 자연스럽게 사교육 시장의 변화를 끌어낼 수 있다.

지금까지 우리나라의 공교육과 사교육 간의 공간 혁신의 불균형을 알아보았다. 이러한 불균형은 결국 교육의 일관성과 효과를 저해하는 요인이 되므로, 공교육과 사교육, 오프라인과 온라인을 아우르는 통합적인 교육 생태계를 구축하는 것이 우리 교육의 미래를 위한 과제가 될 것이다.

특히 이 책을 읽는 사교육 기관 운영자, 교사, 학부모들에게 강조하고 싶다. 교육 공간은 더 이상 부차적인 요소가 아니라, 교육의 질과 효과를 결정짓는 핵심 변수다. 교육 공간에 대한 관심과 투자는 학생들의 더 나은 교육 경험과 성장을 위한 필수 조건이며, 동시에 교육 기관의 지속 가능한 경쟁력을 확보하는 전략적 선택이다. 함께 고민하고 변화해 나갈 때, 우리는 모든 아이에게 미래를 준비하는 데 필요한 최적의 교육 환경을 제공할 수 있을 것이다.

3. 전 세계 교실은 어떻게 다른가

좁은 계단을 올라 미로 같은 복도를 지나면 작은 교실들이 다닥다닥 붙어있고, 그 안에 빼곡히 앉은 학생들이 칠판을 응시하는 광경. 바로 우리나라 학원가의 특징이다. 왜 이렇게 획일적인지 궁금하지 않은가? 이유는 '규제'에 있다.

이번 장에서는 우리나라를 비롯한 세계 각국의 교육 공간 설계 원칙과 규제에 관해 알아보고 우리 교육 공간 설계의 나아갈 점을 알아본다.

한국: 교실은 몇 개나 나올까요?

우리나라의 학원 공간 규제는 학원법에 근거한다. 핵심은 학생 1인당 최소 면적 기준이다. 현행 규정은 보통교과 학원은 '학생 1인당 최소 1㎡, 예체능 학원은 활동 특성에 따라 1.5~3㎡의 공간을 확보해야 한다'라고 명시하고 있다. 언뜻 보면 합리적인 기준 같다. 그러나 이 규제는 면적에 관한 기준이 지나치게 낮고, 교육적 효과나 학습 경험의 질은 기대하기 어렵다. 1㎡는 어른 한 명이 양팔을 벌리면 벽에 거의 닿는 수준이며, 강남의 한 입시학원 원장은 "신규 학원 인허가 미팅에서 담당 공무원이 가장 먼저 하는 말이 '이 평수면 교실당 학생 수가 몇 명이에요?'예요. 창의적 학습 환경이나 학생 복지에는 관심 없고, 오직 수용 인원만 따져요"라고 토로한 바 있다.

실제로 학원법에서 교육 공간의 질적 측면에 대한 기준은 찾아보기 어렵다. 자연광 접근성, 환기 시스템, 공용 공간 비율, 휴식 공간 등 학습 경험의 질을 결정짓는 요소들은 규제 대상이 아니다. 화재 안전과 위생에 문제가 없고, 최소 면적만 충족하면 된다. 결과적으로 대부분의 사교육 기관은 수익 극대화를 위해 법적 최소 기준만 간신히 충족하는 공간을 설계한다. 그리고 그 결과는 우리가 너무나 잘 아는 모습이다. 빽빽하게 들어찬 책상, 좁은 복도, 부족한 화장실, 그리고 휴식 공간이라곤 찾아볼 수 없는 스트레스 가득한 환경이다.

핀란드: 모든 창은 숲을 바라봐야 한다

이제 비행기를 타고 북유럽으로 가보자. 핀란드의 교육 공간 규제는 마치 다른 행성의 이야기처럼 들린다. 헬싱키 교외의 한 초등학교에 방문한 적이 있다. 그곳에서 만난 교장은 "핀란드에서는 모든 교실이 자연광을 직접 받아야 하고, 학생들이 숲이나 녹지를 볼 수 있도록 창문이 설계되어야 합니다. 그리고 학생 1인당 최소 $3.5m^2$의 공간을 확보해야 합니다"라고 말했다.

핀란드의 교육 시설 규제는 핀란드 환경부가 주관하는「핀란드 국가 건축 기준 Finnish National Building Code」과 교육부의「교육 공간 설계를 위한 지침 Guidelines for Educational Building Design」에 명시되어 있다. 흥미로운 점은 이 규제가 교육적 가치에 기반한다는 사실이다.

몇 가지 주목할 만한 규정을 살펴보자.

- 모든 학습 공간은 최소 3시간 이상의 자연광을 받아야 한다.
- 학생 1인당 기본 $3.5m^2$의 공간을 확보(유치원은 $4m^2$)해야 한다.
- 실내 공기 질 관리를 위한 기계식 환기 시스템을 의무적으로 설치해야 한다.
- 전체 학교 면적의 15% 이상을 '비공식 학습 공간(휴식 공간, 공용 학습 공간 등)'으로 할당해야 한다.
- 교육 공간에서 모든 지점은 자연을 볼 수 있어야 한다.
- 인공조명은 자연광 스펙트럼에 가까워야 하며, 눈부심이 없어야 한다.

이 규제는 공립학교뿐 아니라 사립학교, 정규 학습을 제공하는 모든 교육 시설에 적용되며, 학생들의 웰빙과 배움을 촉진하는 교육 철학에 근거한다. 핀란드인들에게 이 기준은 타협의 대상이 아니라, 기본 권리로 여겨진다.

덴마크: 교실이 없는 학교를 상상해보세요

덴마크의 교육 공간 규제에 관한 접근법은 '자율성과 혁신'에 있다. 그래서 전통적인 교실에서 완전히 벗어난 개방형 학교와 실험적 디자인에 관한 시도가 많은 편이다. 덴마크의 교육 시설 규제는 건설청의 「덴마크 건축 규정Building Regulations 2018(BR18)」과 교육부의 지침에 기반한다. 주목할 만한 점은 이 규제가 결과 중심이라는 것이다.

즉, 구체적인 공간 구성이나 디자인을 지시하기보다, 달성할지를 할 교육적, 환경적 목표를 설정하고, 그 목표를 어떻게 달성할지는 설계자와 교육자의 창의성에 맡긴다.

덴마크의 교육 시설 규제에 관한 핵심 원칙을 살펴보자.

- 학생 1인당 최소 공간이 아닌, '교육적 기능' 충족 여부를 평가한다.
- 다양한 학습 활동을 지원하는 공간 다양성이 확보되어야 한다.
- 자연광 접근성, 음향, 실내 공기 질 등 웰빙 요소의 수치화된 목표가 제시되어야 한다.
- 모든 공간은 장애아동이 완전히 접근할 수 있어야 한다.
- 디지털 학습과 물리적 학습이 통합될 수 있는 기술적 인프라 요구가 요구된다.
- 지속가능성과 에너지 효율성 기준을 충족해야 한다.

덴마크는 '이것이 교실이어야 한다' 식의 경직된 규정이 아닌, '이 공간은 학생들이 효과적으로 협업하고, 편안하게 느끼며, 창의적으로 사고할 수 있게 해야 한다'를 목표로 한다. 그리고 공간 디자인은 그 목표를 달성하는 가장 혁신적인 방법을 찾는 것에 있다. 실제로 이와 같은 방법은 교육 공간 혁신의 촉매제가 되어 개방형 학습 공간, 다목적 영역, 협업 허브 등으로 구성된 학교가 등장하기 시작했다.

일본: 학교를 마을로, 마을을 학교로

우리와 비슷한 동아시아 문화권인 일본의 교육 공간 접근법도 살펴볼 필요가 있다. 일본은 1990년대 후반부터 '스쿨 뉴딜School New Deal' 정책을 통해 학교 건축의 패러다임 전환을 추진해왔다. 일본의 교육시설 규제는 「학교시설 정비 지침School Facility Improvement Guidelines」에 기반하며, 이 지침은 2000년대 초반부터 수차례 개정을 거치며 점차 혁신적인 방향으로 진화해왔다. 주목할 점은 '지역 통합형 학교'의 개념이다. 저출산으로 학령인구가 줄어드는 상황에 학교를 지역 사회의 중심지로 만드는 데 목적이 있다.

대표적 사례는 도쿄 인근의 다이시도 초등학교다. 이 학교는 전통적인 교실 구조를 유지하되 지역 커뮤니티에 개방한 공간은 중심부에 배치해 방과 후에는 지역민을 위한 평생학습 센터, 티 타임 장소로 활용한다.

일본의 교육 시설 지침에 관한 주요 특징은 다음과 같다.

- 학생 1인당 최소 면적은 초등학교 2.5㎡, 중학교 3㎡여야 한다.
- '다목적 공간' 설계를 의무화하고, 각 학년 교실 클러스터에 공용 학습 공간을 필수로 설치한다.
- 지역 사회와의 공유를 고려한 학교 조닝 설계(Zoning Design)를 권장한다.
- 재난 대피소 기능을 겸한 다기능 체육관 및 강당을 설계한다.
- 정보통신기술(ICT) 환경과 우연한 학습 공간의 통합을 강조한다.
- 일조, 환기, 단열, 음향 등 학습 환경의 질적 요소에 대한 수치화된 기준이 있어야 한다.

흥미로운 점은 일본의 사교육 기관 규제다. 일본은 2000년대 초반까지 우리나라와 유사하게 최소 면적 기준 중심의 규제를 적용했으나, 2007년 규제 개혁을 통해 사교육 기관에도 '교육 환경의 질'을 평가하는 기준을 도입했다. 이에 따라 대형 학원들은 단순히 학생을 많이 수용하는 데 초점을 맞추기보다 학습 경험의 질을 높이는 방향으로 공간을 재구성하기 시작했다.

싱가포르: 미래를 위한 실험실

아시아의 교육 강국 싱가포르는 교육 공간을 '미래 교육을 위한 실험실'로 접근한다. 싱가포르의 교육시설 규제는 「건축물 환경 지속가능성 기준Code for Environmental Sustainability of Buildings」과 「학교 공간설계를 위한 지침School Design Guidelines」을 통해 혁신적 교육 공간 조성을 유도하고 있다. 싱가포르 교육부의 접근법은 '증거 기반 설계'에 기반한다. 학습 성과와 웰빙에 긍정적 영향을 미치는 공간 요소들을 연구하고, 이를 설계 지침에 반영하는 것이다.

싱가포르 교육 시설 규정에 관한 주요 특징은 다음과 같다.

· 학생 1인당 최소 면적은 3㎡ 이상이어야 한다.
· '다양한 학습 양식'을 지원하는 공간(개별 집중 공간, 소그룹 협업 공간, 대규모 발표 공간 등)을 의무적으로 구성한다.
· 모든 교육 공간의 자연광 접근성을 확보해야 한다.
· 생태기후학적 설계 원칙을 의무적으로 적용한다.
· 학생 웰빙을 위한 실내 환경 질 모니터링 시스템을 설치한다.
· SMART 기술 인프라 구축 요구사항을 명시해야 한다.

싱가포르는 일정 규모 이상의 사교육 기관에도 유사한 수준을 요구한다. 교육이 일어나는 모든 공간이 일관된 질적 수준을 유지해야 한다고 생각하기 때문이다. 싱가포르 건축사협회 회원은 이런 규제가 교육 환경에 미친 영향을 이렇게 평가한다. "처음에는 많은 사교육 기관들이 강화된 기준을 부담스러워했습니다. 하지만 결과적으로 이는 교육의 질과 학생 만족도를 높이는 계기가 되었고, 지금은 오히려 차별화된 공간을 경쟁 우위로 내세우는 기관들이 많아졌죠"

한국 교육 공간 규제 개선을 위한 제안

지금까지 살펴본 해외 사례들은 우리나라 교육 공간 규제가 나아가야 할 방향에 중요한 시사점을 제공한다. 면적 중심, 안전 중심의 최소 규제에서 벗어나, 교육적 가치와 학습자 경험을 중심에 둔 새로운 규제 체계가 필요할 것이다. 구체적으로 살펴보자.

첫째, 최소 면적 기준의 현실화가 필요하다. 현재 우리나라의 1인당 $1m^2$ 면적이라는 기준은 국제 표준에 미치지 못한다. OECD 국가들의 평균은 약 $2.5~3m^2$ 수준임을 고려하여, 우리나라도 최소 $2m^2$ 이상으로 조정하는 것이 바람직하다.

둘째, 교육 환경의 질을 결정짓는 요소들에 대한 기준 도입이 필요하다. '모든 주요 공간에 창문을 통한 자연광 접근성 확보하기', 'CO_2 농도, 유해 물질, 환기 횟수 등에 대한 기준 설정해 공기 질 확보하기', '적정 소음 데시벨, 반향 제어, 음성 명료도 등에 관한 기준 설정하기', '최소 두 가지 이상의 학습 활동을 지원하는 공간 구성하기', '전체 면적을 10~15%를 비교과 활동 및 휴식 공간으로 구성하기'와 같은 규제를 적용해야 할 것이다.

셋째, 덴마크의 사례와 같이 달성해야 할 교육적 목표를 제시하고, 그 실현 방법을 교육자와 설계자에게 맡기는 접근법을 선택한다. 결과 중심 규제로 전환하는 것인데, '모든 학생이 편안하게 협업할 수 있는 환경을 제공할 것', '디지털 기기와 아날로그 자료를 함께 활용할 수 있는 공간을 구성할 것', '학생들의 심리적 안정감과 소속감을 촉진하는 요소를 포함할 것' 등을 예로 들 수 있다.

넷째, 일률적인 규제가 현실적으로 어렵다면, 우수한 환경을 조성하는 기관에 인센티브를 제공하는 것도 방법이다. 교육 환경 인증제도를 도입해 일정 기준 이상의 공간 품질을 갖춘 기관에 인증을 부여하거나, 교육 환경 개선에 투자하는 기관에 세액공제 등의 혜택을 제공하거나, 우수 교육 환경 조성을 위한 임대료 부담 완화 지원하는 것도 방법일 수 있다.

다섯째, 규제 준수 여부를 관료적으로 점검하기보다 실사용자(학생, 교사)의 평가를 반영하는 시스템을 구축하는 것이 효과적이다. '교육 환경 만족도 조사 의무화', '학생 참여 디자인 리뷰 프로세스 도입', '사용 후 평가 실시 및 결과 공개'하는 방법 등이 있다.

이 모든 방법은 단계적으로 접근할 필요가 있다. 단계적 접근법을 제안한다면 다음과 같다.

☑ **1단계 (1~2년): 기준 재정립**
최소 면적 기준을 학생 1인당 1.5㎡ 이상으로 상향 조정하고, 자연광, 환기와 같은 질적 요소에 대한 지침을 도입한다. 교육 환경 인증제도를 시범 운영한다.

☑ **2단계 (3~5년): 인센티브 체계 구축**
교육 환경 개선을 위한 금융·세제 지원 프로그램을 도입하고 우수 사례 발굴 및 확산 사업을 추진한다. 사용자 평가 시스템을 구축하고 결과를 공개한다.

☑ **3단계 (5년 이상): 통합적 규제 체계 확립**
결과 중심, 가치 기반 규제로 전환하여 공교육 기관과 사교육 기관을 아우르는 일관된 교육 환경 기준을 적용한다. 지역 사회 사회와 연계해 교육 공간을 공유하는 메커니즘을 도입한다.

규제를 넘어 문화로

교육 공간 혁신은 규제만으로 완성될 수 없다. 핀란드, 덴마크, 일본, 싱가포르 사례에서 볼 수 있듯이, 이들 국가의 성공은 법적 기준을 넘어 '좋은 교육 환경은 아이들의 권리'라는 사회적 합의와 문화에 기반한다. 우리나라도 단순히 규제를 강화하는 것이 아니라, 교육 공간의 중요성에 대한 인식을 높이고, 학부모, 교육자, 학생, 건축가, 정책 입안자 등 모든 이해관계자가 참여하는 대화의 장을 마련할 필요가 있다.

 학생 한 명이 평생 잊지 못할 학습 경험을 할 수 있는 공간, 교사가 열정을 가지고 가르칠 수 있는 환경, 지역 사회가 함께 사용하고 가꿔나갈 수 있는 열린교육 공간을 만드는 것은 단순한 규제의 문제가 아니라 우리 사회가 교육과 아이들의 미래에 얼마나 진정한 가치를 두는지를 보여주는 문제이기 때문이다.
 워런 버핏은 "가격은 당신이 지불하는 것이고, 가치는 당신이 얻는 것이다"라고 말했다. 교육 공간에 대한 투자와 규제도 마찬가지다. 당장의 비용 절감과 효율성만 따지기보다, 그 공간에서 우리 아이들이 얻게 될 교육적 가치와 경험의 질을 중심에 두는 접근이 필요한 시점이다.

참고 문헌

· 김경인, 『공간이 아이를 바꾼다』, 중앙북스, 2014
· 김태은, 『다시 짓는 학교』, 에듀니티, 2022
· 김태은·배성호 외, 『학교공간 어떻게 바꿀 수 있을까?』, 창비교육, 2019
· 마이클 풀란, 『학교개혁은 왜 실패하는가?』, 교육을 바꾸는 사람들, 2017
· 앤디 하그리브스·데니스 셜리 『학교교육 제4의 길』, 교육을 바꾸는 사람들, 2015
· 전국학교도서관담당교사 서울모임, 『아름다운 삶, 아름다운 도서관』, 우리교육, 2015
· EBS 미래학교 제작진, 『미래 학교』, 그린하우스, 2019
· O'Donnell Wicklund Pigozzi and Peterson, 『The Third Teacher: 79 Ways You Can Use Design to Transform Teaching & Learning』, Abrams, 2010
· 김경인, 「문화로 아름답고 행복한 학교 만들기: 시범사업: 양지중학교」, 문화관광부, 2008
· 김수진, 「교육 환경 개선을 위한 학교시설 현황 데이터 활용방안」, 한국교육개발원, 2018
· 교육부, 「그린스마트미래학교 사업안내」, 2021.1
· 교육부, 「그린스마트미래학교 사업절차 소요예산 산정 안내 자료」, 2020.10
· 교육부, 「그린스마트미래학교 조성을 위한 사업안내서」, 2021.5
· 교육부, 「학교공간혁신 사업 가이드라인」, 2019.4.8.
· 서울특별시 교육청, 「꿈을 담은 교실 백서: 학교, 고운 꿈을 담다」, 2022.5
· 한국교육개발원, 「학교복합시설 추진 방향 및 외국사례」, 2024년 학복합시설 2차 공모사업 설명회 겸 교육·연수